国家精品在线开放课程"人人学点营销学" 配套教材
国家级一流金课（线上线下混合式）"市场营销学"配套教材
教育部工商管理教指委"工商管理类专业课程思政教学指南"配套教材
高等教育教学改革融合创新型教材

U0648916

市场营销
理论与实践

杜 鹏 樊 帅 主 编 ■

廖婧萍 副主编 ■

SHICHANG
YINGXIAO

LILUN YU SHIJIAN

东北财经大学出版社 大连
Dongbei University of Finance & Economics Press

图书在版编目（CIP）数据

市场营销：理论与实践 / 杜鹏，樊帅主编. —大连：东北财经大学出版社，2022.5

（高等教育教学改革融合创新型教材）

ISBN 978-7-5654-4471-5

Ⅰ．市… Ⅱ．①杜… ②樊… Ⅲ．市场营销学–高等学校–教材 Ⅳ．F713.50

中国版本图书馆CIP数据核字（2022）第034566号

东北财经大学出版社出版

（大连市黑石礁尖山街217号 邮政编码 116025）

网 址：http://www.dufep.cn

读者信箱：dufep@dufe.edu.cn

大连天骄彩色印刷有限公司印刷 东北财经大学出版社发行

幅面尺寸：185mm×260mm 字数：406千字 印张：19 插页：1

2022年5月第1版 2022年5月第1次印刷

责任编辑：张旭凤 赵宏洋 王 娟 责任校对：孙 越

封面设计：原 皓 版式设计：原 皓

定价：56.00元

教学支持 售后服务 联系电话：（0411）84710309

版权所有 侵权必究 举报电话：（0411）84710523

如有印装质量问题，请联系营销部：（0411）84710711

前　言

近年来，随着"互联网+""新媒体营销"热潮的逐渐翻涌，市场营销环境在表面看来已经发生了巨大变化。大部分人从"看不见、看不起、看不懂到来不及"，各行各业都惊呼要利用互联网技术和思维进行转型升级，学界也开始探讨经典营销理论和框架在此背景下的适用性问题。互联网通过连接解决了信息沟通的效率问题，但尚未很好地解决信息沟通的效果和效益问题，而新媒体的兴起推动了新营销方式的出现，使信息沟通问题得到了有效缓解。被誉为全球最具影响力的50位管理思想家之一、哈佛大学教授罗杰·马丁（Roger Martin）认为：当下很多流行说法都缺乏逻辑基础，商业环境变化并没有人们想象中那么前所未有，更重要的是看到不变的东西。因此，本教材在编写过程中秉持兼容并蓄，在吸纳新观点、新事物、新理论的基础上，对原有营销框架进行解构、重塑和"再拼图"，并力求探寻营销在新环境下的不变性。

本教材具有以下特点：

1.将学科发展的前沿理论与传统理论有机结合，并致力于打造立体化教材，实现教学环节全渠道化。

本教材是国家精品在线开放课程"人人学点营销学"的配套教材。该课程由本教学团队录制，成体系地讲授了49个主题，视频时长600分钟，并在"中国大学MOOC"和"优学院"平台上同步推出，读者只需扫一扫教材中对应知识点的二维码即可学习。与此同时，我们整理了"书课一体化二维码索引"，既方便有针对性地查找，又可以实现一码通览，真正做到支持随时随地随意学习。其中还列示了国家精品视频课程"价值营销概说"、国家精品资源共享课"市场营销学"的网站链接，读者可以全面、系统地学习网站课程内容，无缝对接拓展性学习。另外，本教材将价值营销、消费者SICAS模型、非理性行为、产品层次、互联网定价策略、全渠道新零售模式、新媒体营销等营销新理论融入相应的各章内容中，而不是孤立地单独论述。

2.案例赋能，强化可操作性和可借鉴性。

本教材在编写过程中引用了近几年有关中国经济和中国企业发展的最新案例，力求以案例为切入点，突出案例教学和案例库建设。具体而言，每一章，编者都尽量以最新案例进行解读，帮助学生理解对应的概念和理论，每一章都编写了案例分析题。题目中的大部分案例均是自主开发，且获评"全国百篇优秀管理案例"，先由专业教师带领学生以校友企业为样本，深入实地调研访谈，掌握一手资料，再精心整理而成可用案例，最后将案例融入教学过程，不断打磨和完善，最终实现使枯燥的知识鲜活化，有助于加强读者对市场营销相关理论与实践的认知。

3.实现对中国本土思想的发扬与传承。

本教材将中国传统文化、习近平新时代中国特色社会主义思想等思政内容与各章节进行有机糅合，在章节开头设置了与本章相关的古言名句，在部分章节结尾设置了"思政小讲堂"，旨在体现大变局下的中国管理思想，帮助读者树立政治信仰、全球意识以及底线思维，坚定中国道路。本教材扎根中国实际，通过中与外、古与今、理论与实践、多学科的"四结合""四碰撞"，实现以我为主、博采众长、融合提炼、自成一家的鲜明特色，引发读者的共鸣、领悟与反思，并在较大程度上避免了单一的西方学术思想体系，弘扬了以爱国主义为核心的民族精神和以改革创新为核心的时代精神。

作为国家精品在线开放课程"人人学点营销学"、国家一流本科课程（线上线下混合式）"市场营销学"的配套教材，本教材是国家一流专业建设阶段性成果。同时，本教材也是中央高校教育教学改革项目"'双一流'建设背景下财经类院校大学生创新创业教育体系研究"、2019年度中央高校基本科研业务费（三全育人）项目"新时代研究生导师立德树人考核与保障机制研究"、中南财经政法大学一流课程建设项目"市场营销学"的阶段性成果。

在编写过程中，我们力求更完整、更完善、更完美一些，但由于作者水平有限，书中难免存在不足和疏漏之处，恳请读者不吝赐教，以便今后对之进行补充和修正。

编　者
2021年11月于武汉

目录

第三章

观势格局，顺应时势——营销环境分析 059

第四章

眼耳鼻舌身意，色声香味触法——消费者洞察 087

第五章

弱水三千，只取一瓢——STP策略　115

书课一体化二维码索引

 本书视频通览
 拓展学习1
 拓展学习2

第一章

变幻无穷，包罗万象——营销的概念

仁者见之谓之仁，知者见之谓之知。

——《周易·系辞（上）》

学习目标

1. 明确营销的含义和演变过程。
2. 理解市场营销的核心概念及核心概念之间的区别与联系，认识交换的含义、市场流程结构和简化的营销交换系统。
3. 掌握顾客满意和顾客忠诚的内涵，理解两者之间的区别与联系，能掌握并应用顾客让渡价值理论制定令顾客满意的营销策略。

重难点

营销的核心概念以及顾客让渡价值的含义及应用

关键词

市场营销；核心概念；顾客满意；顾客忠诚；顾客让渡价值

框架图

认识营销 ── 01
1. 认识市场
2. 理解市场营销

02 ── **如何理解市场的核心概念**
1. 需要、欲望和需求
2. 市场提供物
3. 交换

如何看待顾客满意 ── 03
1. 顾客满意和顾客忠诚
2. 顾客让渡价值
3. 应用顾客让渡价值理论制定令顾客满意的营销策略

　　　　　　　　　　　蜜雪冰城的营销策略

"你爱我，我爱你，蜜雪冰城甜蜜蜜。"

6月，蜜雪冰城主题曲B站刷屏、冲榜抖音。"上头""洗脑""做梦都在唱"是网友对主题曲的评价。

其实，蜜雪冰城主题曲火遍全网并非偶然，而是一次有"预谋"的广告营销。

时间追溯到2021年的6月3日，蜜雪冰城官方账号分别在抖音和B站发布了蜜雪冰城主题曲。主题曲旋律取材于《Oh Susanna》，这是斯蒂芬·福斯特于1847年创作的乡村民谣，在此之前就有很高的传唱度。蜜雪冰城选用了曲中韵律感强、旋律简单的部分进行了改编和重复，歌词则源自蜜雪冰城的标语"你爱我，我爱你，蜜雪冰城甜蜜蜜"。

蜜雪冰城深知，在互联网平台，几条视频带来的传播量无法实现全网的触达，网络名人和网友都行动起来进行二次创作，才能形成持续的强力输出，实现病毒式传播。调动网络名人和网友二次创作的欲望是引爆全网的关键。

于是，主题曲在网络平台进行小范围发酵后，蜜雪冰城在B站和抖音上传了传播效果更好的英文、电音、纯伴奏版本主题曲，并号召网友参与主题曲的舞蹈挑战赛。显然，不同版本的主题曲为网友的二次创作提供了素材，官方号召大家参与主题曲舞蹈挑战赛，则进一步激发了网友的二创热情。

一时间"蜜雪冰城14国唱法""阴间蜜雪冰城""猛男舞团"等二创视频在抖音和B站呈病毒式传播。到店唱"你爱我，我爱你，蜜雪冰城甜蜜蜜"的免单活动更是掀起了主题曲的裂变式传播。6月15日"蜜雪冰城社死现场"这一话题冲上抖音热搜榜首后，更多网络名人自发参与到了免单活动的视频创作中来，蜜雪冰城主题曲热度再创新高。

目前有关蜜雪冰城主题曲的传播还在继续，蜜雪冰城吉祥物"雪王"的表情包也出现在了网络聊天中。可以说，蜜雪冰城在互联网时代进行了一次成功的音乐广告营销。

资料来源：佚名. 靠一首歌稳赚20亿的营销套路，蜜雪冰城又学会了 [EB/OL]. [2021-06-25]. https://new.qq.com/omn/20210625/20210625A0ARXH00.html.

复盘蜜雪冰城的这次营销，会发现除了主题曲这个形式，最重要的就是渠道。其中，表现最亮眼的当属抖音。抖音渠道的成功，源于它的流量和平台调性。公域流量机制和海量用户使用，让更多的人能看到品牌的内容。平台轻松的氛围，给品牌与用户产生互动和连接的可能。随着短视频平台商业化的加速，越来越多的品牌和商家开始重视抖音营销。

市场营销的成功绝非偶然，而是科学规划和有效实施的必然结果。就其实质而言，在21世纪的营销环境中，市场营销既是一门科学，又是一门艺术——营销者努力应对21世纪营销环境中的重大变化，并不断为经常出现的复杂挑战寻找富有创新性的全新解决方案。那么市场营销是什么？它的核心概念有哪些？我们该如何看待顾客的需求？又该如何理解顾客满意呢？在接下来的章节中我们将一一探寻这些问题的答案。

第一节　认识营销

二维码 1-1

营销引入

　　街上沿路派发的传单，超市里的免费试吃推广，服装店里的降价促销，写字楼外墙悬挂的海报，社交网站上轮换的广告……营销活动以各种难以想象的方式出现在我们的生活中。随着社会经济的高速发展，商品品类得到极大的丰富和发展，消费者的需求愈发多样，市场营销在企业经营活动中的重要性日渐凸显。对于市场营销，大部分人的理解是：市场营销就是想办法把产品卖出去。所以相对应地，关于市场营销就变成了：如何吸引眼球？如何促进交易？如何引爆传播？但广告和销售就是市场营销的全部吗？如果不是，那市场营销是什么呢？

一、认识市场

案例直通车1-1

　　雪花啤酒在成都有非常好的渠道基础，有200多家的一二级经销商，市场规模达10亿元，市场占有率75%以上。而江小白的产品和雪花啤酒正好反季节互补，雪花啤酒的旺季是在10月以前，而江小白是10月以后。于是江小白就干一件事情——把雪花啤酒的渠道拿下。而且这对雪花啤酒来说没有任何损失，因为产品互补，还可以让渠道方在淡季的时候有一个利润的填补，渠道方当然是非常愿意的。通过江小白团队的努力，其搞定了30%左右的雪花啤酒的渠道商，这样江小白就成功进入了成都的市场。

　　通过这个案例你学到了什么？要懂得去分析市场，你的产品和哪些产品的客户群体是一样的？对方的产品有淡季，而你的产品如果刚好在对方淡季的时候是旺季，那么就可以成功地嫁接进去，你的产品就可以获得一片天地。

　　资料来源：根据网络资料整理得出.

（一）市场的定义

　　对企业来说，市场是其营销活动的出发点和归宿。能否正确地认识其特征和作用、了解市场购买者的行为，关系到企业能否制订正确的营销方案，获取竞争优势，战胜对手。市场营销学是20世纪初从经济学中分离出来的学科，在市场营销学发展的初期，很多概念都沿用了经济学中的定义，随着学科理论的发展，才逐步形成符合自身学科特点的定义。市场是商品经济的范畴，是一种以商品交换为核心的经济联系形式，是社会生产和社会分工的产物。在商品经济的不同时期，人们对市场的界定和理解有所不同，总的来说主要有以下几种定义。

1.商品流通学视角：商品交易的场所

"市"就是买卖，"场"就是场所，"市场"即买者和卖者于一定的时间聚集在一起进行交换的场所。早期人类社会的生产力水平低下，人们的交换都是物物交换，这就要求交换的双方必须在约定的时间和地点进行交换。我国古代文献中记载有"日中为市，致天下之民，聚天下之货，交易而退，各得其所"。一定的时间和空间为物物交换创造了条件，但物物交换的匹配难度比较大，所以那时的市场规模小、交易水平低。后来社会发展到商品交换的阶段，有了货币作为媒介，人们的交易变得高效得多，有的交易场所就被固定下来，如菜市场、建材市场、花鸟市场等。

2.经济学视角：商品交换关系的总和

随着社会生产力水平的提高，生产者的生产活动不再仅仅是为了满足自己的需要，同时也为他人的需求提供商品，从而出现了便于实现商品交换的商品流通。马克思指出："生产劳动的分工，使它们各自的产品互相变成商品，互相成为等价物，使它们互相成为市场。"此时的市场不仅指具体的交易场所，还指买者和卖者在一定时间、地点条件下实现商品让渡的交换关系的总和。经济学一般是在这种意义上使用"市场"这一概念的，它关注的是买卖双方在达成交换关系时互相博弈的过程。

随着商品流通的范围不断扩大，人们发现，商品交换关系不仅存在于买卖双方之间，还存在于买方与买方、卖方与卖方、买方与中间商、卖方与中间商以及中间商与中间商之间，是商品在流通过程中各方进行交换时发生的关系。它还包括商品在流通过程中促进或发挥辅助作用的一切机构、部门（如银行、保险公司、物流公司、海关、消费者保护协会等）以及商品的买卖双方之间的关系。

3.市场营销学视角：需求的集合

市场营销学主要从卖方角度来认识和理解市场的含义，研究的是如何采取有效的措施，来满足消费者的需求，其中包括现实的需求和潜在的需求。美国市场营销协会（AMA）1960年对市场提出的定义是"市场是指一种货物或劳务的潜在购买者的需求集合"，可以说，在市场营销学的范畴里，"市场"即等同于"需求"。

营销学大师菲利普·科特勒把市场定义为"市场是对某种商品或劳务具有需求、支付能力和希望进行某种交易的人或组织"，并认为"市场的大小，取决于那些有某种需要，并拥有别人感兴趣的资源，同时愿意以这种资源来换取所需要的东西的人数"。他认为市场是一个由购买者、购买欲望和购买力等多因素构成的集合体，是一个动态变化的组合概念。用公式表达为：

市场=购买者+购买欲望+购买力

其中，购买者是构成市场的基本因素，购买者的多少决定了市场规模与容量大小。购买欲望是消费者购买商品的动机、愿望和要求，购买欲望形成了人们的潜在需求。而购买力是指人们支付货币购买商品或劳务的能力，是消费者把潜在的购买意愿转化为实际购买行为的重要条件。这三个要素同时并存，缺一不可。

（二）市场的类型

现代市场体系是一个多层次、多要素、全方位的有机系统，为了帮助大家更好地理解市场，我们从以下不同角度对市场进行了分类。

1.按市场交易对象的商品形态分类

按市场交易对象的商品形态可以把市场分为商品市场、资金市场、技术市场、信息市场、房地产市场、服务市场等。

①商品市场通常是指生活消费品、生产资料等有形的物质产品市场。

②资金市场指货币资金的借贷、有价证券的发行和交易以及外汇和黄金的买卖活动等所形成的市场。

③技术市场是将技术成果进行交换的场所，属于技术流通领域，反映了技术商品化后的经济关系总和。

④信息市场是进行信息商品交换的场所，是促进信息产品在信息生产者、信息经营者和信息用户之间有偿交流的市场领域。

⑤房地产市场是进行房地产交易的场所。它由房地产市场和土地市场两部分组成。

⑥服务市场是利用一定的场所、设备和工具，为消费者提供"在服务形式上存在的消费品"的一种特殊商品市场。

2.按竞争程度分类

按竞争程度可以把市场分为完全竞争市场、不完全竞争市场、寡头垄断市场和完全垄断市场。这种分法通常适用于经济学领域。

①完全竞争市场是指市场价格由众多买者和卖者共同决定，任何单个的买者或卖者都只能是价格的承受者的市场。

②不完全竞争市场又称"垄断竞争市场"，这样的市场拥有众多的彼此竞争的卖者，他们生产和销售的是同种产品，但这些产品又各自包含独特价值，对价格产生影响。这种市场的运行整体上遵循价值规律。

③寡头垄断市场是指为数不多却占有相当大份额的卖者所构成的市场，这些卖者对市场价格有极大的影响力。

④完全垄断市场是指只有一个买者或卖者，因而这唯一的买者或卖者能完全控制价格的市场，所以这个垄断者又被称为"价格制定者"。

3.按照市场的地理位置或空间范围分类

这是按照一定的地域进行市场划分的方法，具体又有以下划分：

①在世界范围内，按照洲别可以将市场划分为亚洲市场、美洲市场、欧洲市场、大洋洲市场、非洲市场等；按照国别又可以将市场分为中国市场、美国市场、英国市场、韩国市场等。

②在国家范围内，按照国界可以将市场分为国内市场和国际市场；按照地域，例如我国，可分为华南市场、华中市场、华东市场、华北市场等。

4.按商品流通的交易形式分类

按商品流通的交易形式可以把市场分为现货市场、期货市场、批发市场和零售市场等。

①现货市场是指买卖的商品、有价证券及外汇等实物均收取现金，并当即实现实物转移的交易市场。根据交易方式的不同，商品现货市场还可以进一步划分为批发市场和零售市场。

②期货市场是买卖商品或金融工具的期货或期权合约的场所，主要由交易和清算场所、交易活动当事人和交易对象三部分构成。

5.按市场主体地位分类

这里说的市场主体主要是指买方和卖方，分为买方市场和卖方市场。

①买方市场是指在商品供过于求的情况下，买方掌握着市场交易主动权的一种市场形态，此时买方处于支配地位，掌握交易价格主动权。

②卖方市场是指在商品供不应求的情况下，卖方掌握着市场交易主动权的一种市场形态，此时卖方处于支配地位，掌握交易价格主动权。

6.按购买目的分类

按购买目的可以把市场分为消费者市场和组织市场。

①消费者市场是指为满足自身需要而购买的一切个人和家庭构成的市场，又称最终消费者市场、消费品市场或生活资料市场。

②组织市场是指为了自身生产、转售、转租或者用于组织消费而采购的一切组织构成的市场，主要包括生产者市场、中间商市场和政府市场。生产者市场也叫产业市场，是指为了再生产而采购的组织构成的市场。中间商市场则是指为了转售而采购的组织构成的市场，主要包括批发商、零售商、代理商和经销商。政府市场是指因为政府采购而形成的市场。

二、理解市场营销

正如营销大师菲利普·科特勒所言："营销学之父为经济学，其母为行为学，哲学和数学为其祖父、祖母。"（美国市场营销协会成立50周年纪念大会上的讲话，1987）20世纪初，在经济学和行为学蓬勃发展的背景下，市场营销学在美国诞生。

进入20世纪，美国经济快速发展，西部开发的铁路迅速向全国延伸，使美国国内市场迅速扩大，企业竞争日趋激烈，广告宣传和销售活动受到管理者的重视。理论界一批学者也开始关注企业在营销、分配等方面遇到的问题，美国的爱德华、西蒙、乔治、詹姆斯等人敏锐地捕捉到企业在营销方面的理论缺失，率先在大学里开设市场营销学的课程，开启了市场营销的理论研究。

经过几十年的发展，中外学者从多个不同角度给出了市场营销的定义，其中美国市场营销协会给出的定义被广泛认可。此外，营销管理学派的代表人物、美国西北大学教授菲利普·科特勒，欧洲关系营销学派的代表人物格隆罗斯以及4P理论创始人、美国密歇根大学教授杰罗姆·麦卡锡对市场营销所下的定义也被世界各国市场营销界广泛引用，将以上定义整理而成图1-1。

二维码1-2

什么是营销

市场营销是引导货物和劳务从生产者流转到消费者过程中的一切企业活动

市场营销是指通过对货物、劳务和计谋的构想、定价、分销、促销等方面的计划和实施，以实现个人和组织的预期目标的交换过程

营销是一项有组织的活动，它包括创造"价值"，将"价值"输送给顾客，以及管理公司与顾客间关系，从而使得公司及其相关者受益的一系列过程

营销是一种全组织范围内的活动，是一组制度的集合，同时也是为了顾客、客户、合作伙伴以及社会的整体利益而创造、传播、传递、交换价值的一系列过程

1960　1985　2004　2007

1935　1960　1990　2006　2013

将货物和劳务从生产者传送至消费者的商业活动

市场营销是企业经营活动的职责，它将产品及劳务从生产者直接引向消费者或使用者，以便满足顾客需求及实现公司利润

营销是一种利益之下，通过相互交换和承诺，建立、维持、巩固与消费者及其他参与者的关系，实现各方的目的

营销是个人和集体通过创造、提供和出售，同别人自由交换产品和价值，以获得其所欲之物的一种社会过程

市场营销是在创造、沟通、传播和交换产品的过程中，为顾客、客户、合作伙伴以及整个社会带来价值的一系列活动、过程和体系

图1-1　市场营销定义的发展过程

①美国市场营销协会的前身——美国全国市场营销学与广告学教师协会，于1935年最先定义市场营销为"将货物和劳务从生产者传送至消费者的商业活动"。工业革命使生产方式由家庭手工作坊生产转变为机器批量生产之后，生产力水平大幅提高，物资的极大丰富使生产者与消费者在供求地点上出现显著差异，分销先于营销出现。因此，早期学者对营销的关注点偏向于商品流通的职能。

②美国市场营销协会于1960年给出的定义是"市场营销是引导货物和劳务从生产者流转到消费者过程中的一切企业活动"。这个定义提出的背景是第二次世界大战时聚集的强大生产能力提高了战后社会的整体供应水平，同时，战后消费者被抑制的需求得到释放，美国市场迅速扩大，供需都很旺盛。面对日益饱和的需求，企业需要通过推销来"引导"顾客增加购买，促进货物和劳务的流转。这个定义虽然只改变了几个字，但是却体现了营销范畴的扩大，此时的营销已经跳出商品流通职能，扩展到销售职能。

③麦卡锡（1960）认为"市场营销是企业经营活动的职责，它将产品及劳务从生产者直接引向消费者或使用者，以便满足顾客需求及实现公司利润"，其实当时已经出现了顾客导向的营销观念，但是还没有成为主导理念。因此，麦卡锡给出的定义虽然比美国市场营销协会的定义更前进了一步，指出企业的经营目标是满足顾客需求及实现企业赢利，但是并没有完全将顾客需求放在首位。

④美国市场营销协会在1985年对之前的定义进行了补充："市场营销是指通过对货物、劳务和计谋的构想、定价、分销、促销等方面的计划和实施，以实现个人和组织的预期目标的交换过程"。经过几十年的发展，社会人口逐渐稳定，而社会生产水平仍在飞速提高，商品市场呈现出供过于求的状况，企业不得不转变经营观

念，以顾客需求为导向开展企业经营活动。因此，这一定义比前面的诸多定义更为全面和完善，它不再只关注实体商品，而是将计谋这样的抽象概念也纳入产品中，并将营销活动从分销扩展到构想、定价和促销等多个环节，营销的主体也不再局限于组织，还关注个人，这些都大大丰富了营销的内涵，说明市场营销学已经逐渐发展成型。

⑤格隆罗斯（1990）从关系营销学的角度提出，"营销是在一种利益之下，通过相互交换和承诺，建立、维持、巩固与消费者及其他参与者的关系，实现各方的目的"。该定义注重企业在经营过程中与利益相关者交换关系的建立与管理。

⑥美国市场营销协会关注到市场营销学理念和实践发展过程中的新变化，于2004年更新其定义为"营销是一项有组织的活动，它包括创造'价值'，将'价值'输送给顾客，以及管理公司与顾客间关系，从而使得公司及其相关者受益的一系列过程"。2000年后，网络的高速发展使顾客与企业的互动更加密切，顾客身份的多样性使得原有交换过程中的主体界定变得模糊。而理论研究方面，顾客让渡价值的提出让营销的效果变得可以观测和衡量，"价值"一词代替具体的市场提供物，更贴切地突显了营销的作用。

⑦科特勒（2006）敏锐地感知到营销内涵的变化，给出的定义也强调了营销的价值导向："营销是个人和集体通过创造、提供和出售，同别人自由交换产品和价值，以获得其所需所欲之物的一种社会过程"，其认为营销管理是"艺术和科学的结合，它需要选择目标市场，通过创造、传播和传递优质的顾客价值来获取、维持和发展顾客"。并且，在这个定义中，顾客和企业的角色已经被替换为个人和组织，侧面反映出市场主体身份的多样性。例如，顾客以前只是消费者，而现在也可以参与企业价值创造，成为生产者。

⑧美国市场营销协会在2007年发布了新的定义："营销是一种全组织范围内的活动，是一组制度的集合，同时也是为了顾客、客户、合作伙伴以及社会的整体利益而创造、传播、传递、交换价值的一系列过程"。

⑨美国市场营销协会于2013年给出了更完整和全面的定义，认为"市场营销是在创造、沟通、传播和交换产品的过程中，为顾客、客户、合作伙伴以及整个社会带来价值的一系列活动、过程和体系"。

上述定义的变化过程说明，市场营销学是一门动态发展、与时俱进的学科。随着时代的进步，市场营销的内涵也在不断丰富、充实、完善。现代市场营销是以实现企业和利益相关者等各方的利益为目的，对顾客价值进行识别、创造、传递、传播和监督，并将客户关系的维系和管理融入各项工作之中的社会和管理过程。梳理这些定义可以从中了解市场营销概念的演进与营销内涵的扩展（见表1-1）。

观察分析可知，营销的内涵主要有以下六方面的变化：

（1）营销主体的变化

由"企业"变成"一切面向市场的个人和组织"。

（2）营销客体的扩展

由"货物和劳务"到"货物、劳务和计谋"，再到"价值"和"关系"。

表1-1 市场营销概念的演进与营销内涵的扩展

定义提出者	主体	客体	内容	工具	目标
美国全国市场营销学与广告学教师协会（1935）	企业	货物和劳务	流通	分销	促进流通
美国市场营销协会（1960）	企业	货物和劳务	流通	销售	提高销量；主体利益
麦卡锡（1960）	企业	产品及劳务	流通	销售	满足需求，实现利润；双方受益
美国市场营销协会（1985）	个人与组织	货物、劳务和计谋	交换实施+管理	4P	满足需求；主体利益
格隆罗斯（1990）	组织	关系	关系管理	交换和承诺	管理关系；公司及其相关者受益
美国市场营销协会（2004）	组织	价值和关系	创造、沟通价值，管理顾客关系	全面营销	价值与关系；公司及其相关者受益
科特勒（2006）	个人和组织	产品和价值	选择、创造、传递价值；社会、管理过程	艺术和科学	主体利益及关系
美国市场营销协会（2007）	组织	制度集合和价值	创造、传播、传递、交换价值的过程	全面营销	利益相关者受益及社会价值
美国市场营销协会（2013）	组织	产品和价值	创造、沟通、传播和交换产品及价值	全面营销	利益相关者受益及社会价值

（3）营销对象的变化

由单纯的"顾客"到"利益相关者"。

（4）营销内容的扩展

由单纯的"流通"发展到"构想、定价、分销、促销"和"有目的、有计划的实施和管理过程"，再到"创造、沟通价值和管理顾客关系"，最后变成"社会和管理过程"。

（5）营销工具的变化

由单纯的分销发展到4P（产品、价格、渠道、促销）的组合，再到现代的全面营销。

（6）营销目标的变化

由单纯通过提高销量来获得主体利益，变成通过满足需求来获得主体利益，发展为通过价值的创造、沟通及顾客关系的管理使公司及其相关者受益，实现双赢、多赢的目标。

第二节　如何理解市场的核心概念

一、需要、欲望和需求

（一）需要

需要指人们某种不足或短缺的感觉。它是促使人们产生购买行为的原始动机，是市场营销活动的源泉。人的需要是丰富而复杂的，它不是由企业营销活动创造出来的，而是客观存在于人类本身的。

1943年美国犹太裔人本主义心理学家亚伯拉罕·马斯洛在《人类激励理论》一书中提出的需要层次理论（如图1-2所示），将人类需要像阶梯一样从低到高按层次分为五种，分别是：生理需要、安全需要、社交需要、尊重需要和自我实现需要。

该理论有两个基本出发点，一是人人都有需要，某层需要获得满足后，另一层需要才出现；二是在多种需要未获满足前，首先满足迫切需要，该需要满足后，后面的需要才显示出其激励作用。一般来说，某一层次的需要相对满足了，就会向高一层次发展，追求更高一层次的需要就成为驱使行为的动力。相应地，获得基本满足的需要就不再是一股激励力量。因此需要的被满足过程可以对人形成一种激励力量，而这种激励力量在一定程度上可以促进营销活动的进行。

二维码1-3

营销基点

二维码1-4

消费者需求

自我实现需要
包括道德、创造力、自觉性、问题解决能力、公正度、接受现实能力等方面

尊重需要
包括自我尊重、信心、成就、对他人尊重、被他人尊重几个方面

社交需要
包括友情、爱情等方面

安全需要
包括健康保障、资源所有性、财产所有性、道德保障、工作职位保障、家庭安全几个方面

生理需要
人类最基本需要，包括呼吸、水、食物、睡眠、性的需要等

图1-2　马斯洛需要层次理论

马斯洛需要层次理论遵循以下四点原则：

①五种需要像阶梯一样从低到高，按层次逐级。

②需要逐级递升，但这种次序不是完全固定的，可以变化，也有种种例外

情况。

③一般来说，某一层次的需要相对满足了，就会向高一层次发展，追求更高一层次的需要就成为驱使人行动的动力。相应地，获得基本满足的需要就不再是一股激励力量。

④同一时期，人会有几种需要并存，其中某一种需要占支配地位。在高层次需要发展之后，低层次需要仍然存在，但相对来说影响较轻。

在市场营销中，营销不能创造需要，只能通过某些途径和手段，来形成刺激，进而唤起目标群体的某种潜在需要。

（二）欲望

欲望是对实现需要的具体满足物的期望，是需要的表现形式。不同文化环境下实现需要的满足物不同，例如感到饥饿时，美国人可能想吃汉堡，日本人可能想吃寿司，而韩国人可能想吃紫菜包饭，大家补充能量的需要是一样的，但对用来满足需要的食品的期望却不一样，最终表现为对不同食品的获取欲望。人的需要是有限的，而欲望是无限的。营销人员无法创造人的基本需要，但可以采取各种营销手段激发人们的欲望，开发并销售特定的服务或产品来满足这种欲望。当人满足了某种需要后，就会产生一种新的欲望，并渴求让这种欲望变成已经可以满足的需要。就如同马斯洛需要层次理论，当人们可以满足基本的生理需要后，就产生想要安全、稳定、免遭痛苦的生活的欲望。欲望是产生需求的必要条件。

（三）需求

需求是有能力购买并且有意愿购买某个具体产品的欲望。需求是唯一可以进行定量分析的指标。需求是对欲望的理性归纳，该指标与消费者购买力有关。在市场营销的核心概念中有八大需求。

1.负需求

负需求是指市场上众多顾客不喜欢某种产品或者服务，如前些年商业保险普遍不被人接受，又比如许多消费者为了预防疾病拒绝食用高脂肪、高胆固醇的食物等。这些都是消费者在不同市场上所拒绝和希望规避的产品或服务，是负需求。针对这一需求现状，市场营销的任务是分析消费者不喜欢和拒绝这类产品的原因，并针对目标客户的需求重新进行产品的宣传、设计和推广，来改变顾客对这类产品的态度，将负需求变为正需求。

2.无需求

无需求是指该目标市场的顾客对某种产品不感兴趣或漠不关心。比如非洲许多国家的居民从不穿鞋子，海南人对于羽绒服的购买力很低，又如经典案例中和尚对梳子的需求。在面对类似的无需求市场时，市场营销的主要任务是创造需求，并通过有效的营销手段，把这类产品的利益同消费者的自然需求和兴趣相结合，从而改变无需求的市场现状。

3.潜在需求

潜在需求是指现有产品或服务不能满足部分消费者的强烈需求。例如，当今社会科技和互联网高速发展，高科技智能产品市场迅速扩张。但是对于社会上某些特殊人群，如残障人士，其对于便利的智能产品的需求远远超过正常的使用者，但许多企业并没有涉及到这一市场。如果企业可以抓住这一市场空白，充分开发这一市场的潜在需求，就可以获得很大的市场和销售的提升。

4.下降需求

下降需求是指目标市场顾客对某些产品或服务的需求出现下降趋势，如近年来因中国传统的酒水市场受到外来产品的冲击以及人们对健康生活的关注，市场上酒水类产品的需求出现了下降趋势。市场营销者在面对这一现状时，要充分了解需求下降的原因，同时通过改变产品的特色，采用更有效的营销手段刺激需求，进行再营销。"江小白青春小酒"横空出世，开发了新的产品特色，即配合走心文案的概念酒，直击年轻人心中的小忧愁，配着微鸡汤，问一句我有酒你有故事吗？扭转了其产品所面对的下降市场需求，获得新生。

5.不规则需求

许多产品具有明显的时效性，如季节性、周期性产品，人们往往会因为季节、月份、周期等对这类产品或服务的需求发生变化。这就是不规则需求。由于商品供应是均衡的，而这类需求却是不均衡的，在不同的时期往往表现出较大的差异，因此常常会造成商品的闲置或过度使用。最明显的案例是旅游市场，在旅游旺季，景区周边的各类服务设施都处于饱和状态，而在旅游淡季其景区周边的各类商铺设施等都处于闲置状态。针对这种情况，营销的任务就是设法调节需求与供给的矛盾，使二者达到协调同步。

6.充分需求

充分需求是指某种产品或服务目前的需求水平和时间等于期望的需求，但消费者需求会不断地变化，竞争会日益加剧。因此，市场营销的任务是改进产品质量并不断地估计消费者的满足程度，维持充分需求。2017年共享经济迅速发展，仅共享单车一项产品，市场上就出现了10余家企业，但由于该产品正处于进入市场的初期阶段，消费者对其需求也很迫切，属于充分需求的市场状态。但在2017年年末却有多家共享单车公司倒闭，究其根本就是这些公司在充分需求的情况下没有进行持续的消费者需求追踪及产品改良，导致其不能跟上目标市场消费者的新需求和同市场竞争者的发展速度。

7.过度需求

过度需求是指市场上顾客对某些产品的需求超过了企业的供应能力，产品供不应求。如在人口剧增的当下社会环境中，人们对更高层次的美好生活的需求，导致交通、能源以及住房等产品的供不应求。

8.有害需求

这是指对消费者身心健康有害的产品或服务的需求，如对烟、酒、毒品、色情书刊等产品的需求。面对这一需求的相关产品，企业需要通过提价、宣传和配合国家的立法管控等方式来积极采取措施，避免消费者产生这些有害需求。

（四）区别与联系

需要、欲望与需求是市场营销中的三个核心理念，这三者在一定程度上揭示了市场营销活动的本质和市场营销活动的产生原因。这三个核心理念在市场营销活动中具有重要的意义，那如何区分这三者，三者之间又有什么联系呢？

需要是人本身就存在的一种不足或者短缺的感觉，是产生购买行为的原始动机，它不是由营销活动创造出来的，而是客观存在于人类本身的。满足需要是企业生产和营销的主要目的。

欲望是需要的具体表现形式，是需要建立在不同社会经济、文化和个性等基础上的表现形式。欲望可以随着社会的进步而不断变化、增加，欲望是无限的。而企业的营销活动虽然不可以创造需要，但是可以通过营销手段来激发出人们的欲望，从而促进需要与欲望的结合。

需求是以购买力为基础的欲望，人类的欲望是无尽的，但并非所有的欲望都可以得到实现，购买力是决定性因素。需求是一定条件下的欲望，欲望是需要的具体化。企业既要通过调查去发现并设法满足需求，又要通过营销活动去创造和引导需求，变潜在需求为现实需求。

需要、欲望、需求三者关系示意图如图1-3所示：

图1-3 需要、欲望、需求三者关系示意图

二、市场提供物

市场提供物即提供给市场以满足需要、欲望和需求的产品集合，它不仅限于实体产品，还包括抽象产品。一般而言，营销者主要经营以下十大类产品：有形的产品、服务、事件、体验、人物、场所、产权、组织、信息和想法。

在大部分国家和地区，有形产品是生产与营销的主要对象，如汽车、电脑、手机、书籍、雨伞等。而随着经济的发展，人们的需求越来越多样化，服务在经济中的比重逐渐增长，人们也越来越重视个人的体验。希尔顿酒店细致周到的服务享誉全球，迪士尼打造的童话王国让人流连忘返，星巴克的咖啡文化为顾客创造舒适的

第三空间，这些企业为顾客提供了卓越的服务，因此在世界范围内都获得了成功。

　　演唱会的宣传、旅游景点的推广、网红的炒作、公益知识的传播、文化理念的表达等，这些都是营销活动，是"在创造、沟通、传播和交换产品的过程中，为顾客、客户、合作伙伴以及整个社会带来价值的一系列活动、过程和体系"（美国市场营销协会，2013）。例如，2009年澳大利亚昆士兰旅游局以一则大堡礁岛主全球招募广告引发热议，吸引了来自全世界游客的目光，成功让昆士兰大堡礁成为澳大利亚的必游之地。此外，营销活动不是企业专属的，而是每一个人都能够参与和经历的。营销无处不在，无论是有意识的，还是无意识的，任何组织和个人都在从事着各种各样的营销活动。

三、交换

（一）交换的内涵

　　从市场营销的角度来看，市场是现实和潜在需求的集合，那么市场营销的本质就是发现顾客需求，并将市场提供物与顾客需求相匹配，促成交易，满足需求，实现市场各主体之间的价值交换。市场营销学的核心是"交换"，即通过提供他人所需所欲之物来换取自己所需所欲之物的过程。伴随着市场营销内涵的丰富和完善，交换的内涵也在发生变化，主要有以下三个方面：

　　①交换以实现"多赢"为目的，强调互利互惠，掠夺等单方获利的行为不是营销。

　　②强调交换关系的建立。通过交换，发展企业与多方的关系，从而实现"多赢"，才是营销的目的。

　　③强调价值的交换，注重质量、服务和价格的组合。

（二）交换的条件

　　通常说的交换，是指人们在等价基础上的商品交换，即以物换物。因此，交换的发生必须具备以下五个条件：

　　①至少有两个买卖方或交换者。

　　②交换双方拥有对方想要的产品或服务。

　　③交换双方都有沟通及向对方运送货物或服务的能力。

　　④交换双方拥有自由选择的权利。

　　⑤交换双方都觉得对方值得交易。

　　交换是一个完整、持续的过程而非一次性的活动。交换双方都需要经历找寻合适的产品或服务，谈判价格以及其他条件，最终在满足上述五个条件的基础上达成协议的过程。而一旦交换协议达成，交易就产生了。交易是交换的基本组成单位，是交换双方之间的价值交换。交易通常分为货币交易和非货币交易。

（三）交换中的角色

　　在交换双方中，如果一方比另一方更主动、更积极地寻求交换，我们就将前者称为市场营销者，后者称为潜在顾客。换句话说，所谓市场营销者，是指希望从别人那里取得资源并愿意以某种有价值的东西作为交换的人。市场营销者可以是卖方，也可以是买方。当买卖双方都表现积极时，那么双方都是市场营销者，这种情况称为相互市场营销。

（四）市场流程结构

在现代市场经济条件下，将构成市场的各种要素分类组合在一起，会形成若干相对独立的市场。这些市场紧密联系，又相互制约，这样就形成了功能较为齐全、关系错综复杂的交换经济网络。现代交换经济中有四大主体：制造商、政府、中间商和消费者，它们通过与资源市场（包括原材料市场、劳动力市场和金融市场等）的交换形成一个循环结构，构成现代交换经济中的市场流程结构（如图1-4所示）。

图1-4　现代交换经济中的市场流程结构

制造商从资源市场上获得原材料、劳动力和信息，然后把它们加工成各种产品和服务，再把它们卖给中间商，中间商则把它们卖给消费者，消费者通过出售自己的劳动力得到货币收入，用于购买自己需要的产品和服务。政府为这些市场主体提供各种公共服务，并向其征税，然后从制造商及中间商那里购买所需的产品。

（五）简化的营销交换系统

为了简化研究，我们可以把卖方的集合看作一个行业，如服装行业、零售行业、汽车行业等；把买方的集合看作一个市场，如儿童市场、鞋类市场、劳动力市场等。那么营销中的交换流程就可以简化成一个系统（如图1-5所示）。其中，内圈表示货币与产品、服务的交换，外圈表示信息的交换。

图1-5 简化的营销交换系统

买方和卖方通过四个流程彼此连接在一起。行业把产品、服务和促销信息（例如电视广告、电子邮件等）传递给市场，与此同时，市场也把货币和买方信息（例如消费偏好、消费量变化等）反馈给行业。

企业营销活动的微观环境要素主要是指对企业营销活动过程和结果有直接影响的各种力量，这些要素与企业经营的价值链直接发生关联，包括：企业本身、市场营销渠道机构、企业面对的购买者市场、竞争者、社会公众。

第三节 如何看待顾客满意

案例直通车1-2

在过去几年里，海底捞是餐饮界异军突起的一匹"黑马"，以服务立业的海底捞吸引了众多媒体的关注。2009年，黄铁鹰主笔的"海底捞的管理智慧"成为《哈佛商业评论》中文版进入中国8年来影响力最大的案例，一夜之间，几乎中国所有的商学院都开始讲授海底捞的成功密码。为什么海底捞得以成为中国餐饮业的新生力量？它靠什么招数赢得"见多食广"的首都食客的青睐？为什么一句把员工当家人对待成为海底捞的成功要诀？行业的管理者们是否能从中"捞"出点"真经"？

海底捞——服务无处不在

这是一位酷爱火锅的食客描述的在海底捞的就餐过程：

从进入停车场开始，我就感受到了海底捞的气场，衣着规范的保安敬礼致意，态度细心地为客人停车。走出大厦迎接客人的服务员小姐，带着纯朴而热情的笑容，将我送往电梯。

等位不要紧，在等待区，热心的服务人员早就为我送上了西瓜、橙子、苹果、花生、炸虾片等各式小吃，还有豆浆、柠檬水、薄荷水等饮料（都是无限量免费提供），周围在排队的人们，有的在享受棋牌，有的在上网，还有的在享受店家提供的免费擦鞋服务，等待区还专门为女士提供免费美甲。

点菜时，服务员更是热情得不得了，除了详细介绍特色菜，还主动提醒我，各式食材都可以点半份，这样菜色比较丰富。那天因为请朋友吃饭，一高兴，菜就点多了，服务员马上就温柔地提醒我说："菜量已经够了，再多会浪费。"

吃饭的过程中，这位贴心的服务员一共为我换了4套热毛巾，此外，还帮我把手机装到小塑料袋以防进水，为长头发的朋友提供了橡皮筋和小发夹，还为戴眼镜的朋友送来了擦镜布；在洗手间，有两名服务员"伺候"客人洗手，这边为你递上热毛巾，那边护手霜已经为你准备好；最让人舒服的是，不必大呼小叫地喊服务员，因为他们就在不远处观察着你的用餐情况，随时根据你的需求补充餐巾纸、茶水等，真是惬意得很。

其实，网上关于海底捞优质服务的描述还有很多，比如一位顾客结完账，临走时随口问了一句："有冰激凌送吗？"服务员回答："请您等一下。"5分钟后，这位服务员拿着"可爱多"气喘吁吁地跑回来："小姐，您的冰激凌，让您久等了，这是刚从易初莲花超市买来的。"

这就是传说中的海底捞，一家火锅店，没错，你进的不是五星级酒店。1994年在四川简阳起步时它不过是只有4张桌子的小火锅店。15年后，它已经在北京、上海、西安、郑州等地拥有36家分店，成为全国知名火锅品牌之一。这家人均消费六七十元的连锁餐饮民营企业，其优质的服务被消费者调侃为"变态服务"，甚至让跨国公司和五星级酒店也前往参观取经。

把功夫下在服务上的理念源于海底捞董事长张勇的创业经历。张勇说10多年前在街边摆摊卖麻辣烫的时候，他就知道自己的麻辣烫味道不是最好的，但他认为好的服务一样可以招揽回头客。于是，他独创了接待的招牌动作：右手抚心区，腰微弯，面带自然笑容，左手自然前伸作"请"状。这个动作今天在海底捞随处可见。

张勇的创业经历让海底捞获益匪浅，在低附加值的餐饮服务业，已经被倡导了无数年的"顾客至上"并不像想象中的那样被大多数同行所重视，但张勇却大胆地确定了海底捞的宗旨——服务为王，让服务成为海底捞的招牌。

如今，海底捞每年超200亿元的营业额似乎印证了优质服务的内在驱动力，正是因为无处不在的服务，海底捞的分店大部分时间都能保持每晚3~5桌的翻台率，堪称餐饮界的奇迹。

资料来源：佚名. 海底捞服务营销案例分析［EB/OL］.［2020-04-05］. https://www.docin.com/p-2338989147.html.

海底捞最近频频登上各大平台的热搜榜，俨然已经成为新一代网红。是什么让这样一个已经成立了28年的资深品牌仍然可以具有如此高的关注度和火爆人气，是极致的服务营销，是极致的员工关怀，还是正确的管理体系呢？究其根本，海底捞的这些正确的企业营销策略都源于其掌握了营销活动的基本目的，即满足顾客的需求，实现双方共赢，并将这种满足做到极致，达到顾客满意。

前面，我们已经为您详细地解读了营销的核心概念和本质，明确了营销活动的基本目的是满足顾客的需求，达成交换关系，实现多方共赢。但在多家企业同时具备满足顾客需求的能力时，营销活动能否成功的关键就发生了转变，顾客的选择成为新的决定性因素。企业应该尽其所能地吸引并留住客户，而这又往往是一个困难的任务。顾客通常面对许多令人眼花缭乱的可供选择的产品和服务。顾客会从提供最高顾客感知价值的企业那里购买产品，并选择令顾客满意的企业多次购买。由此可见，顾客满意是企业进行长久销售的重中之重。

一、顾客满意与顾客忠诚

（一）顾客满意

顾客满意（Customer Satisfaction）是由购买者知觉到的产品实际状况和购买者的预期相比较来决定的。如果产品的实际状况不如顾客的预期，则购买者感到不满意；如果产品的实际状况恰如预期，则购买者感到满意；如果产品的实际状况超过预期，则购买者感到非常满意。顾客的预期是由过去的购买经验、朋友的意见以及营销人员和竞争者的信息和承诺来决定的。

这一思想和观念早在20世纪50年代就受到世人的认识和关注。学者们对顾客满意的认识大都围绕着"期望-差异"范式。这一范式的基本内涵是顾客期望形成了一个可以对产品和服务进行比较、判断的参照点。顾客满意作为一种主观的感觉被感知，描述顾客某一特定购买后的期望得到满足的程度。

Oliver & Linda（1981）认为顾客满意是"一种心理状态，是顾客根据消费经验所形成的期望与消费经历一致时而产生的一种感情状态"，Tse & Wilton（1988）认为顾客满意是"顾客在购买行为发生前对产品所形成的期望质量与消费后所感知的质量之间差异的评价"，Westbrook & Reilly（1983）认为顾客满意是"一种情感反应，这种情感反应是伴随或者是在购买过程中产品陈列以及整体购物环境对消费者的心理影响而产生的"，Philip Kotler将顾客满意定义为"一个人通过对一种产品的可感知效果与其期望值相比较后所形成的愉悦或失望的感觉"。亨利·阿塞尔认为，当商品的实际消费效果达到消费者的期望时，就会导致顾客满意，否则会导致顾客不满意。

基于以上对于顾客满意的解释和其在营销活动中的实际意义，杰出的企业会费尽心思让顾客满意。研究表明，高水平的顾客满意可以带来更显著的顾客忠诚，进而带来更好的企业绩效。聪明的企业通过作出适当的承诺，并提供高于承诺水平的产品和服务来取悦顾客，让顾客获得超出期望的结果，这样不仅可以促进顾客的重复消费，还会使其自愿变成企业的营销伙伴和宣传者，向他人传播其美好体验。

对于那些对取悦顾客感兴趣的企业来说，非凡的价值和服务成为其文化的一部分，如知名酒店集团万豪集团。万豪集团每年都可以收获极佳的顾客满意度，这都归功于万豪集团的企业文化——以人为本，照顾好员工，员工就会用最佳的方式服务客人。在万豪酒店入住你会享受到令人叹服的服务，无论是温馨的小细节还是不论时隔多久再次光临时仍然可以准确记住你的姓名、喜好的工作人员，都在充分提高顾客满意度。然而，企业不一定非要提供夸张的服务才能让顾客感到欣喜。比如，为顾客提供百货店品质、大卖场价格产品的网易严选。尽管其产品和网站主打简约风格，经营小而美的小件精品，品类、风格单一，但其通过良好的产品品质和低廉的价格取悦顾客，使顾客多次回购。因此，顾客满意不仅来自夸张的服务行为，也来自企业传递的基本价值主张和帮助顾客解决购物问题的能力。

移动智能手机的传奇品牌苹果，它的成功要归功于其对于目标客户的详细分析和维护。2007 年第一代苹果手机问世，一个新的移动智能手机的时代来临了。至今为止已走过了 10 多年，但是时至今日它的每一款新产品的发布仍然会引起广泛的关注，仍然会有来自世界各地的数以万计的顾客会为了购买它彻夜排队。归根结底，苹果手机经久不衰地获得顾客青睐的原因在于其每一代产品获得的顾客满意度。无论是其简约时尚的外形，还是独具匠心的细节功能设计，以及使用感良好的操作系统，苹果在不断出新的过程中仍然可以坚守自己的优点，并不断推出新的惊喜，一次次地让顾客满意甚至给顾客带来全新的超越上一次的满意。

由此可知，在一段成熟且长期的购买行为中，顾客对于企业的满意度起着至关重要的作用。企业想要进行长期的经营就必须拥有有效的顾客资源，而高度的顾客满意度可以为企业留住顾客，培养高忠诚度的用户群。这就引出了一个新的概念——顾客忠诚。那何为顾客忠诚？顾客忠诚对于企业的营销活动的作用是什么？顾客忠诚与顾客满意之间又有什么联系呢？

（二）顾客忠诚

顾客忠诚是顾客对企业与品牌形成的信任、承诺、情感维系和情感依赖，在企业与顾客长期互惠的基础上，因顾客长期、反复购买和使用企业的产品与服务而形成。忠诚的顾客会更多、更频繁地购买公司的产品，会更愿意试用新产品或购买更高档的产品，会更愿意接受与品牌相关的交叉购买，会乐于推荐新顾客并传播有利于企业与品牌的信息，且对价格的敏感度较低，愿意为高质量付出高价格。企业加强其目标客户对于企业的满意度，可以帮助提高顾客忠诚，从而促进企业产品的售卖。

近年来，越来越多的企业开始注意到顾客忠诚对于企业的重要性，顾客忠诚不仅仅可以帮助产品进行单一客户的多次销售，还可以帮助企业进行自身形象、品牌、产品等信息的传播扩散，达到高于广告等传统传播手段的宣传效果，形成粉丝效应，进行口碑营销。苹果手机的成功除了因为其产品使顾客满意，更重要的是长期的顾客满意而产生的顾客忠诚，使其拥有了大批"果粉"，这些"果粉"逐渐变成了该品牌所有产品的忠实顾客和绝对拥戴者。

（三）区别与联系

顾客满意和顾客忠诚是企业建立良好顾客关系的两个重要指标，那这两者之间有什么联系呢？它们之间又存在着怎样的差别呢？下面就让我们详细了解一下。

顾客满意不等于顾客忠诚，顾客满意是一种心理的满足，是顾客在消费后所表露出的态度；但顾客忠诚是一种持续交易的行为，促使顾客重复购买的发生。衡量顾客忠诚的主要指标是顾客保持度，即描述企业和顾客关系维系时间长度的量，以及顾客占有率，即顾客将预算花费在该公司的比率。顾客满意度衡量的是顾客的期望和感受，而顾客忠诚度反映顾客未来的购买行动和购买承诺。顾客满意度调查反映了顾客对过去购买经历的意见和想法，只能反映过去的行为，不能作为未来行为的可靠预测。顾客忠诚度调查却可以预测顾客最想买什么产品，什么时候买，这些购买可以产生多少销售收入。

顾客满意度和其实际购买行为之间不一定有直接的联系，顾客满意不一定能保证其始终会对企业忠实，产生重复购买的行为。例如，许多用户对安卓系统的 App 权限问题有意见和不满，但是如果改换使用其他产品要付出很大的成本，他们还是会坚持使用这一产品。不可否认，顾客满意度是导致重复购买最重要的因素，当满意度达到某一高度时，会引起顾客忠诚度的大幅提高。顾客忠诚度的获得必须有一个最低的顾客满意水平，顾客满意度在这个水平线下，顾客忠诚度将明显下降。但是，顾客满意度绝对是顾客忠诚的条件。

从数学的角度看，我们可以将顾客满意度与顾客忠诚度之间的关系，简化成一个函数关系（如图1-6所示）。

图1-6 顾客满意度与顾客忠诚度之间的关系

虚线左上方表示低度竞争区，虚线右下方表示高度竞争区，曲线1和曲线2分别表示在高度竞争的行业和低度竞争的行业中顾客满意度与顾客忠诚度之间的关系。

如曲线1所示，在高度竞争的行业中，完全满意的顾客远比满意的顾客忠诚。在曲线右端（顾客满意度评分5），只要顾客满意度稍稍下降一点，顾客忠诚度可能就会急剧下降。这表明，要培育顾客忠诚，企业必须尽力使顾客完全满意。在低度竞争的行业中，曲线2描述的情况似乎表明顾客满意度对顾客忠诚度的影响较小。但这是一种假象，限制竞争的障碍消除之后，曲线2很快就会变得和曲线1一样。因为在低度竞争情况下，顾客的选择空间有限，即使不满意，他们往往也会出于无奈继续使用该企业的产品和服务，表现为一种虚假忠诚。随着专有知识的扩散、规模效应的缩小、分销渠道的分享、常客奖励的普及等，顾客的不忠诚就会通过顾客大量流失表现出来。因此，处于低度竞争情况下的企业应居安思危，努力提高顾客满意度，否则一旦竞争加剧，顾客大量流失，企业就会陷入困境。

上面的分析表明，顾客满意度和顾客忠诚度之间并不总是强正相关关系。但有一点毋庸置疑，那就是无论在高度竞争的行业还是低度竞争的行业，顾客的高度满意都是形成顾客忠诚的必要条件，而顾客忠诚对顾客的行为无疑会起到巨大的影响。

二、顾客让渡价值

随着社会的不断发展，商品生产能力极大提高，如今的消费者面临着纷繁复杂的商品和品牌选择，这就使企业必须关注顾客是如何作出选择的。显然，消费者既然是社会经济的参与者和商品价值的实现者，必然理性行事，因而，现代营销理论的前提是买方将从企业购买他们认为的能提供最高顾客让渡价值的商品或者服务。

顾客让渡价值是由菲利普·科特勒在《营销管理》一书中首次提出的，指企业转移的、顾客感受的到的实际价值。它的一般表现为顾客购买总价值与顾客购买总成本之间的差额。

顾客购买总价值是指顾客购买某一产品与服务所期望获得的一组利益，它包括产品价值、服务价值、人员价值和形象价值等。顾客购买总成本是指顾客为购买某一产品所耗费的时间、精神、体力以及所支付的货币资金等，因此，顾客购买总成本包括货币成本、时间成本、精神成本和体力成本等。由于顾客在进行购买活动的时候总希望将自己的货币、时间、精力和体力降到最低，而同时又希望获得更多的实际利益，以使自己的需要得到最大限度的满足。因此，顾客在进行购买活动时，往往会从价值与成本两个方面进行比较分析，从中选择价值最高、成本最低，也就是顾客让渡价值最大的产品。这就要求企业在进行营销活动时，要最大限度地提升自己产品的顾客让渡价值从而达到顾客满意，并通过提升顾客满意来建立良好的顾客关系，培养用户黏性。

营销活动的本质目的就是获得顾客满意，只有顾客满意企业才可以进行长久的营销活动。因此为了获得顾客满意，企业采取了众多的营销策略，但并不是所有的策略都是可行的、有效的。下面让我们来详细地了解一下企业为了寻求顾客满意，增加顾客让渡价值所制定的营销策略以及存在的争议与误区。

三、应用顾客让渡价值理论达到顾客满意的营销策略

企业为达到顾客满意必然会想办法提高顾客让渡价值，而顾客让渡价值的提高方向无非两种，一是提高顾客购买总价值，二是降低顾客购买总成本。

（一）提高顾客购买总价值

1.提高产品价值

所谓产品价值是指由产品的质量、功能、规格、式样等因素所产生的价值。在其余条件不变的情况下，提升产品价值可以提高顾客让渡价值，满足顾客对于产品的高期待，从而达到顾客满意。拥有强大粉丝群的小米手机，就是提高产品价值来达到顾客满意的例子。其创始人雷军曾发表过著名的互联网思维七字诀"专注口碑极致快"，排在首位的就是"专注"，专注于自己产品所能提供的核心价值，专注于为用户提供极致的体验。秉承这一目标，小米手机为发烧而生，不大面积铺设专卖店来拓展渠道促进销售，也不广发广告吸引消费者注意，仅仅靠着手机发烧友的专注精神，倾力打造千元智能旗舰手机。正是因为其对于自身产品的重视，努力提升产品价值，才使得小米手机一经发售就供不应求，万人同抢。

产品是一个企业营销活动发生的根本，产品存在的意义是为了满足消费者需求。换而言之，有需求才有产品存在的意义。但在当今市场，有些企业在销售过程中为了提升消费者满意度，盲目提高自身的产品价值，将产品打造得全能而完美，但其偏偏忽略了最重要的一点，仅为产品添加了不被消费者需要的附加项。例如，去年倒闭的"小蓝单车"，其推出了一款全新的智能共享单车，主要是在原有的单车基础上进行产品升级，在单车上附加了一块智能屏，能精准导航，实时监控速度、距离等行驶数据，同时还可以为用户提供吃喝玩乐等一系列的向导服务。乍一看，这个屏幕的添加一定程度上提升了产品的价值为其增添了许多功能，且屏幕信息的投放都是用户切实需要的。但是，为了避免交通事故的发生，这个屏幕只会在停车时进行播放。那么问题来了，我们骑车时停车的时间有多少？等红绿灯、开锁、关锁。但这些时间我们的注意力又有更"当务之急"的其他选择，所以这一产品升级形同虚设。"小蓝单车"产品升级失败的主要原因在于其没有掌握真正的用户需求。产品的价值提升无疑可以帮助我们达到顾客满意，但是其提升的一定是产品的被需求价值。

2.提高服务价值

服务价值是指企业向顾客提供其满意的核心服务所产生的价值。核心服务是消费者所要购买的对象，服务本身为购买者提供了其所寻求的效用。核心服务把服务内在的价值作为主要展示对象。这时，尽管存在实体商品的运动，但两者的地位发生了根本性的变化，即服务是决定实体商品交换的前提和基础，而这正是服务价值的本质。

因此在产品的性质和效用等条件相同时，服务价值的提升可以促进产品的成交并更容易达到顾客满意。优衣库的网上虚拟试衣间、洲际酒店的一对一管家服务、淘宝7天无理由退换货的赠送运费险都是通过其对客户的贴心服务赢得顾客满意。除了在销售过程中提供的附加服务外，一些企业也另辟蹊径，对自己的产品进行服务拓展，超越顾客预期地给予了他们丰富的服务价值，如Uber无所不能的呼叫服务，美团意想不到的跨界延伸。它们都使消费者惊奇地发现，其预期和天马行空的想象竟然都可以实现。

当今社会，我们需要的不再是顾客是上帝般的盲目服从，而是贴心密友般恰到好处的服务。在服务营销泛滥的当下，总有一些企业曲解服务营销的真正含义，它们渴求通过提高服务价值来获取顾客满意，增强用户黏性。曾经红极一时的桔子酒店，标榜自己的创新服务可以让顾客体验到不一样的宾至如归。走进它们的酒店，一进门，写字台上的音响就会响起舒缓的音乐，随手可得的一些小玩意如魔方玩具、鱼缸、花草仿佛给酒店房间多了股"人气"，还有触摸式床头灯，温馨、浪漫的床品装饰。但是，入住体验如何呢？卫生间不干净、房间隔音太差、清洁频次过低、网速很慢、窗帘的隔光性也很差。住酒店的人最主要的要求就是干净和网络顺畅便于工作。如果这些刚需都不能被满足，那些花哨的服务意义何在呢？归根结底，企业提供了不需要的服务，而忽略了应该重视的刚性服务需求。这样的价值提升又有何用呢？

3. 提高人员价值

人员价值是指企业员工的经营思想、知识水平、业务能力、工作效率与质量、经营作风以及应变能力等所产生的价值。"21世纪什么最重要？人才！"在企业的运营过程中，是否拥有好的员工是企业能否长久经营的关键。人才是企业的核心竞争力之一。换言之，人才创造的价值直接决定着企业为顾客提供的产品与服务的质量，进而决定了顾客购买总价值的大小。万豪集团的创始人曾经说过这样一句话："照顾好你的员工，你的员工就会帮你照顾好你的顾客，你的顾客才会再次光临。"正是这样的经营理念使得万豪集团的员工离职率一直低于同行业的其他企业，并且员工也会尽心尽力地做好顾客的服务工作。

4. 提高形象价值

形象价值是指企业及其产品在社会公众中形成的总体形象所产生的价值。当然，企业形象是一个抽象物，是人们对企业的总体印象。一个良好的企业形象可以帮助企业为顾客传递企业的精神文化，是企业状况的综合反映。

21世纪很多企业为了追求顾客满意紧追潮流，想要塑造年轻化形象、提高自己的"颜值"，使出浑身解数。其中最常见的宣传企业文化的方式就是企业对于代言人的选择，同时也衍生出粉丝经济。企业通过选取时下热门的，具有强大粉丝基础的明星作为形象代言人，来招揽更多的顾客，同时提高顾客的满意度。但是在代言人选择上，企业要慎之又慎，代言人的某些行为会严重影响其代言的产品在大众心中的形象。炫迈曾选择柯震东作为其品牌代言人，并且将其拍摄的广告大范围投放，在柯震东因吸毒被捕后，炫迈受到了很大的冲击，其拍摄的广告中的一句台词"吃了炫迈，根本停不下来"被众多消费者翻出，并恶搞柯震东吸毒"根本停不下来"。这一事件使企业的形象受损，降低了其形象价值，大大损害了其之前培养的顾客忠诚度。

在如今的互联网时代，拥有庞大粉丝群的流量小生成了众多企业争抢的对象。企业往往只看重这些明星所带来的潜在顾客群，而忽略了对这些代言人的考察和了解，甚至选择与自身企业形象不符合的代言人。这样不但起不到效果反而后患无穷。

除了以上提到的通过提高顾客购买总价值来提高顾客让渡价值，达到顾客满意的方法外，还可以通过降低顾客购买总成本来提高顾客让渡价值，达到顾客满意。

（二）降低顾客购买总成本

1.降低货币成本

货币成本是顾客在购买产品时所花费的费用。顾客总想付出更少的成本，其中最直观的就是付出更少的货币。物美价廉永远是商家不变的制胜法宝。所以通过降低价格来获取顾客满意的例子数不胜数。淘宝等电商的直接经营模式，省去了众多的中间商，降低了货币成本；美团、大众点评、拼多多等平台通过团购、拼单等方式降低个人付出的货币成本；还有网易严选、名创优品等都通过降低货币成本来达到顾客满意。

但是在企业降低顾客货币成本的过程中，因为同类型产品之间存在着竞争，竞争过程中会有商家采取降低售卖价格的方式来争夺顾客，长此以往竞争者之间就形成了恶劣的价格战。价格战是对降低货币成本达成顾客满意的最大误区。企业为了保持自己的盈利空间会选择质量更差的原材料，这就产生了许多的豆腐渣工程。或者，企业在价格战的过程中损伤自身，最后导致破产等结果。

2.降低时间成本

时间成本是顾客为得到所期望的商品或服务而必须处于等待状态的时期和代价。时间成本是顾客满意和价值的减函数，在顾客价值和其他成本一定的情况下，时间成本越低，顾客购买总成本越小，从而顾客让渡价值越大，反之顾客让渡价值越小。

京东的成功离不开京东在降低时间成本上的努力。网络电商平台市场的竞争十分激烈，虽然京东凭借其差异化的定位使其在众多电商平台中占据了很大的市场份额。但由于市场先入者淘宝的先入为主，培养了强大的顾客忠诚度和顾客黏性，京东很难抢占更多的市场份额。面对这一现状，京东瞄准了淘宝等电商在物流方面的被动性，建立了自己配货仓库，承诺次日达，大大降低了顾客的时间成本，为其在电商市场赢得了更多的顾客。

3.降低精神成本

精神成本是顾客在购买产品或服务时必须消耗的精神的多少。在相同情况下，精神成本越少，顾客购买总成本就越低，顾客的感知价值就越高。

一般来说，顾客在一个不确定的情况下购买产品或者服务，都可能存在一定的风险，如预期风险、形象风险或心理风险、财产风险、人身安全风险。这些风险均有可能使顾客精神压力增加，导致产品和服务不能及时充分走向市场，所以企业应降低顾客的精神成本来提高顾客的感知价值，从而达到提高顾客让渡价值的目的。

阿里集团开发的第三方支付平台——支付宝，保护消费者的财产安全；社交类App平台实名制认证，降低消费者的人身安全风险；苹果的极简操作系统，让消费者花费最少的精神成本去享受它的产品；探探的"左滑喜欢，右滑不喜欢，相互喜欢才能聊天"的操作方式，降低心理风险的同时也降低了消费者使用的精神成本。

4.降低体力成本

体力成本是指顾客在购买某一产品或服务时在体力方面的付出。在顾客总价值和其他成本一定的情况下，体力成本越小，顾客为购买产品或服务所付出的总成本就越低，顾客让渡价值就越大。

在互联网经济飞速发展的现在，互联网的充分使用大大地降低了人们的体力成本。打车、外卖、网购、代购、跑腿等服务都大大降低了顾客的体力成本，除此之外，微信公众号的小程序的上线也使得很多的实体店进行了业务拓展，降低了体力成本。例如，各大餐饮店在用餐高峰期时使用的排队等号小程序，将现场叫号同步到网络上，使顾客不用浪费等号的时间，可以在这段时间进行其他活动，降低了体力成本和时间成本。

思·政·小·讲·堂

营销实践证明，能引起消费者爱国情感共鸣的营销行为会收到良好的营销效果。比如，2016年里约奥运会期间，由于争议判罚、升错国旗等事件，中国人民爱国情绪高涨。此时，某天猫店不失时机地推出了一款"I LOVE 0086" T恤，只短短数天就宣告售罄。这是因为，0086是中国大陆国际区号，表达的正是爱国情怀，因此它受到广泛认可，实现了火爆传播。再如，2017年《战狼2》火爆刷屏，当时正值建军90周年，影片中的一句台词"中国护照不能带你去很多地方，但它能从任何地方把你接回家"，更是戳中了无数观众的泪点，真正激发了公众的爱国主义情怀，这是《战狼2》营销制胜的关键，其票房达到56.83亿元。新一代大学生对祖国曾经经历的苦难历史理解不深刻，对祖国感情不如上代人深厚。他们大多家庭条件优越，眼界宽广，从小接受的信息多，对新鲜事物尤其感兴趣。但是他们对新鲜事物的辨别能力较弱，其人生观、世界观和价值观处于发育阶段，缺乏爱国主义热情。因此，可以引用营销中有关爱国主义情怀的正反两面的案例，来引导他们的爱国主义精神。2019年国庆期间上映的几部爱国主题电影票房都很高。这说明中国消费者都有强烈的爱国主义情怀，国内社会有很好的爱国主义氛围，这种好创意的电影产品本身就起到很好的促销作用，以此感染学生的爱国情怀。而某大陆明星为追求高知名度，在公共场合身披外国国旗，引起公愤，其促销宣传效果适得其反。爱国主义是牢牢驻扎在消费者心中的民族情怀，任何一种营销都只有在正向的民族情感上才能获得成功。

思考与练习

一、名词解释

1.买方市场

2.市场营销

3.需求

4.顾客忠诚

5.让渡价值

二、单项选择题

随堂测1

1.从市场营销的角度看，市场就是（　　　）。

A.买卖的场所　　　　　　　　　　B.商品交换关系的总和

C.交换过程本身　　　　　　　　　　D.具有购买欲望和支付能力的消费者

2.构成现实市场的基本条件包括消费者（用户）、生产者（供给者）和（　　　）。

A.服务者　　　　　　　　　　　　B.促成双方达成交易的各种条件

C.行业　　　　　　　　　　　　　D.信息

3.从营销理论的角度而言，企业市场营销的最终目标是（　　　）。

A.满足消费者的需求和欲望　　　　B.获取利润

C.求得生存和发展　　　　　　　　D.把商品推销给消费者

4.市场营销的核心是（　　　）。

A.交易　　　　　　B.管理　　　　　　C.交换　　　　　　D.需求

5.人们有能力支付并愿意购买某个具体产品的欲望叫作（　　　）。

A.需要　　　　　　B.需求　　　　　　C.满足　　　　　　D.欲望

6.想得到基本需要的具体满足品的愿望叫作（　　　）。

A.需要　　　　　　B.需求　　　　　　C.满足　　　　　　D.欲望

三、简答题

1.简述市场的分类。

2.简述市场营销概念的演进及营销内涵的扩展。

3.需要、欲望和需求三者之间的区别和联系是什么？

4.如何应用顾客让渡价值理论达到顾客满意的营销策略？

四、案例分析题

1.从黄鹤楼品牌的发展分析其市场定位的变化及其可行性。

2.试结合价值营销理论分析黄鹤楼品牌的价值营销过程。

湖北中烟工业
有限责任公司
"黄鹤楼"的
价值营销

3.如果你是湖北中烟工业有限责任公司的领导或"智囊团"成员，请提出"以绿色营销为指导、以全面价值营销为主线提升绿色价值营销水平，进一步实现中国烟草大梦想"的营销策划案。

4.湖北中烟工业有限责任公司为实现中国烟草梦想作出了哪些努力？还需要开展哪些工作？

第二章

达权通变，日新月异——营销的演变

穷则变，变则通，通则久。

——《易经》

学习目标　1.了解营销观念进化史。
　　　　　　　2.熟悉营销思想进化史，理解四种营销组合理论之间的区别与
　　　　　　　　联系。
　　　　　　　3.熟悉当今的各种营销模式。

重难点　　营销思想进化史的概念及其演变

关键词　　营销观念；营销组合理论；营销方式

框架图

案例导入　　　　　　　　　　张裕用心良苦做市场

张裕集团有限公司（以下简称张裕集团）的前身烟台张裕葡萄酿酒公司创办于1892年，是中国第一个工业化生产葡萄酒的企业，主要产品有白兰地、葡萄酒、香槟酒、保健酒、中成药酒和粮食白酒六大系列数十个品种。

1892年，著名华侨巨商张弼士先生在烟台创办烟台张裕葡萄酿酒公司。张裕之命名，前袭张姓，后借"昌裕兴隆"之吉。经过十几年的努力，张裕终于酿出了高品质的产品。1915年，在世界产品盛会——巴拿马太平洋万国博览会上，张裕的白兰地、红葡萄、雷司令、琼瑶浆一举荣获四枚金质奖章和最优等奖状，中国葡萄酒从此名扬四海。

改革开放后，社会经济环境为张裕集团提供了前所未有的发展机遇。其产品凭借卓越的品质，多次在国际、国内获得大奖，成为家喻户晓的名牌产品。然而，名牌不等于市场，金字招牌对于张裕集团来说是一个极大的优势，但是却不足以使张裕集团在市场上所向披靡。在改向市场经济的前两年，由于市场观念落后，企业缺乏适应市场竞争的能力，盲目生产，等客上门，受到了市场的惩罚。1989年，张裕集团的产值较上一年下降了2.5%，产量下降了26.2%，6条生产线停了4条，1/4的职工没有活干，近一半的酒积压在仓库里，累计亏损400多万元，生存和发展都面临着严峻的挑战。关键时刻，张裕人并没有躺在功劳簿上顾影自怜。在积极反思失败原因，努力摸索市场规律，下功夫钻研营销后，公司确定了"市场第一"的经营观念和"营销兴企"的发展战略，实现了2个根本性转变：一是企业由"销售我生产的产品"转变为"生产我销售的产品"，一切围绕市场转。二是由"做买卖"转变为"做市场"，从"推销"变成"营销"。最终张裕集团取得了一定的成功。

资料来源：张安茹. 张裕百年用心良苦做市场［EB/OL］.［2005-12-11］. https://www.docin.com/p-1009225151.html.

张裕集团一心致力于做好产品，提高产品品质，以为做好产品就自然会有消费者慕名而来，却遭到了市场的冷遇，后来转变了营销观念，调整发展战略之后终于找到了正确的发展方向。你认为张裕集团最初品质得到认可，却不受市场欢迎的原因是什么？它的做法有什么问题吗？你对此有什么建议呢？接下来，请带着你的疑问和思考开始阅读下面的内容，看看是否会有新的发现。

第一节　营销观念进化史

一、产品导向

以产品的生产或销售为中心，"以产定销"的产品导向营销观念，主要包括生产观念、产品观念和推销观念。

二维码2-1

产品导向

（一）生产观念

生产观念是以产品生产为中心，以提高效率、增加产量、降低成本为重点的营销观念。在商品经济不发达，产品供不应求的情况下，经营者往往以生产观念指导企业的营销活动。

持生产观念的营销者认为，市场需要我的产品，消费者喜爱那些随时可以买到的、价格低廉的产品。因此，生产观念是一种"以产定销"的观念，表现为重生产轻营销、重数量轻特色。其主要特点为：

①企业主要精力放在产品的生产上，追求高效率、大批量、低成本；产品品种单一，生命周期长。

②企业对市场的关心主要表现在关心市场上产品的有无和产品的多少，而不是市场上消费者的需求。

③企业管理中以生产部门作为主要部门。

生产观念在以下两种情况下是合理、可行的：一是物资短缺条件下，市场商品供不应求时；二是由于产品成本过高而导致产品的市场价格居高不下时。因此，直到20世纪30年代前，不少企业一直以生产观念作为指导。我国改革开放后，市场环境发生了剧烈的变化，企业在摸索中不断成长，其中海尔砸冰箱的事件尤其让人印象深刻。

（二）产品观念

产品观念是以产品的改进为中心，以提高现有产品的质量和功能为重点的营销观念。当市场供求关系发生变化，供不应求局面得到缓解之时，一些企业由生产观念转向产品观念。

持产品观念的营销者认为，消费者喜欢那些质量优良、功能齐全、具有特色的产品。因此，企业应致力于提高产品的质量，增加产品的功能，不断地改进产品。同时，这些企业抱着"皇帝的女儿不愁嫁""酒香不怕巷子深"的想法，认为只要产品好，不愁没销路，只有那些质量差的产品才需要推销。

在产品观念指导下，企业两眼向内看，一手抓管理，提高人员的素质，制定各种规章制度，使各部门人员训练有素，各方面工作井井有条。一手抓质量，不断改进产品，提高和增加产品的质量和功能，持续推出一批批高质量、多功能的产品，如从四楼扔下去仍完好无损的文件柜、具有钢一般硬度的新型材料、几代人都用不坏的板式家具等。

产品观念表现为：重产品生产，轻产品销售；重产品质量，轻顾客需求。其主要特点为：

①企业把主要精力放在产品的改进和生产上，追求高质量、多功能。

②轻视推销，强调以产品本身来吸引顾客，排斥其他的促销手段。

③企业管理中仍以生产部门为主要部门，但加强了生产过程中的质量控制。

（三）推销观念

推销观念是以产品的生产和销售为中心，以激励销售、促进购买为重点的营销观念。在产品供过于求的情况下，企业将自觉或不自觉地运用推销观念指导企业营销活动。持推销观念的营销者认为，本企业的产品需要市场，而消费者在购买中往往表现出一定的惰性和消极性，没有一定的动力去推动，消费者通常不会足量地购买某一组织的产品。因此，企业必须积极地组织推销和促销，促使消费者大量购买，使本企业产品能占领市场。推销观念的主要特点为：

①产品不变。企业仍根据自己的条件决定生产方向及生产数量。

②加强了推销。注重产品的销售，研究和运用推销和促销方法及技巧。

③开始关注顾客。主要表现为寻找潜在顾客，并研究吸引顾客的方法与手段。

④开始设立销售部门。但销售部门仍处于从属的地位。

然而，推销观念注重的仍然是产品和利润，不注重对市场需求的研究和满足，不注重消费者的利益和社会利益。强行推销不仅会引起消费者的反感，进而影响营销效果，而且会使消费者在不自愿的情况下，购买不需要的商品，严重损害消费者的利益。

二、顾客导向

美国西奥多·莱维特（Theodore Levitt）教授在20世纪60年代提出的"顾客导向"概念不仅是现代市场营销观的精辟概括，也是指导企业营销实践的行动指南。然而，随着营销理论与实践的发展，顾客导向营销观的内涵也在不断发生变化。

二维码2-2

顾客导向

（一）单纯市场营销观念

单纯市场营销观念认为，实现企业营销目标的关键在于正确地掌握目标市场需求，并从整体上去满足目标市场的需求。因此，企业必须生产、经营市场所需要的产品，通过满足市场需求去获取企业的长期利润。

单纯市场营销观念的基本内容，主要包括以下三个方面：

①注重顾客需求。单纯市场营销观念要求企业不仅要将顾客的需求作为企业营销的出发点，而且要将满足顾客的需求贯穿于企业营销的全过程，渗透于企业营销的各部门。不仅要了解和满足顾客的现实需求，而且要了解和满足顾客的潜在需求。根据市场需求的变化趋势，来调整企业的营销战略，以适应市场的变化，求得企业的生存与发展。

②坚持整体营销。单纯市场营销观念要求企业在市场营销中，必须以企业营销的总体目标为基础，协调地运用产品、价格、渠道、促销等手段，从各个方面来满足顾客的整体需求。

③谋求长远利益。单纯市场营销观念要求企业不仅要注重当前的利益，更要重视企业的长远利益。

（二）大市场营销观念

所谓大市场营销，是指企业为了成功地进入特定市场，并在那里从事业务经营，策略上协调地使用经济、心理、政治和公共关系等手段，以博得各有关方面的支持与合作的活动过程。大市场营销观念认为，由于贸易保护主义回潮、政府干预加强，企业营销中所面临的问题，已不仅仅是如何满足现有目标市场的需求。企业在市场营销中，首先要运用政治权力（Political Power）和公共关系（Public Relations），设法取得具有影响力的政府官员、立法部门、企业高层决策者等方面的合作与支持；启发和引导特定市场的需求，在该市场的消费者中树立良好的企业信誉和产品形象，以打开市场、进入市场。然后，企业可运用传统的4P（产品、价格、渠道、促销）组合去满足该市场的需求，进一步巩固市场地位。

企业营销活动的微观环境要素主要是指对企业营销活动过程和结果有直接影响的各种力量，这些要素与企业经营的价值链直接发生关联，包括：企业本身、市场营销渠道机构、企业面对的购买者市场、竞争者、社会公众。

三、市场导向

顾客导向下的营销观念以顾客为中心，以满足顾客需求、提高顾客价值作为企业营销工作的重点，较之以产品为重点的营销观念而言，是观念上的一次飞跃，是一种全新的观念。然而，随着经济的发展、竞争的日趋激化，在企业营销中仅仅考虑顾客是不够的，还必须从市场的角度考虑，树立市场导向营销观。随着市场概念的演变，市场导向营销观也表现出不同的内涵。

（一）社会营销观念

社会营销观念认为，企业的营销活动不仅要满足消费者的欲望和需求，而且要符合消费者和全社会的最大长远利益，要变"以消费者为中心"为"以社会为中心"。因此，企业在市场营销中，一方面要满足市场需求，另一方面要发挥企业的优势。同时，还要注重社会利益，确保消费者的身心健康和安全，确保社会资源的合理、有效利用，防止环境污染，保持生态平衡。要将市场需求、企业优势与社会利益三者结合起来，来确定企业的经营方向，如图2-1所示：

图2-1　社会营销观念示意图

在社会营销观念指导下，图中线条部分，即为企业的经营重点。因此，企业一方面要搞好市场调查研究，不仅要调查了解市场的现实需求和潜在需求，而且要了解市场需求的满足情况，以避免重复引进、重复生产带来的社会资源浪费；不仅要调查市场需求，而且要了解企业的营销效果。另一方面，企业要注重其和竞争对手的优劣势分析，发挥自身的优势来搞好营销；同时注重企业营销的社会效益分析，从全局利益考虑，发展有利于社会效益和人民身心健康的业务，放弃那些高能耗、高污染、有损人民身心健康的业务，为促进经济社会发展、造福子孙后代作出贡献。

所谓的购买者市场，就是指企业所拥有的顾客，是企业营销活动的最终目标市场。购买者市场的规模、市场消费行为、市场总的变化趋势和状态直接影响企业产品的销售数量和销售成本。市场是营销环境中最重要的微观环境要素。

企业在选择不同的目标顾客群体时，会面对各不相同的顾客需求，这就要求企业以不同的方式提供产品或服务。这也属于"知彼"的层面，企业除了要了解自身的资源和能力外，也要了解其外部顾客的需求、欲望和偏好，实现资源配置与需求偏好的匹配，促进企业营销目标的实现。为此，企业要注重对顾客进行研究，分析顾客的需求规模、需求结构、需求心理以及购买特点，这是企业营销活动的起点和前提。

（二）绿色营销观念

绿色营销观念认为，企业在营销活动中，要顺应可持续发展战略的要求，注重地球生态环境保护，促进经济与生态协同发展，以实现企业利益、消费者利益、社会利益及生态环境利益的统一。首先，企业在营销中，要以可持续发展为目标，注重经济与生态的协同发展，注重可再生资源的开发利用、减少资源浪费、防止环境污染。其次，绿色营销观念强调消费者利益、企业利益、社会利益和生态环境利益四者的统一，在传统的社会营销观念强调消费者利益、企业利益与社会利益三者有机结合的基础上，进一步强调生态环境利益，将生态环境利益的保证看作前三者利益得以持久保证的关键。最后，绿色营销观念还强调营销中的"绿色"因素：注重绿色消费需求的调查与引导；注重在生产、消费及废弃物回收过程中降低公害，重视绿色产品的开发和经营，并在定价、渠道选择、促销、服务、企业形象树立等营销全过程中都要考虑以保护生态环境为主要内容。

（三）关系营销观念

最早提出这一理论的是北欧的学者，他们把企业的营销活动放在整个社会经济的大系统中来考察，认为企业作为社会经济系统中的一个子系统，其经营活动是与周围各种因素如顾客、供应商、分销商、竞争者、银行、政府机构等相互作用的过程。与这些个人或组织建立起良好的关系是营销活动的核心，是营销成功的关键。企业与各方通过互利交换及共同履行承诺，实现各自目标。企业与顾客之间的长期关系是关系营销的核心，保持和发展这种关系是关系营销的重要内容。要实现关系营销的目标，企业必须在提供优质的产品、良好的服务和公平的价格的同时与各方加强经济、技术及社会等各方面的联系和交往。

学者在研究过程中不断给出关系营销的新内涵，所以关系营销的定义一直在不断完善和丰富中，关系营销定义的演变过程见表2-1。目前，一般认为所谓关系营销，是把营销活动看成企业与消费者、供应商、分销商、竞争者、政府机构及其他公众发生互动的过程，其核心是建立和发展与这些公众的良好关系。

表2-1　　　　　　　　　　　关系营销定义的演变过程

主要人物	年份	主要观点
伦纳德·L.贝瑞（Leonard L.Berry）	1983	关系营销是吸引、维持和增强客户关系
	1996	关系营销是为了满足企业和相关利益者的目标而进行的识别、建立、维持、促进同消费者的关系并在必要时终止关系的过程，这只有通过交换和承诺才能实现
巴巴拉·B.杰克逊（Jackson B.B）	1985	从工业营销的角度将关系营销描述为："关系营销关注吸引、发展和保留客户关系。"
顾曼森（Gummesson）	1990	从企业竞争网络化的角度来定义关系营销，认为"关系营销就是市场被看作关系、互动与网络"
摩根和亨特（Morgan and Hunt）	1994	从经济交换与社会交换的差异来认识关系营销，认为关系营销是"旨在建立、发展和维持成功关系交换的营销活动"

资料来源：作者根据相关资料整理。

四、价值导向

二维码2-3

价值导向

（一）价值营销的内涵

价值营销观念将企业的营销过程看作价值探索、价值创造和价值传递的过程，并强调运用全面营销的思维方式，从顾客、企业和协作者三方面去考虑营销问题（如图2-2所示）。

图2-2　全面营销框架

1.价值探索过程

营销的起点是一个价值探索的过程，在此过程中，通过对顾客的认知空间（顾客的现实和潜在需求的了解）、本企业的能力空间（企业的核心能力）和协作者的资源空间的了解和把握，探索如何发现新的价值机会。

2.价值创造过程

首先，通过了解顾客的所想、所需、所忧，从顾客的角度重新认识顾客利益，并考虑如何去满足新的顾客利益。其次，根据顾客新的价值需求和自身的核心能力，进行业务重组，重新定义公司的业务领域、确定产品线、确定品牌定位，使公司核心能力得到最大提升。最后，选择新的价值创造过程中所需要的业务伙伴，以整合利用协作网络中业务伙伴的资源，共同开发、创造新的价值。

3.价值传递过程

通过客户关系管理、企业内部资源的整合协调管理和协作网络中的业务伙伴的关系管理，更有效地传递价值。

（二）3Vs营销模型

对于价值营销的实施，美国学者尼尔马利亚·库马尔（Nirmalya Kumar）提出了细分战略的概念，用于帮助企业发现和实现深度差异化。他提出了3Vs营销模型（如图2-3所示），即价值顾客、价值主张和价值网的组合，来改变仅仅通过市场细分和营销组合创造的差异化。

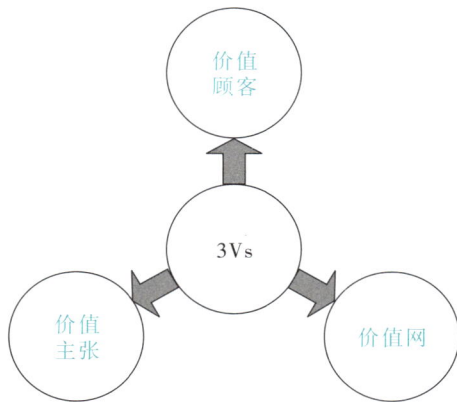

图2-3 3Vs营销模型

1.第一个V：价值顾客（Valued Customer）——为谁服务

价值顾客是第一个V，即为谁服务？是目标市场的选择问题，它是3Vs营销模型确立的战略目标。在选择价值顾客时，要考虑三个方面：一是价值顾客要有一定规模或拓展潜力；二是竞争者没有完全控制这个顾客群；三是符合企业发展战略与资源能力。

2.第二个V：价值主张（Valued Proposition）——提供什么

20世纪50年代初，罗瑟·瑞夫斯提出USP理论（Unique Selling Proposition），即企业的产品（服务）必须要有自己"独特的销售主张"，既可以体现出独特（即与其他竞争者不一样），又应该保证其产品的可销售性。要不断问自己：顾客为什么要接受我的产品（服务）？回答这个问题应该基于顾客利益而不是产品特性，这就是USP理论。USP就是第二个V，即品牌的价值主张，企业能给价值顾客提供什么重要价值，而不是面面俱到的"完美产品（服务）"。在价值主张环节，企业应当从以下四个问题入手：

问题一：行业里有哪些想当然的属性应该被剔除？即企业所提供的每种属性是否都为顾客创造了价值。

问题二：哪些属性应该降到行业标准以下？即行业里是否设计了过多的产品和服务。

问题三：哪些属性应该提高到行业标准以上？即顾客被迫接受了当前行业里的哪些现状。

问题四：应该创造哪些行业从未提供过的新属性？即行业里存在哪些价值创造的新来源。

3.第三个V：价值网（Valued Network）——如何创造和传递

第三个V即价值网，有时也被称为价值链或商业系统，包括为顾客创造、产生和传递价值主张所必需的所有营销和非营销活动的系统性安排。如果一个公司为两种细分市场服务，那么价值网的大部分可能可以共享，但如果一个公司想为两个不同的细分战略服务，则必须开发出两个独特的价值网，价值网能够有效地为选定的细分市场提供跨职能协调，包含基于4P的差异化，但它不只包括营销，还包括对其他职能（如运营和服务）进行差异化。

（三）企业3Vs的应用

许多公司的竞争优势都存在于独特的价值网中，企业可以为独特的细分市场探索出不同的价值网方案，基于价值网来实现深度差异化。企业可以通过思考以下三个问题，结合3Vs营销模型发现行业内的营销创新机会。

问题一：是否存在这样的顾客——要么对行业提供的所有服务都不满意，要么根本没有得到服务？通过这个问题，企业可以发现巨大的可利用机会。

问题二：公司能否提供一个相对业内其他公司来说，具有较大的利益或较低的价格的价值主张？该问题迫使公司考虑自己的价值主张是否实现了真正的差异化以及在哪些方面实现了真正的差异化。

问题三：公司能否用低得多的成本从根本上为行业重新定义价值网？

通过回答这三个问题和充分理解3Vs营销模型，就可以画出公司的战略成长图，了解顾客在哪些方面未得到服务有助于公司确定应该进入哪些市场和行业或"为谁服务"。清晰的制胜模式和经济逻辑能够提供创造独树一帜的价值主张的潜力，并有助于确定"提供什么"。价值网——如何创造和传递——详细阐述了时机（何时进入哪些市场）和方式（如何创造），这有助于促进公司在行业转型时的创新和成长。

在构建3Vs营销模型时，三个"V"应相互联系，有机互动，最终获得整合效应、放大效应。如果三个"V"相互矛盾，则效果将大打折扣。并且，实施3Vs营销模型必须以人本文化为根本保障，模型的每个环节都由员工具体实施完成，如果员工不积极参与、不相互配合，再好的营销战略都是纸上谈兵。

3Vs营销模型说明创新并不只是技术研发和产品开发人员的工作，营销人员和战略家也可以通过发现未得到充分服务或对服务不满意的细分市场，提供新的价值曲线以及重新建立行业价值网而对创新作出贡献。

第二节 营销思想进化史

一、4P营销组合理论

4P营销组合理论的基本内容是产品、价格、渠道、促销的营销组合。

（1）产品组合

注重开发的功能，要求产品有独特的卖点，把产品的功能诉求放在第一位。主要包括产品的实体、服务、品牌、包装。它是企业提供给目标市场的货物、服务的集合，包括产品的效用、质量、外观、式样、品牌、包装和规格，还包括服务和保证等因素。

（2）价格组合

根据不同的市场定位，制定不同的价格策略，产品的定价依据是企业的品牌战略，注重品牌的含金量，主要包括基本价格、折扣价格、付款时间、借贷条件等。它是指企业出售产品所追求的经济回报。

（3）渠道组合

企业并不直接面对消费者，而是注重经销商的培育和销售网络的建立，企业与消费者的联系是通过分销商来进行的。渠道又称为分销，主要包括分销渠道、储存设施、运输设施、存货控制。它是企业为使其产品进入和到达目标市场所组织、实施的各种活动，包括途径、环节、场所、仓储和运输等。

（4）促销组合

企业通过销售行为的改变来刺激消费者，以短期的行为（如让利、买一送一等）促成消费的增长，吸引其他品牌的消费者或刺激提前消费来促进销售的增长。促销组合是指企业利用各种信息载体与目标市场进行沟通的传播活动，包括广告、人员推销、营业推广与公共关系等。

以上4P（产品、价格、渠道、促销）是市场营销过程中可以控制的因素，也是企业进行市场营销活动的主要手段，对它们的具体运用，形成了企业的市场营销战略。企业营销活动的实质是一个利用内部可控因素适应外部环境的过程，即通过对产品、价格、渠道、促销的计划和实施，对外部不可控因素作出积极动态的反应，从而促成交易的实现和满足个人与组织的目标，用科特勒的话说就是"如果公司生产出适当的产品，定出适当的价格，利用适当的分销渠道，并辅之以适当的促销活动，那么该公司就会获得成功"。市场营销活动的核心就在于制定并实施有效的市场营销组合。也正因为这样，4P理论逐渐成为营销策略的基础。

菲利普·科特勒在1986年发表的《论大市场营销》中提出了"大市场营销"概念，即在原来的4P组合的基础上，增加两个P——"政治力量"（Political Power）和"公共关系"（Public Relations）。他认为现在的公司还必须掌握另外两种能力，一是政治力量，就是说，公司必须懂得怎样与其他国家打交道，必须了解其他国家的政治状况，才能有效地向其他国家推销产品。二是公共关系，营销人员必须懂得公共关系，知道如何在公众中树立产品的良好形象。这是第一次针对4P的扩展，自此之后，众多学者都对4P理论提出了自己的见解，并对其进行多方面的扩展，从7P，到10P，再到4P+3RS。无数的学者都在为提出适合所有情况的市场营销策略组合理论做努力。

二、4C营销组合理论

4C营销组合理论，也称"4C理论"，是由美国营销专家劳特朋教授在1990年提出的，与传统营销的4P理论相对应。4C理论以消费者需求为导向，重新设定了市场营销组合的四个基本要素，即消费者（Customer）、成本（Cost）、便利（Convenience）和沟通（Communication）。

（1）消费者

主要指顾客的需求。企业必须首先了解和研究顾客，根据顾客的需求来提供产品。同时，企业提供的不仅仅是产品和服务，更重要的是由此产生的客户价值。零售企业直接面向顾客，因而更应该考虑顾客的需要和欲望，建立以顾客为中心的零售观念，将"以顾客为中心"作为主线，贯穿于市场营销活动的整个过程。零售企业应站在顾客的立场上，帮助顾客挑选商品货源；按照顾客的需要及购买行为的要求，组织商品销售；研究顾客的购买行为，更好地满足顾客的需要；更注重为顾客提供优质的服务。

（2）成本

不单是企业的生产成本，或者说4P中的价格，它还包括顾客的购买成本，同时也意味着产品定价的理想情况，应该是既低于顾客的心理价格，亦能够让企业有所盈利。此外，其中的顾客购买成本不仅包括货币支出，还包括为此耗费的时间、体力、精力以及购买风险。所以，顾客总成本包括货币成本、时间成本、精神成本和体力成本等。由于顾客在购买商品时，总希望把有关成本包括货币、时间、精神和体力等降到最低，以使自己得到最大程度的满足，因此，零售企业必须考虑顾客为满足需求而愿意支付的"顾客总成本"。企业应努力降低顾客购买的总成本，如降低商品进价成本和市场营销费用从而降低商品价格，以减少顾客的货币成本；努力提高工作效率，尽可能减少顾客的时间支出，节约顾客的购买时间；通过多种渠道向顾客提供详尽的信息、为顾客提供良好的售后服务，减少顾客精神和体力的耗费。

（3）便利

为顾客提供最大的购物和使用便利。4C营销组合理论强调企业在制定分销策略时，要更多地考虑顾客的方便，而不是企业自己方便。企业要通过好的售前、售中和售后服务来让顾客在购物的同时，也享受便利。便利是客户价值不可或缺的一部分。

（4）沟通

被用来取代4P中对应的Promotion（促销）。4C营销组合理论认为，企业应通过同顾客进行积极有效的双向沟通，建立基于共同利益的新型企业-顾客关系。这不再是企业单向的促销和劝导顾客，而是在双方的沟通中找到能同时实现各自目标的通途。零售企业为了创立竞争优势，必须不断地与消费者沟通。与消费者沟通包括向消费者提供有关商店地点、商品、服务、价格等方面的信息；影响消费者的态度与偏好，说服消费者光顾商店、购买商品；在消费者的心目中树立良好的企业形象。在当今竞争激烈的零售市场环境中，零售企业的管理者应该认识到：与消费者沟通比选择适当的商品、价格、地点、促销更为重要，更有利于企业的长期发展。

三、4R营销组合理论

4R营销组合理论是20世纪90年代由美国整合营销传播理论的鼻祖唐·舒尔茨（Don E.Schultz）在4C营销组合理论的基础上提出的新营销理论。4R分别指关联（Relevance）、反应（Reaction）、关系（Relationship）和回报（Reward）（如图2-4所示）。该理论认为，随着市场的发展，企业需要从更高层次上以更有效的方式在企业与顾客之间建立起有别于传统的新型的主动性关系，"顾客忠诚度"对于赢得市场至关重要。对于企业来说，建立客户联系将提升顾客的忠诚度，培育持续的利润来源。2001年美国学者艾略特·艾登伯格（Elliott Ettenberg）出版了《4R营销》一书，他将4R理论总结为关系（Relationship）、节省（Retrenchment）、关联（Relevancy）和报酬（Reward）。本书中所讨论的4R理论是舒尔茨所提出的4R理论体系。

图2-4　4R营销组合

（一）关联（Relevance）

关联指的是企业根据自身发展的需要，通过各种方式在企业上下游之间形成产业链，在企业和顾客间构建出一种长效的、互动的互需、互助、互求关系。进入网络时代后，完善的网络环境彻底改变了原有信息不对称的局面，使顾客能够快速地获取各种企业信息，形成一种有效竞争环境。网络除了能够让顾客更多地了解企业的信息，还为顾客更多地改变现有模式如更多的自由选择权、选择合适的企业提供了便捷。所以，只有在企业和顾客间建立长效的关联机制，才能提高顾客的忠诚度，稳固已有的客源。4R关联机制主要包括以下两方面的内容：

1.与客户建立关联——提供方案

相对于在传统营销过程中企业只提供实物产品，与客户相关联而建立的方案提供的是售前信息提供、售时产品呈现、售后服务完善的系列组合，是企业针对顾客的价值而采取的一系列措施。传统营销过程中，企业与顾客仅仅进行一次性的产品交易，两者并没有形成一种长期的交易关系。而现有的提供方案的模式将原有的盈利模式转变为在整个产品周期寻求利益。例如，沃尔沃将自己定位为全面运输解决方案提供商，一方面，沃尔沃卡车帮助物流企业在进行车辆采购决策时，从只考虑卡车的首次投入，转向衡量整个生命周期内的整体拥有成本，包括车辆的出勤率、运行效率、驾驶员管理、售后维护成本以及车辆的折旧成本等相关因素的综合考量。另一方面，凭借众多被物流企业证明过的成功商业模式和运管模式，全方位支持物流企业的决策者们全局掌控商业契机，判断投资风险，优化管理体系，实现企业最佳的投资回报。此外，它还为个人和企业用户提供专业的购买方案、全面的驾驶培训和完善的售后服务，从售前到售后为顾客提供全面运输解决方案，成为卡车行业的标杆性企业。在这种营销模式下，企业和客户共同制订、改进方案，形成了一种相互依赖、相互作用的长效稳定关系，从长远来看，建立了企业对同类竞争对手的优势。

2.基于产品的关联——对位需求

对位需求是在精益生产的市场环境下产生的新型营销策略，指的是根据客户的特点和个性的需要，生产满足其需求的产品。而实现产品关联最有效的方式就是采用"定制营销"的模式。例如，戴尔是全球首个客户可以基于互联网选配产品的公司，客户可以直接在线选择电脑的配置，如CPU、硬盘、内存、显示器等，然后由工厂按照要求进行组装；红领开发了电子商务定制平台，搭建了智能化工厂，实现了西服的在线个性化定制；尚品宅配对产品的模型进行参数化设计，进行尺寸驱动，自动生成三维模型，进行全屋家具定制；汽车、家电等行业也有很多企业在尝试"私人定制"。这种营销模式相对于传统模式而言，把每个不同的顾客视为一个单独的细分市场，借助发达的计算机信息平台，使得顾客全程参与到产品的研发过程中去，保证企业生产的产品符合顾客的要求，也使得企业与顾客之间的关系更加紧密，由相互独立的"生产商与顾客"转变为相互交融的"你中有我，我中有你"。

（二）反应（Reaction）

反应指的是面对市场上纷繁复杂的顾客要求，企业快速调整应变以更好地满足顾客需求的能力。进入21世纪，随着互联网的日益发达，各种信息得到快速、有效的传播，整个社会的发展节奏大大加快，速度成为企业间竞争的主要因素。这就要求企业必须具备很强的反应能力以应对顾客需求的变化，从而使其在竞争激烈的市场环境中取得胜利，因为在信息经济时代，机会稍纵即逝，企业并没有足够的时间来全面判断和决策分析每一个机会，只有反应最为快速的企业才能够把握机会。

正如美国思科公司 CEO 钱伯斯所说的那样，"21 世纪企业间的竞争不是大吃小，而是快吃慢"。

4R 营销组合理论要求企业加快对市场变化的反应能力。具体而言，企业应提高自身反应能力，敏捷营销策略应该是最佳选择。敏捷营销策略指的是在日益信息化的竞争环境下，企业应对顾客日趋个性、多样、复杂的需求，寻求比竞争对手更迅速、更有效的应变能力的一种营销策略。它主要具有以下三个特征：

1.反应灵敏

在信息经济时代，企业必须对外部环境保持高度敏感，特别是对于外部机遇的识别、竞争压力的判断以及对顾客个性需求的洞悉等方面。

2.执行迅速

作为一个快速敏捷企业，在对外部环境进行有效识别后必须借助其完善的信息管理系统及组织结构制定相应的策略，同时利用其发达的分销网络和执行机构迅速有效地贯彻执行既定方针。

3.个性化服务

在推行敏捷营销的过程中，企业为提升顾客满意度，必须要尽力满足顾客的个性需求，通过精益生产、定制生产等方式来满足顾客的个性需求，从而在竞争中处于主导地位，为企业带来较高的收益。

在过去的十几年里，宝洁和沃尔玛这两个企业巨头建立了长久的伙伴关系。宝洁通过一个复杂的电子数据交换系统与沃尔玛连接，这一系统使宝洁能连续收集到众多的沃尔玛商场中各种规格产品的即时销量、存货数量信息，并自动传送订单。这种信息联动的合作关系为双方创造了巨大的价值。即时订货系统使宝洁公司得以按需生产而减少了存货，也使沃尔玛成功地减少了存货和空货架，为双方避免了销售的损失。通过合作，双方改变了原来的非赢即输的模式，即一方总是希望努力降低己方的成本而无视对方的成本，而转向双赢模式，为双方提高收益。

（三）关系（Relationship）

关系指的是将企业的营销活动与社会环境相结合，认为企业营销活动是一个供应商、顾客、行业竞争者、经销商、政府机关等共同发生作用的过程。企业通过形成、维护并稳固其与顾客以及其他利益相关者之间的关系，基于诚信交易的方式，来保证自身的营销目标得以实现。

根据唐·舒尔茨的观点，在 4R 理论中，相比关联而言，关系具有更加广泛的对象和更加深层次的含义。首先，就对象而言，关联的对象主体是顾客，而关系除了包括顾客还包括其他利益相关者，如供应商、经销商等；其次，就营销层次而言，关联旨在通过承诺和新颖的营销方式来吸引顾客，而关系除了完成关联的目标之外，还重视交易完成后的顾客维系工作。进入网络经济时代，通过关系营销的推行，企业基于自身发达的信息平台使企业之间的竞争由扩大市场份额转向扩大顾客群体，由提高市场占有率转变为提高对顾客消费的占有率，即本企业产品在顾客一年或者一段时间中总消费的比重。长期、忠诚的顾客群体将是企业追逐的新的竞争资源，在制定营销战略时必须考虑这方面的因素。相对于目标市场而言，在关系营销中企业应更重视对单个顾客的识别，通过与顾客建立长期忠诚关系来实现企业的利益。当然，要实现这一目标，要求企业建立一个丰富的顾客数据库和健全的服务平台，从而获得快速反应能力和高效决策能力。

关系营销除了体现在把握顾客群体这一方面之外，还体现在与供应商、经销商、竞争者等其他利益相关者之间的合作上。关系营销理论认为推动市场发展的不是企业间的竞争，而是相互合作。在信息经济时代，由于网络技术日趋完善，单个企业无法完成全球化交易，因此人们摒弃了传统经济时代中为争夺资源、信息相互间激烈竞争来谋求有利市场地位的发展模式，积极开展合作互利，实现各方共赢。以淘宝为例，作为一个网上交易平台，淘宝借助其发达的信息手段和数据库，将生产商、顾客、中间商、第三方物流公司等有机结合起来，生产商履行"商流"的功能，第三方物流公司履行"物流"功能，中间商提供客服、结算等功能，从而使得各组成部分都能够发挥自己的优势，各取所需，最终实现所有利益群体的共赢。

（四）回报（Reward）

回报指的是企业在贯彻执行以上三种营销思想，实现对顾客需求的满足后，在顾客满意、社会满意的基础上实现企业自身的满意，而企业的回报则是反映企业满意度的最重要指标。企业追求回报包含两方面的内容——成本和双赢。在现实市场环境中，为了追求更多的回报，企业必须要考虑顾客愿意支付成本的上限，通过低成本战略的实施，来吸引更多顾客以实现自身盈利。如此，一方面顾客通过较低代价获得商品与服务，另一方面，企业也实现了追求回报的目的，实现了企业与顾客的双赢。当然，企业只有不断融合新的营销组合策略，提出新的优化方案，对整个营销方案执行过程全程跟踪，才能够实现其追求回报的目标。特别是进入网络经济时代后，随着互联网的普及，传统经济时代中信息不对称、信息单向传播、反应时间滞后的弊端得到了根本的解决，企业可以瞬间捕捉到最佳的市场机会，制定具有前瞻性的营销策略，从而创造出新的市场和新的需求。借助互联网的平台，企业与顾客可以没有时空限制的接触，从而可为顾客提供更加符合其需求的产品和服务，使得"个性化定制"在全球范围内得以实现。如此不仅有效降低了企业的营销费用和经营成本，而且可以把握住稍纵即逝的机会，获得更多的利润。除此以外，如果将网络营销与销售员推销、广告促销等传统方式有机结合起来，将能够更好地发挥每种方法的长处，实现以最低成本投入来占有最大的市场份额，从而获得最多的利润。

四、4V营销组合理论

4V指差异化（Variation）、功能弹性化（Versatility）、附加价值（Value）、共鸣（Vibration）（如图2-5所示）。首先，4V营销组合理论强调企业要实施差异化营销，一方面要使自己与竞争对手区别开来，树立自己独特形象；另一方面也要使消费者相互区别，满足消费者个性化的需求。其次，4V营销组合理论要求产品或服务有更大的柔性，能够针对消费者具体需求进行组合。最后，4V营销组合理论更加重视产品或服务中的无形要素，通过品牌、文化等满足消费者的情感需求。

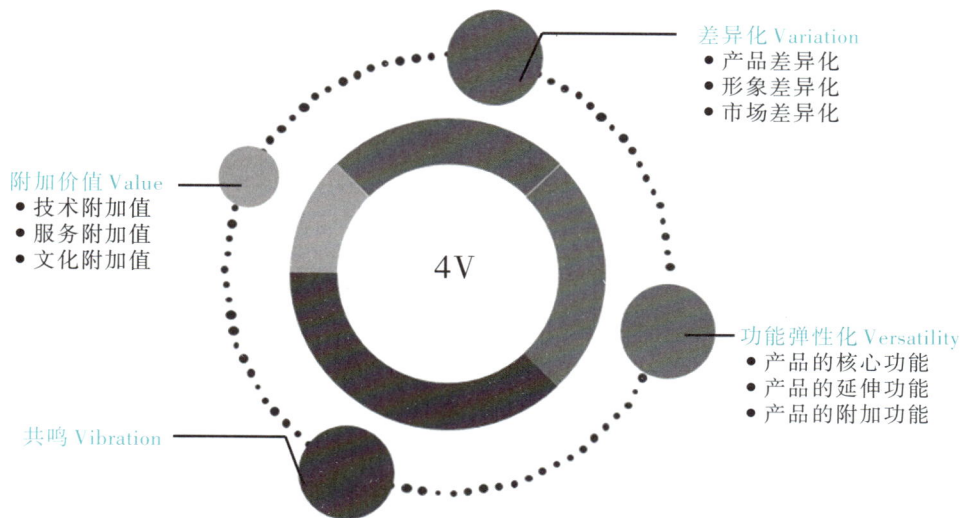

差异化 Variation
● 产品差异化
● 形象差异化
● 市场差异化

附加价值 Value
● 技术附加值
● 服务附加值
● 文化附加值

4V

功能弹性化 Versatility
● 产品的核心功能
● 产品的延伸功能
● 产品的附加功能

共鸣 Vibration

图 2-5　4V营销组合

（一）差异化（Variation）

随着现代社会生产力水平的发展，商品和服务种类不断丰富，顾客的需求也呈现多样化的发展趋势。一方面，顾客千差万别，即使是对同一种商品，需求也不尽相同。例如，购买服装时，老年人看重舒适、保暖、价格实惠；中年人看重品牌、剪裁与穿着是否得体；年轻人在意的则是衣服的款式是否时尚个性，是否流行。顾客的需求决定了其最终消费什么产品。另一方面，企业提供具有差异化的产品给市场，才能与竞争对手区别开来，树立品牌形象，吸引潜在的消费群体，实现品牌价值。从某种意义上来看，现代企业的营销要"创造"更多的顾客，其实质就是创造差异。因此，这种差异化既表现在顾客身上，也表现在企业身上。

对一般产品而言，差异总是存在的。而差异化营销所追求的"差异"是产品的"不完全替代性"，即在产品功能、质量、服务、营销等方面，本企业为顾客所提供的是部分对手无法提供的。企业在实施差异化的营销方式时，可从以下三种路径入手：

1.产品差异化

对于生产、经营同类产品的企业而言，其产品从表现上来看具有极大的同质性。所以，企业要在质量、性能、价格等方面提供明显优于对手的产品，以在市场上谋求一席之地。以手机市场为例，最初，人们对手机的基础需求就是即时移动通信，后来，随着移动网络和智能手机技术的发展，人们对手机的需求变得多种多样，如休闲娱乐、社交互动、信息收集等。苹果手机主打独特的技术与精良的设计，小米手机的卖点是性价比，VIVO手机强调影音娱乐的良好体验，针对不同用户，各厂商的品牌定位与营销重点有所不同，因此能在市场上共生共赢。

2.形象差异化

形象差异化即企业实施品牌战略和品牌形象管理产生的差异。企业借助互联网、电视、广播等媒介的宣传，通过品牌形象管理策略的组合运用，在消费者心目中树立起独特的形象，从而吸引潜在的顾客群体。

3.市场差异化

市场差异化即产品的销售条件、销售环境等在市场销售进行过程中表现出的差异，包括销售价格差异、分销渠道差异和售后服务差异等。

（二）功能弹性化（Versatility）

一个企业的产品在顾客心中的定位通常分为三个层次。

1.产品的基本功能

产品之所以能够获得市场认可、赢得顾客，其根本原因是产品所具有的基本功能，也是其核心功能。例如，电视的基本功能是看各广播电视台的节目。

2.产品的延伸功能

产品的延伸功能即产品除了其基本功能外，向深层次挖掘的潜在功能。企业通过对产品的功能进行延伸，逐步由"单功能"向"多功能""全功能"发展，摒弃产品单一功能的特点。如前面谈到的电视，随着人们需求的提升，增加了网络连接、定时录制节目、回看点播、游戏互动、手机投屏等功能。

3.产品的附加功能

例如，电视放在家中，不仅是一件家电，更是一件家具，须与整体家装风格相适应，由此，就对其提出了美学功能的要求。

基于功价比原理，通常一件产品的功能与价格成正比，即功能越丰富，价格越高。但需要注意的是，并非功能越多，就能赢得更多的客户。"功能弹性化"的重点在"弹性"二字，即根据消费群体实际的需求，对产品功能进行增减，从而赢得多个消费群体。以戴尔电脑为例，它主要通过网络渠道销售电脑，客户可根据自身情况定制不同的"一体机"，从而打开了市场。

（三）附加价值（Value）

现代企业所生产出的产品，其价值通常由两部分组成：一是基本价值，即马克思所提出的商品价值"C＋V＋M"。其中，C表示产品所消耗的材料等；V表示劳动创造的价值；M表示税金、利润等。二是附加价值，即由于产品所采用的独特技术、营销和服务，以及企业文化与品牌而产生的额外价值。随着社会生产水平的不断提升，围绕产品物耗和社会必要劳动时间的活劳动消耗在价值构成中的比重将逐步下降；而高技术附加价值、品牌（含"名品""名人""名企"）或企业文化附加价值与营销附加价值在价值构成中的比重却极大而且将进一步上升。目前，世界顶尖企业之间的竞争已不仅仅局限于核心产品与形式产品，竞争优势已明显地保持在产品的附加价值。因而，现代营销理念的重心在"附加价值"。

企业在提升产品附加价值时，主要有三个切入点：

其一，提高技术创新在产品中的附加价值。把高技术含量充分体现在"价值提供"上，从技术创新走向价值创新。

其二，提高创新营销与服务在产品中的附加价值。高附加价值产品源于服务创新与营销新理念。许多企业已清楚地认识到，实现企业价值的关键就在于顾客满意，而针对顾客满意的"价值提供"则更强调服务创新。服务创新能力不但是衡量企业能否实现消费者"价值最大化"的重要标志，而且也是衡量企业自身能否实现"利润最大化"的"预警器"。

其三，提高企业文化或品牌在产品中的附加价值。消费者表面上看仍是购买企业产品的使用价值，实质上是购买企业的价值；表面上看是消费企业所提供的产品，实质上是消费企业的文化。因此才有了"海尔产品的价格不是产品价值，而是企业价值"以及由此导致的不轻易降价一说。

（四）共鸣（Vibration）

共鸣是企业持续占领市场并保持竞争力的价值创新给消费者或顾客所带来的价值最大化，以及由此所带来的企业的利润极大化，强调将企业的创新能力与消费者所珍视的价值联系起来，通过为消费者提供价值创新使其获得最大程度的满足。消费者追求效用最大化，效用最大化要求企业必须从价值的角度为顾客提供具有最大价值的产品和服务，使其能够更多地体验到产品和服务的实际价值效用。这里所强调的价值效用，实质上就是消费者"追求满足"的一种期望价值和满意程度，是企业对消费者价值层面上的一种"价值提供"，这种"价值提供"构成了价值创新的核心内容。因此，只有实现企业经营活动中各个构成要素的价值创新，才能最终实现消费者的效用最大化，而当消费者能稳定地得到这种效用最大化的满足之后，将不可避免地成为该企业的终身顾客，从而使企业与消费者之间产生共鸣。

五、四种营销组合理论的对比

表2-2给出了四种营销组合理论的对比。

表2-2　　　　　　　　　　四种营销组合理论的对比

营销组合理论	4P	4C	4R	4V
基本内容	产品、价格、渠道、促销	消费者、成本、便利、沟通	关联、反应、关系、回报	差异化、功能弹性化、附加价值、共鸣
营销导向	生产者	消费者	竞争者	竞争者
营销模式	推动型	拉动型	供应链	供应链
满足需求	相同或近似	个性化	感觉、感受	情感共鸣
营销方式	规模化	差异化	整合营销	整合营销
营销关系	被动	驱动	积极主动	双向兼顾
顾客沟通	"一对一"单向	"一对一"双向	"一对一"双向、多向	"一对一"双向、多向
营销目标	企业利润	顾客满意	顾客忠诚	独特价值

续表

营销组合理论	4P	4C	4R	4V
优点	1.使营销理论有了体系感 2.使复杂的现象和理论简单化 3.为营销提供了易于操作的框架 4.理论上概括，实务上可操作	1.以顾客为中心进行一对一传播 2.注重资源整合，宣传企业形象 3.以传播和双向沟通为基础	1.以竞争为导向，提出了新框架 2.体现并落实了关系营销的思想 3.反应机制为互动与合作、建立关联提供了基础 4.回报兼容了成本和双赢的内容	1.弥补了4C策略中的差异化问题 2.兼顾社会和消费者的利益、企业和员工的利益 3.可培养构建企业核心竞争能力 4.是培养顾客忠诚度的具体途径
不足	1.不足以涵盖所有行业 2.只适合制造业中消费品的营销活动和生产者有主导权的卖方市场	1.与市场经济的竞争导向矛盾 2.不能形成营销个性、营销优势 3.未遵循企业经营的双赢原则 4.未解决满足顾客的操作性问题 5.被动适应顾客需求的色彩较浓	实施4R营销组合策略需要实力基础或某些特殊条件	实施4V营销组合策略需要实力基础

第三节 营销前沿

一、感官营销

感官营销是指企业经营者在市场营销中，利用人体感官的视觉、听觉、触觉、味觉与嗅觉，开展以"色"悦人、以"声"动人、以"味"诱人、以"情"感人的体验式情景营销模式，其目标是创造知觉体验的感觉，让消费者参与其中并有效调动消费者的购买欲望。

图2-6左侧的大方框中展现了感官营销研究对消费者认知过程的理论解读，而右侧小框则表明，感官营销研究与其他消费者行为研究一样，关注的结果变量包括消费者的态度、学习、记忆、行为等。Krishna（2012）提出的模型清晰地表明，与基于经典认知心理学的营销学研究不同，感官营销研究不仅关注消费者对信息的心智处理过程，更加关心消费者的身体如何通过感官与外界进行交互，不同的感官感觉又如何影响后续的情绪和认知过程。

图2-6　感官营销概念模型

（一）视觉营销

视觉是营销实践者最仰赖的感官感觉，大多数营销传播手段都诉诸视觉，如品牌标识与包装设计、报纸杂志广告、电视广告、网络广告、电影植入广告等。传统营销中的视觉手段强调通过增强美感和可记忆性来获得消费者的注意和好感。前文所述的研究成果则表明，标识形状、画面颜色甚至产品出现在画面中的位置等视觉元素对消费者的认知过程和结果都有微妙的影响。

在塑造品牌的个性时，产品的包装、象征符号、广告和公司形象等因素都需要具有视觉营销的思维。产品的包装不仅保护产品、促进销售和提供便利，还可体现不同的品牌个性。例如，农夫山泉的运动瓶盖和"收腰"瓶身彰显了它的运动个性；茅台酒的华贵包装正是其高贵、高档的体现；当提及"麦当劳""肯德基""悉尼歌剧院"这几个词时，脑海里就会闪现金黄色的"M"形门、和蔼可亲的老爷爷形象和似白色风帆的外形。蓝之象企划机构提出的"0.7秒视觉营销攻略"认为，对产品的包装、色彩、象征符号、品牌广告和公司形象等因素都需要有科学的系统性设计，无论是颜色还是立体形状上，都应带给消费者一目了然的视觉记忆。

（二）听觉营销

听觉营销指利用美妙或独特的声音，吸引消费者的听觉关注，并在消费者的心目中形成独特的声音。麦当劳里欢快的音乐是其个性的充分体现；肯德基里悠扬的音乐显示了它不同于麦当劳的品牌文化；服装店里轻快的音乐促进消费者的购买，同时显示了其休闲、轻松的特征；咖啡店里低沉的音乐与其内部灯光等的配合为消费者提供了可聊天、享受生活的场合。

有关研究显示，环境声音、人声、语言、音乐等听觉刺激会通过意义象征、情绪等下意识地影响消费者的判断、评价和行为。听觉营销研究的发现表明，听觉是人类获得"有意义"（Meaningful）信息的一条重要渠道，但与视觉类似，听觉对消费者也存在基于感觉与知觉而非基于意义的广泛影响。前文所述的研究表明，广告音乐、产品声音、品牌读音甚至折扣数字的读音都可能具有容易被忽视的效应，营销人员在工作中应具有"声音核查"意识，让营销中的声音与营销目标保持一致。

（三）触觉营销

触觉营销指通过在触觉上为消费者留下难忘的印象，宣传产品的特性并刺激消费者的购买欲望。希尔顿酒店在浴室内放置一只造型极可爱、手感舒服的小鸭子，客人多爱不释手，并带回家给家人作纪念，小鸭子给人的手感上的舒适和希尔顿酒店给顾客带来的舒适的住宿正好呼应。这个不在市面销售的赠品为希尔顿酒店赢得了口碑，并成为顾客特别喜爱希尔顿酒店的原因之一，这就是视觉营销和触觉营销的应用。

在营销实践中，虽然电子商务和网上购物的发展使消费者在进行很多购买决策之前失去了触摸产品的机会，但是消费者还是会在使用中触摸到产品包装盒以及产品本身，而消费者最终的使用评价可能与其触觉体验密切相关。更不用说在服务行业中，消费者与服务环境和服务人员的触觉交互是每时每刻都在发生的。因此，营销人员需要做好顾客的"触觉管理"，可以从产品设计、产品包装、购物环境等方面，从改善消费者触摸到的温度、软硬度、光滑度等方面入手来提升营销绩效。

（四）味觉营销

味觉营销是指以特定味道吸引消费者关注、记忆、认同并最终促成消费的一种营销方式，是对消费者味觉的刺激，有别于传统视觉刺激。英国牛津大学的研究显示，人会把味道与特定的经验或物品联系在一起。人们以往以为自己味觉不发达，但其实味道对人类的生活影响甚大，味觉营销随之被推出。

味觉营销多用在食品行业，特别是在食品的终端销售渠道上。企业在食品终端销售环节常常会为消费者提供免费品尝的机会，这有利于通过对消费者的味觉刺激实现对消费者的吸引。味觉营销的思想用在品牌塑造方面就是通过给消费者留下难以言传的美味，实现品牌个性的潜移默化式传递。

（五）嗅觉营销

在人类全部感官中，嗅觉是最敏感的，也是同记忆和情感联系最密切的。科学证明，一个人的鼻子可以记忆一万种味道，而嗅觉记忆的准确度比视觉要高一倍。每天，我们都生活在气味当中，体会着气味对情感、记忆、情绪以及行为所产生的重大影响。嗅觉事关呼吸和环境感知，并与消费者的记忆紧密相连。在某些消费场所，如商场、餐馆、咖啡厅等，消费者对环境的感知会影响他们的停留时间，而消费者的停留时间往往与其消费额成正比。

因此，嗅觉营销是指制造特定气味吸引消费者关注、记忆、认同，最终促使消费者形成对企业品牌的忠诚度。新加坡航空公司把美国Scentair公司特别调制的"热毛巾上的香水味"作为其专利香味，广泛喷洒在机舱和乘客用品上，这种香味已经成为新加坡航空公司的一张名片。

（六）跨感官交互

由于味觉自身的多维属性，许多味觉感官营销研究都融入了多种感官，而不同感官之间的整合与冲突也是近年来感官营销研究的热点。有的研究发现了多感官协同一致的正面效应，如前文提及的商场气味与音乐的协同（Spangenberg等，

2005）、品牌名称与其口味预期的协同（Yorkston 和 Menon，2004）等。另外，Krishna 等（2010）发现，男士（女士）香水与粗糙（光滑）的产品触感相配合，能够获得消费者较高的评价，因为气味与触感给消费者的预期和感觉是一致的。有的研究则发现了多感官冲突互补的正面效应，如前文所述的卖场的拥挤程度（触觉）与气味（嗅觉）不一致的正面效应（Poon 和 Grohmann，2014）。

跨感官交互研究表明，当消费者处于获取感觉、形成判断的中性状态时，感官体验的一致能够减少其冲突感，从而产生正面效应。如果消费者本身处于警觉或不舒适的状态，则另一种感官带来的相反感觉不一定有助于缓解其负面状态，此时感官营销不一定会起到积极作用。

二、场景营销

场景营销是指基于对用户数据的挖掘、追踪和分析，在由时间、地点、用户和关系构成的特定场景下，连接用户线上和线下行为，理解并判断用户情感、态度和需求，为用户提供实时、定向、创新的信息和内容服务，通过与用户的互动沟通，树立品牌形象或提升转化率，实现精准营销的营销行为。简单来说，场景营销就是以场景来触发消费者的购物欲。

场景营销属于体验式营销的一个细化范畴，是 2014 年才出现的一种全新的营销策略。在进行体验式营销时，会遇到这样的情况：产品的体验不足以令消费者为之买单，企业必须给消费者建立一个适当的场景，以氛围来烘托，打动消费者，达成交易便成了顺理成章的事情。如同你去宜家买东西，单件的家具堆成山放在一边，你连挑选的欲望都没有，可如果把沙发、靠枕、茶几、杯盏装饰成一间客厅，你身临其境，就会觉得这几件物品搭配起来竟然那么漂亮，这时候购买的欲望就来了。这就是商家给消费者构建了一个场景，通过这个场景来触发消费者的购买欲。

场景营销具有三大特点：

（1）随时性

微信、微博的盛行让诸多网友深陷其中，比如无意间刷朋友圈，看到好友晒的照片，他穿的某件衣服、戴的某块手表，你觉得特别好看，这就激发了你的购买欲，于是你问他在哪买的，他即刻将链接推送给你，你下单付款。还有许多商家喜欢转发消费者的买家秀，以此来刺激购买。在类似的购买过程中，消费者是不带有目的性的，完全是因为看到了某个场景，激起了购买的想法，这就是场景营销的随时性，完全出乎意料，随时随地都可能发生。

（2）不相关性

场景营销的主体仍然是消费者，但是由于不同人思想的不确定性造成不同消费者在面对同一个场景时会产生完全不相同的想法，而且并不是所有的想法都会和这个场景有关联。比如，宜家为顾客打造了一个舒适田园风的清新场景，但是顾客不一定在看见的时候想象的是自己家的装修风格是否可以摆放这些产品，他们可能想的是自己一会要去吃什么，晚饭后要不要看个电影之类的与购买行为完全不相关的一些事情。

（3）多样性

在个性化时代，消费者被划分成一个个独特的群体。物以类聚、人以群分的群体特征，针对特定群体进行的场景设计，使得场景营销变得更为多样化和立体化。小红书App近年来十分受年轻人的喜爱，其中一个原因就是用户可根据不同场景的需要，选择合适的服装搭配，从而对几个品牌进行整合。同时小红书的用户也可以运用其中的标记功能，将自己的搭配在App中进行标记，标记出每一个单品的购买链接，为其他消费者提供更多的搭配参考意见，通过多样的场景来吸引更多的消费者使用。

场景营销的核心要素为场景、数据、算法和体验，其核心优势在于以用户为中心生产营销内容。其中，场景定向是场景营销所有环节的基础，结合用户定向、行为定向、媒体和内容策略，实现场景营销的高效达成。场景定向有三种方式：GPS位置信息、线下 Wi-Fi 设施位置信息、线下 iBeacon 设施位置信息。未来，这三种方式将呈现从角色互补到融合发展的趋势。

为了提高营销绩效特别是营销传播绩效，国内外营销实践者将游戏设计元素纳入市场营销活动中，让用户产生类游戏体验，从而鼓励用户参与、增强用户黏性、强化品牌体验，低成本地实现营销目标，这种营销手段被称为"游戏营销"。游戏营销与游戏有关，具备了游戏的特点和属性，包含了游戏设计思想、游戏元素和游戏般的体验，但它并不局限于游戏本身，它既可以包含全部游戏元素形成一个完整的游戏（即严肃游戏），也可以由部分游戏元素、设计原则和方法组成。游戏营销将游戏设计元素纳入营销环境中，具体而言，游戏设计原则和方法、游戏机制、游戏框架以及具体的界面设计都属于游戏设计元素（Deterding等，2011）。

在游戏化营销下，企业利用游戏组件元素进行刺激，通过游戏动力元素改变消费者的心理状态，促使消费者采取下一步行动或停止行动；游戏机制元素与消费者所采取的行动直接相关，它会影响组件元素，并不断产生新的刺激（Gatautis等，2016）。Gatautis还在他的研究中提出了游戏化对在线消费者行为影响的概念模型（如图2-7所示）。

图2-7 游戏化对在线消费者行为影响的概念模型

另外，周郁凯通过对游戏化研究的总结，提出了八角行为分析法（Octalysis分析法）（如图2-8所示），将游戏化的驱动力总结成八个部分：

图2-8　游戏化八大核心驱动力

①史诗意义和使命感。这一核心驱动力使人们认为自己在从事比事情本身更伟大的事情，从而受到激励。

②进步与成就感。这一核心驱动力是指人们希望成长，完成特定的目标。它通过展示前进和成长的道路来激励玩家，如最典型的PBL系统。

③创意授权与反馈。这一核心驱动力通过人们的自主需求并赋予及时反馈，从而达到激励效果，也是最难实现的一个驱动力。

④所有权与拥有感。这一核心驱动力源于人们想要增加、保护自己所拥有的东西。它驱动着人们收集邮票、积累财富，或者是在游戏中收集徽章等。

⑤社交影响与关联性。这一核心驱动力是指其他人的行动或想法会影响自己的活动，在游戏化设计中运用这种影响和关联性能吸引用户周围的人参与其中并达成期望行为。

⑥未知性与好奇心。好奇心驱动着我们人类不停探索未知世界，一直进化到今天。

⑦稀缺性与渴望。这一核心驱动力之所以能够产生效果，是因为我们想得到某样东西，而这样东西获得的难度很大且需要付出很多努力才有可能得到。

⑧亏损与逃避心。我们总是害怕失去，不愿意坏事降临。我们会不自觉地去规避我们所认为的风险或亏损，因此也很容易落入商家的圈套。

三、大数据营销

所谓大数据营销，就是指借助互联网络、电脑通信技术和数字交互式媒体来实现营销目标的一种营销方式。大数据营销尽可能地利用先进的计算机网络技术，以最有效、最省钱地谋求新市场的开辟和新消费者的挖掘。大数据营销是基于明确的数据库对象，通过数字化多媒体渠道，比如电话、短信、邮件、电子传真、网络平台等数字化媒体通道，实现营销精准化、数据化的一种高层次营销活动。

企业的常规营销通常是企业按自己的主观想象，先将同一种产品制造出成千上万件，再一级一级批发到各地商场。结果许多产品并不能满足消费者的需要，经常可以看到"大降价""大促销"之类的标语。这严重影响企业的经济效益，影响企业的生存和发展，降低了企业的投资回报率和盈利能力。大数据营销就是为解决这个问题而提出的一个新营销模式，随时随地掌握企业产品市场营销的统计信息，反馈给管理者，让产品销售信息为企业的生产管理提供准确的依据，让企业根据产品销售的市场风向及时调整企业的方向，向效益最大化的目标前进。可以说大数据营销是企业最好的市场谍报员，是企业管理的军师。

大数据营销是基于多平台的大量数据，依托大数据技术，应用于互联网广告行业的营销方式。大数据营销衍生于互联网行业，又作用于互联网行业。依托多平台的大数据采集，以及大数据技术的分析与预测能力，能够使广告更加精准有效，给品牌企业带来更高的投资回报。其核心在于让网络广告在合适的时间，通过合适的载体，以合适的方式，投给合适的人。大数据营销是近年来随着大数据应用的热潮而出现在人们的眼中的，但其实在20世纪末的美国就有相关的企业在应用类似的策略进行营销活动，近几年随着媒体形式的丰富和信息技术的完善，大数据营销也随之变革，逐渐被各大企业所运用。这些企业基于大数据的相关分析进行大数据营销，帮助企业进行产品系列的改善升级以及精准营销活动的策划和客户关系的维护。

企业把消费者有意或无意中留下的信息数据作为用户潜在需求的体现，为企业制订改善产品的具体方案提供依据。例如，ZARA公司内部的全球资讯网络会定期把从各分店收集到的顾客意见和建议汇总并传递给总部的设计人员，然后由总部作出决策后再立刻将新的设计传送到生产线，直到最终实现"数据造衣"。利用这一点，ZARA作为一个标准化与本土化战略并行的公司，还分析出了各地的区域流行色并在保持其服饰整体欧美风格不变的大前提下制造出了最贴近客户需求的市场区隔。同样，在ZARA的网络商店内，消费者意见也作为一项市场调研大数据参与企业产品的研发和生产，且由此映射出的前沿观点和时尚潮流还让"快速时尚"成为了ZARA的品牌代名词。除此以外，企业还可以在对大数据分析的过程中进行分类和信息提取，通过这些信息的差异化，针对不同的群体进行有效的定向推广。针对既有的消费者，企业可以通过用户的行为数据分析他们各自的购物习惯并按照其特定的购物偏好、独特的购买倾向加以一对一的定制化商品推送。Turge百货的促销手册、沃尔玛的建议购买清单、亚马逊的产品推荐页无一不是个性化产品推荐的体现。大数据营销还可以帮助企业进行客户关系维护，中国移动通过客服电话向流失到联通的移动老客户介绍最新的优惠资讯；餐厅通过会员留下的通信信息向其推送打折优惠券来提醒久不光顾的老客户前来消费；Youtube根据用户以往的收视习惯确定近期的互动名单并据此发送给濒临流失的用户相关邮件以提醒并鼓励他们重新回来观看。大数据帮助企业识别各类用户，而针对忠诚度各异的消费者实行"差别对待"和"量体裁衣"是企业客户管理中一项重要的理念基础。

四、神经营销

1975年，国外学者 J.Mark.Res. 提出了对传统市场研究的质疑。1990年，该学者发表了名为《市场营销的联合分析：情感影响在研究和实践中的新发展》（Conjoint Analysis in Marketing: New Developments with Implications for Research and Practice）的文献。由此看来，在国外神经营销很早之前就得到了学者们的关注，并且进行了各种各样的研究。虽然具体来源难以考证，但是神经营销应用和实践的范围确实很广。而在中国，对神经营销的研究则起步比较晚，随着2008年马丁·林斯特龙（Martin Lindstrom）的《买》（Buyology）一书的在市场上流传，国内学者与营销人员才真正开始接触和了解神经营销这一新兴领域。

神经营销是指运用神经科学方法来研究消费者行为，探求消费者决策的神经层面活动机理，找到消费者行为背后真正的推动力，从而产生恰当的营销策略。它实际上是伴随着近年来支撑营销理论的几大基础学科的发展而产生的。其中，起主要作用的是认知科学和神经科学的重大突破。随着行为决策和认知科学的发展，营销理论可以借用很多心理学上的概念来解释消费者的行为，如内隐记忆、信息自动加工、潜意识等。由于人脑控制了人类行为的所有方面，理解人脑的工作原理不仅能够帮助解释人类行为，更能够帮助营销人员掌控消费者的行为规律。

至今为止，对神经营销学的研究事实上更多地立足于神经科学而非营销学，大多数已发表的文献来自于神经科学杂志而非营销学杂志。原创于神经科学的营销学理论尚不多见，而只有神经科学才能解释的消费者行为也属于少数，但是神经营销的前景仍不可估量。

哈佛商学院教授吉罗德·罗特曼（Gerald Zaltman）就曾经直言不讳地指出，消费者只是对自己的感觉忠诚，但是"人们经常不知道自己知道什么——消费者95%的想法来自潜意识"。神经科学家斯蒂文·库沃茨（Steven Quartz）也曾说过："问卷式的市场调查是建立在人对自己的需求都是自知的假设之上的，然而事实并不尽然，神经营销学的威力就在于它能揭示大脑潜意识当中的需求。"这就是神经营销——走进消费者的潜意识。

经过几十年的发展，营销人员早已建立了一套成熟的营销理论体系，已经能够充分运用广告、媒体、渠道等各种现实资源进行营销活动，对消费者的了解也已经十分透彻。但唯独对人脑的研究还停留在初始阶段，人脑还存在着巨大的未知空间等着我们发掘其中的奥秘。神经营销正是基于对人脑的研究进行的，通过对消费者潜意识的观测，掌握第一手最真实的信息，直接了解消费者的真实感知和偏好，解决了以往传统调研方法带来的洞察偏差和缺失，给营销人员提供了一个新视野和新平台进行现代化营销的发展和完善。

思政小讲堂

　　营销环境的变化，给企业既创造营销机会，又带来威胁。可持续发展从五个方面寻求实现途径：人口、环境、资源、技术进步和制度。这五个因素既是可持续发展的影响因素，又是企业营销环境中的重要因素。毫无疑问，随着可持续发展战略的实施，人们的生产方式、消费方式、价值观念都会发生很大变化，企业在营销活动中，必须顺应可持续发展的要求，注重地球生态环境保护，促进经济与生态协调发展，使企业利益、消费者利益、社会利益及生态环境利益相统一，即实现可持续发展与绿色营销的同步。

　　第一，控制人口规模的政策的实施会改变人口结构，改变人口分布，从而改变消费结构、消费的区域特征。绿色营销应该适应这种变化，而且还要研究人口的长期趋势，为持续营销提供理论依据。

　　第二，绿色营销正是在环保时代背景下孕育产生的。环境因素是可持续发展的重要组成部分，必须纳入经济发展的体系之中。首先，随着环境问题的恶化，消费者环保意识的增强，越来越多的消费者趋于追求绿色产品，追求产品的安全性、健康性、无害性，这要求企业生产和销售绿色产品。其次，环境问题要求企业改进生产技术，采用无废工艺，减少对环境的污染，在生产和消费过程中，减少对环境的破坏，如西尔斯公司研制了一种不含磷的洗衣粉，百事可乐公司研制了一种一次使用的塑料软饮料瓶。

　　第三，企业经营活动必须在绿色营销观念指导下进行技术创新，向高新技术产业以及与可持续发展相关的产业进行投资，增加产品附加价值，培育和开拓高新技术市场，推行清洁生产，开发环境友好产品。

　　企业应将资源、环境、技术等因素纳入到决策和管理体系之中，进行绿色营销，协调好需求、环境、资源和企业经营目标之间的关系，以实现生态、社会、经济持续发展和企业持续经营的双重目标。可见，绿色营销是可持续发展的要求，可持续发展是绿色营销的理论基础，可持续性是绿色营销的核心概念。

思考与练习

一、名词解释

1. 产品导向

2. 生产观念

3. 产品观念

4. 大市场营销观念

5.绿色营销

6.场景营销

二、单项选择题

1.（　　）认为，消费者喜欢高质量、多功能和具有某种特色的产品，企业应致力于生产高值产品，并不断加以改进。

A.生产观念 　　　　　　　　　B.产品观念

C.推销观念 　　　　　　　　　D.营销观念

2.20世纪90年代，美国营销专家罗伯特·劳特朋（Robert Lauteerborn）提出，用新的4C组合取代4P组合，下列不属于4C组合的是（　　）。

A.消费者 　　　　B.观念 　　　　C.成本 　　　　D.实施

3.产生于资本主义国家由"卖方市场"向"买方市场"过渡阶段的营销观念是（　　）。

A.生产观念 　　　　　　　　　B.产品观念

C.推销观念 　　　　　　　　　D.市场营销观念

4.推销观念与营销观念最本质的区别在于（　　）。

A.推销观念已经不适用于当今市场，而营销观念会有更广阔的前途

B.推销观念考虑如何把产品变成现金，而营销观念则考虑如何来满足顾客的需要

C.推销观念产生于卖方市场，而营销观念产生于买方市场

D.推销观念注重卖方需要，营销观念则注重买方需要

5.最容易导致企业出现市场营销短视的营销观念是（　　）。

A.生产观念 　　　　　　　　　B.产品观念

C.推销观念 　　　　　　　　　D.市场营销观念

6.（　　）认为，消费者喜欢可以随处买得到而且价格低廉的产品，企业应致力于提高生产效率和分销效率，扩大生产，降低成本以扩展市场。

A.产品观念 　　　　B.生产观念 　　　　C.推销观念 　　　　D.客户观念

7.服务市场营销组合7P比传统4P增加的3P不包括（　　）。

A.人员 　　　　B.公共关系 　　　　C.有形展示 　　　　D.过程

8.根据4R组合，在今天相互影响的市场中，对经营者来说最现实的问题在于如何站在顾客的角度及时地倾听顾客的希望、渴望和需求，并及时答复和迅速作出反应，满足顾客的需求，即（　　）。

A.关联 　　　　B.反应 　　　　C.关系 　　　　D.回报

三、简答题

1.简述单纯的市场营销观念。

2.简述4P营销组合理论。

3.简述4V营销组合理论。

4.简述4C营销组合理论。

5.简述大数据营销的基本理论。

四、案例分析题

1.海尔的传统营销方式有哪些？请从中总结归纳营销传播的支撑基础与内容。

2.新媒体的内涵是什么？与传统营销方式相比，新媒体营销环境下受众的特点发生了怎样的改变？它给社会舆论环境带来了哪些变化？

3.新媒体营销对企业营销传播的影响是什么？请分析海尔走新媒体营销之路的动机。

4.海尔新媒体营销历程发生了什么样的变化？

5.海尔"弃硬投软"决策会给企业带来怎样的影响？新媒体营销趋势不可逆转的情况下，海尔又该如何进行整合营销？

第三章

观势格局，顺应时势——营销环境分析

知彼知己，胜乃不殆，知天知地，胜乃可全。

——《孙子兵法·地形篇》

学习目标 | 1.明确营销环境的含义和构成部分。
2.了解市场营销宏观环境和微观环境要素及其对营销活动的影响，认识营销环境与营销活动的动态适应关系。
3.掌握营销环境分析的思路和方法，并学会运用营销工具适应环境变化。

重难点 | 营销环境要素的分析与理解

关键词 | 营销环境；宏观环境；微观环境；PEST分析；SWOT分析

框架图

宏观环境 ——○ 01

PEST分析
1.政法因素
2.经济因素
3.社会文化因素
4.技术因素

02 ○—— 微观环境

1.企业自身（SWOT分析）
2.渠道机构
3.购买者市场
4.竞争者
5.公众

爱奇艺打造开放型平台

经过近十年的拓荒与成长，视频网站如今正在技术、资本、内容多重驱动下蓬勃发展。尽管版权之争仍在继续，移动硝烟未尽散去，但这两年行业发生的明显变化是，大家都意识到一味追随传统的电视电影固有模式，已不能完全释放出互联网公司的能量。在互联网迅速发展的影响下，面对全新的文化产业环境，爱奇艺是如何在短短六年时间内，用同行一半的时间在流量、品牌与营收上全面领先并成为行业趋势的引领者的呢？

新的营销观念与营销变革

在成长过程中，爱奇艺不断坚持并强化着其营销世界观：标准、创新、开放。营销创新也是爱奇艺成为并保持领先者的核心原因之一，涉及广告产品、营销理念、商业模式等多个层次。

爱奇艺数据研究院院长葛承志分享了技术与产品创新驱动的营销变革方向：一是OTT产品。爱奇艺的奇异果TV广告资源得到多家主流广告主的认可，规模化商业价值快速凸显。二是VR广告产品。其带来了全新的想象空间，葛承志认为这是"第一人称营销时代的到来"。三是DMP产品魔术师。随着视频大数据及程序化购买时代的全面到来，爱奇艺顺势推出了自己的DMP产品魔术师，以"海纳百川"的数据源形成开放型多元定向，将助力于广告主及时高效地触达目标人群。

打造新的产业链

在开放方面，爱奇艺不仅仅是广告资源售卖商、营销服务供应商，还正致力于突破传统线性式的产业链沟通，利用平台的力量，整合内容方、品牌广告主等上下游生态资源，实现长期共生共赢。

近两年，爱奇艺在网剧、网综、网络大电影、付费行业模式等方面的探索都获得了行业认可，有些探索已经成为行业整体遵循的标准。爱奇艺在版权和自制内容运营上双双出现井喷效应，包括《盗墓笔记》、《我去上学啦》、《奇葩说》、《琅琊榜》和《奔跑吧兄弟》等一大批优质内容，正持续引领互联网流行文化风向。

新的技术探索

作为业内较早介入VR的大型平台，面对汹涌而来的VR技术，爱奇艺表示将继续开放性地与VR产业上下游企业展开大规模合作，争取尽早形成健康、强大的中国虚拟现实生态系统。

在营销观念、产业链条以及技术方面不断革新，在内容层面大力发展自制和新的内容形态，在商业模式方面积极引导付费，以爱奇艺为首的视频网站正在一步步摆脱传统娱乐文化产业旧有格局，打破并尝试重建泛娱乐文化产业游戏规则。

资料来源：佚名. 爱奇艺世界观大会：打造开放型平台 [EB/OL]. [2016-05-05]. https://m.sohu.com/n/447889072/, 有改动.

面对快速变化的文化产业环境，爱奇艺凭借自身对内外部营销环境的正确分析，采取了一系列的革新措施，完美迎合消费者，准确把控市场走向，始终在竞争激烈的视频平台行业中稳居龙头地位，赢得了越来越多消费者的喜爱。

对营销环境的分析，是市场营销计划的前期工作。营销战略的制定、营销工具的确定都必须以营销环境要素的状态、变化趋势为依据；企业市场营销活动的绩效在很大程度上取决于企业对各种营销环境要素的分析和把握。营销环境要素可分为宏观环境要素和微观环境要素，它们之间是相互联系和相互作用的。我们对环境的分析要做到"五观四看"，从环境整体中把握环境发展趋势、识别市场机会和市场威胁。

第一节　宏观环境

二维码3-1

市场营销环境

　　夫未战而庙算胜者，得算多也；未战而庙算不胜者，得算少也。多算胜，少算不胜，而况于无算乎！

——《孙子兵法·计篇》

宏观环境是指企业无法直接控制的因素，是通过影响微观环境来影响企业经营能力和效率的一系列巨大的社会力量，包括人口、经济、政治法律、科学技术、社会文化及自然生态等因素。由于这些环境因素对企业起着间接影响作用，主要以微观环境为媒介影响和制约企业的市场活动，所以又称为间接环境。

所有企业要在市场中立足，必不可少的一件事就是对营销环境进行分析，只有认清了形势，才能制定正确的战略，明确企业的前进方向。营销环境是指与企业营销活动有潜在关系的内部和外部因素的集合，分为内部环境和外部环境。营销环境是存在于企业营销系统外部的不可控制的因素和力量，这些因素和力量是影响企业营销活动及目标实现的外部条件。一个公司的营销环境由在营销之外的影响营销管理能力的所有因素构成，其中营销管理能力是指成功地发展和维持同目标用户关系的能力。营销环境既提供机遇又带来风险。

那么如何对营销环境进行分析呢？通常，我们有两种简单而有效的分析方法，即PEST分析法和SWOT分析法。

PEST分析是针对企业在宏观环境要素方面所使用的分析框架，行业的结构会受到外部商业环境和宏观环境的影响，只有了解宏观环境的变化，才能进一步了解在SWOT矩阵下企业所处的竞争环境，进而探索影响行业盈利能力的因素。而SWOT分析法又叫作态势分析法，是十分常用的分析工具，是指将与研究对象相关的内部优势、劣势、机会和威胁等，通过调查列举出来，并依照矩阵形式排列，然后用系统分析的思想，把各种因素相互匹配起来加以分析，从中得出一系列相应的带有决策性的结论。

我们先来介绍第一种分析方法——PEST分析法。PEST模型是针对企业在分析宏观环境要素方面所提出的分析框架，将宏观环境分成政治因素（Politics）、经济因素（Economy）、社会文化因素（Society）和技术因素（Technology）这四大部分来进行考察，分析哪些宏观环境要素可能有利于企业的发展，而哪些又可能对企业的营销活动产生威胁，从而帮助企业规避风险，发现市场机会。

虽然不同行业和企业根据自身特点和经营需要，对宏观环境的具体分析在内容上会存在差异，但总体框架都是围绕PEST这四大类影响企业外部环境的主要因素进行分析。下面我们就来具体讨论PEST分析法的"四看"（如图3-1所示）究竟如何"看"。

图 3-1 宏观环境PEST分析

一、看政治（P）

案例直通车3-1

比亚迪怎么了

作为长期在国内新能源市场"一枝独秀"的自主车企、昔日的"明星股"，比亚迪最近突然"跌落神坛"，交出了一份算不上亮丽的季度"成绩单"！

比亚迪披露的2018年一季报显示，公司今年一季度营收237.38亿元，相比上年同期增长17.54%；净利润1.02亿元，相比于去年同期同比下降83.09%。扣非后净利润为亏损3.29亿元，上年同期为盈利4.46亿元。需要一提的是，一季度比亚迪共收到与汽车相关的政府补助6.4亿元。也就是说，如果没有国家补贴，比亚迪这一季度可能就是暴亏5个亿。资本市场立刻作出反应——A股的比亚迪一天内大跌7.01%，5个月的时间，市值最高一度蒸发近700亿元。

针对2018第一季度的惨淡业绩，比亚迪把主因归结在了新能源汽车补贴退坡上，政府补贴的减少，导致新能源汽车业务的盈利能力出现大幅下滑，而激烈的行业竞争也进一步影响了汽车业务的盈利水平。

为了扶持新能源汽车行业发展，我国实施了大规模的财政补贴政策，效果显著。自2013年政策实施开始，短短4年内，新能源汽车的年销量从1.76万辆一直攀升至77.7万辆，暴增60倍；仅2017年国内新能源汽车的销量就占据了全球新能源汽车市场的半壁江山，我国也迅速成为全球新能源汽车的第一大市场。

然而盛世之中，往往可能还会潜伏着不可预知的危机。新能源汽车补贴本意虽好，但由于缺乏足够完善的监管，引发了一大弊端——骗补。2016年，四部委对全行业的93家企业骗补情况进行了排查。不查不知道，一查吓一跳：93家企业，骗取补贴的居然高达72家！于是，补贴退坡势在必行。

成也萧何，败也萧何。当国家的退坡令突然来袭，而且比想象中更加迅猛时，新能源汽车企业集体"受伤"。除了比亚迪，2018年一季度，宇通客车净利润同比大降67.4%，中通客车净利润同比下降97%，安凯客车净利润同比下降252.39%，江淮汽车净利润同比下降181.7%……

以前国家对新能源汽车大力扶持，环保是一方面，通过发展新能源汽车，在汽车领域实现对发达国家的"弯道超车"也是一个重要原因。但是这不能成为新能源车企不思进取、坐吃"大锅饭"的理由。

为了更好地引导新能源汽车行业发展，减少车企对国家补贴的依赖，国家主动对车企"断奶"。一味保护没有用，只有充分竞争，才有危机，才有动力。财政部宣布，从2018年7月1日开始，大幅降低汽车及零部件进口关税！内有补贴政策退坡，外有外国汽车竞争对手环伺，接下来中国新能源乃至所有汽车企业都将面临新一轮洗牌。

资料来源：徐春艳. 比亚迪怎么了［EB/OL］.［2018-05-29］. https：//mp.weixin.qq.com/s/Wi11D5F21fOiBOix8ATwow.

比亚迪是我国新能源汽车行业的代表企业，由于新能源尚处在发展初期，在很大程度上依赖于国家的政策扶持，然而政策的利好却招来部分不良商人的投机。政策调整之后，比亚迪等企业的业绩发生剧烈变动，但从长期来看，此举淘汰了一批落后产能和不良竞争者，为优质企业的发展创造了发展空间。

广义的政治环境不仅仅包括政治，还包括法律。政治环境指引着企业经营活动的方向，法律环境则为企业规定了经营活动的行为准则。政治与法律相互联系，共同对企业的市场营销活动产生影响、制约和发挥作用。

（一）政治环境

政治和法律作为社会的上层建筑，是经济基础的集中表现。政治环境主要是指企业所在国的政权、政局，政府的有关政策以及对营销活动有直接影响的各种政治因素，主要包括政治形势和经济政策。

政治形势是指目标市场所在国的政权结构、政局的稳定性等因素，而经济政策可以分为基本经济政策和具体经济政策。基本经济政策是指一定时期内政府经济工作的大政方针和指导原则，它规定着国民经济运行的基本方向，具有战略性意义。例如，国家在经济发展新常态下提出供给侧结构性改革，通过简政放权、放松管制、金融改革等政策手段促进产业结构调整，加速淘汰落后产能，优化劳动力配置。所谓具体经济政策，是针对某个特定领域、某种具体问题或某一特定时期的经济状况所采取的政策，它是为实现基本经济政策而采取的重要措施，是基本经济政策的具体化，如税收政策、就业政策、补贴政策等。

另外，企业在营销活动中，还要考虑政府垄断行为。政府在某些行业中的垄断，会使得企业失去在该行业经营的市场机会。

（二）法律环境

法律环境是指企业所在国国家和地方制定的各种法令、法规，是企业经营活动的"游戏规则"。随着我国法治建设的日益完善，企业营销人员会发现，他们置身于一个复杂而日趋健全的法律环境之中，国家与地方政府制定的各种法律、法规令人目不暇接。因此，企业营销人员必须充分认识到了解法律环境的重要性。

企业的经营管理者只有熟知有关的法律条文，才能保证企业经营的合法性，运用法律武器来保护企业与消费者的合法权益。对从事国际经营活动的企业来说，不仅要遵守本国的法律制度，还要了解和遵守国外的法律制度和有关的国际法规、惯例和准则。例如，日本政府曾规定，任何外国公司进入日本市场，必须要找一个日本公司同它合伙，以此来限制外国资本的进入。只有了解、掌握了有些国家的有关贸易政策，才能制定出有效的经营对策，在国际经营中争取主动。

在网约车还没有合法化的时候，滴滴和Uber一边拓展业务，一边担心被叫停。然而，《国务院办公厅关于深化改革推进出租汽车行业健康发展的指导意见》《网络预约出租汽车经营管理暂行办法》等新规发布之后，明确表示今后网约车将合法化。这种政策信号算是给它们吃了一颗定心丸——再也不用担心干得红红火火的时候被一夜关停了。

政治环境与法律环境既制约企业的市场营销活动，也有可能给有关企业带来新的市场机会。例如，政府出台相关管理条例，为网约车的行业发展创造了良好的环境，鼓励商业模式的创新，引导企业良性竞争、积极创新、健康成长。

二、看经济（E）

在市场营销中，市场是指有购买意愿和购买能力的人群的集合，简而言之就是"想买并买得起"的人。而只有当人数达到一定量时，才有进行市场营销活动的必要。因此，人口是进行市场营销活动的基础，没有购买能力的购买意愿不叫需求，而是欲望。可见，我们在谈经济因素时，主要包含两方面内容：一是人口；二是收入。

一方面，关注一个国家的人口数量及其增长趋势，国民收入、国内生产总值及其变化情况，以及通过这些指标能够反映的国民经济发展水平和发展速度；另一方面，关注企业所在地区或所服务地区的消费者的收入水平、消费偏好、储蓄情况、就业程度等。这些因素直接决定着企业目前及未来的市场大小。

（一）人口因素

就宏观环境角度而言，人口因素包括人口规模、人口结构、人口迁移等细分要素。

1.人口规模

人口规模即人口总量，是指一个国家或地区人口的总数。统计资料表明，人口总量与经济发展水平密切相关，就相同规模来看，发达国家人口总量一般低于发展中国家。

近十多年来，世界人口以年平均高于 1.5% 的速度增长。世界人口继续增长，意味着世界市场继续发展，市场需求总量将进一步扩大。所不同的是，发展中国家人口增长快，人们的经济收入低；而发达国家人口增长缓慢，商品供应丰富，人们的经济收入高。人口增长带来需求扩大的同时，也会导致资源短缺、污染加剧、环境恶化等问题。

2.人口结构

人口结构往往决定着市场产品结构、消费结构和产品需求类型。人口结构主要包括年龄结构、性别结构、受教育程度和家庭特点，它们是最终购买行为的重要影响因素。不同年龄段、不同性别、不同家庭背景的消费者之间拥有着千差万别的消费理念和行为。比如，28岁单身的你在享受着小资生活，而30岁成了家的你却开始每日存钱供房供车。

（1）年龄结构

人口的年龄结构包含着不同年龄消费者的审美差异、购买心理差异和消费兴趣差异等重要信息，是企业划分市场的依据之一，并在很大程度上影响着企业的市场营销组合。目前，世界人口年龄结构正出现两个明显的趋势：老龄化趋势和出生率下降。

我国老龄人口总数正以较高的增长率继续保持增长，老龄化人口规模进一步扩大。一方面，人口老龄化将给经济发展带来巨大挑战，可能导致未来消费需求乏力，影响经济增长活力尤其是消费需求的持续增长。另一方面，人口老龄化也蕴藏着新的发展机会，老龄化进程加快，会倒逼经济发展方式转变和结构调整，在影响消费需求持续增长的同时，还将带来消费结构的变化。例如，减少食品和衣着消费，大幅度增加医疗保健消费，一定程度上增加文化娱乐和旅游消费等。

而我国目前少年儿童人口总数呈现不断下降的发展趋势，人口出生率也并未出现明显的提高，二孩政策对提升人口出生率作用有限，而三孩政策实施时间尚且较短。新生婴儿和学龄前儿童的减少，将会给儿童食品、童装、玩具等生产经营者带来威胁，但同时也会因为年轻夫妇的闲暇时间增多而给娱乐、旅游和餐饮等行业带来机会。

（2）性别结构

人口结构还表现在性别结构上。男女性别差异，不仅给市场需求带来差别，而且两性的购买动机和购买行为也有所不同。美国私人财富管理机构查斯特（Trust）预测，未来中国女性消费人口将会逐渐成为国内消费增长的主要驱动力，女性消费红利凸显。一般来看，电子产品、体育娱乐用品占男性群体消费结构比例较大；服装鞋帽、化妆品则成为女性群体的主要消费品类。但随着男女消费群体在消费观点、消费品位以及消费方式等方面消费倾向的改变，未来按性别分布的消费行为特征将呈现出各自的变化。

（3）家庭结构

现代家庭既是社会的细胞，也是商品采购和消费的基本单位。家庭结构特点对某些以家庭为购买和消费单位的产品有直接影响。家庭结构特点包括家庭成员数量、家庭成员结构和家庭决策方式等。伴随着经济的发展，我国目前的家庭结构明显趋向小型化，使得家庭生活用品趋向小型化，如宜家的小尺寸组合家具、海尔推出的多款小型单人洗衣机等，在一定程度上，这种小型家庭结构也推动了近年来共享经济、外卖服务和社区零售的发展。

3.人口迁移

世界上人口迁移呈现出两大趋势：在国家之间，发展中国家的人口向发达国家迁移；在一个国家和地区内部，同时存在人口从农村流向城市和从城市流向郊区、乡村的现象。目前我国一线城市人口增长已经进入稳定期，城市消费者群体规模逐渐趋于稳定。随着消费的转型升级，城市居民已由物质性消费、基础性消费向精神性消费、发展性消费转变。城镇化将成为三四线城市的未来发展趋势，城镇化进程带来的人口流动将成为住房、零售、教育文化、医疗服务的推动力。随着未来三四线城市生活质量与教育水平的不断提高，当地居民的消费将实现快速转型，带动三四线城市延续一二线城市的消费路径实现消费模式的趋同和升级。

（二）收入因素

经济因素是实现需求的重要因素。没有一定量的人口不会形成市场，同样，没有购买能力不能形成需求。经济因素在市场营销方面集中表现为购买能力，而购买能力取决于收入状况、储蓄与信贷等。

1.消费者收入

收入因素是构成市场的重要因素，市场规模的大小归根结底取决于消费者的购买力大小，而消费者的购买力大小取决于他们收入的多少。经济收入有多种衡量指标，对市场需求有不同的意义。这些指标有国民收入、个人收入、可支配个人收入、可随意支配个人收入。企业必须从市场营销的角度来研究消费者收入，对这四个指标进行全面的分析。

（1）国民收入

国民收入是指一个国家物质生产部门的劳动者在一定时期内新创造的价值的总和，它大体上反映了一个国家的经济发展水平，同时也是反映购买力水平的重要指标。国内生产总值增长越快，对商品的需求和购买力就越大；反之，就越小。

（2）个人收入

个人收入是指个人从各种来源得到的经济收入，反映购买力水平的高低。

（3）可支配个人收入

可支配个人收入是指在个人收入中扣除消费者个人缴纳的各种税款和交给政府的非商业性开支后剩余的部分，即可用于消费或储蓄的那部分个人收入，它构成实际购买力。个人可支配收入是影响消费者购买生活必需品的决定性因素。

（4）可随意支配个人收入

可随意支配个人收入是指从可支配个人收入中减掉消费者用于购买生活必需品（如食品）的支出和各种必需的固定支出（如房租、水电费）后所剩余的那部分个人收入。它是影响市场消费需求比较活跃的因素，通常对耐用高档消费品、奢侈品、享乐品等影响极大。

2. 消费者储蓄

消费者的个人收入通常分为两部分：一部分作为支付手段，用于当前开支；另一部分进行储蓄，用于未来的消费开支。消费者的储蓄行为直接制约着购买市场消费量的大小。当收入一定时，如果储蓄增多，现实购买量就减少；反之，如果用于储蓄的收入减少，现实购买量就增加。

居民储蓄倾向会受到利率、物价等因素变化的影响。人们的储蓄目的也是不同的，有的是为了养老，有的是为未来的购买而积累，当然储蓄的最终目的主要也是消费。企业应关注居民储蓄的增减变化，了解居民储蓄的不同动机，制定相应的营销策略，获取更多的商机。

近年来，各大银行纷纷推出了风险相对较低的净值型理财产品，包括货币型理财产品、定期开放式理财产品和封闭式理财产品，它们的问世拓宽了普通公众的投资渠道，更多的中国人将钱从储蓄账户中拿出来投向理财产品，这极大地促进了互联网金融型产品的发展。此外，中国社会保障制度经过不断改革，日趋完善，居民对未来的不安全感大大降低，转而用于当前的消费，从而会促进消费品行业的发展。

3. 消费者信贷

消费者信贷也称信用消费，是指消费者凭信用先取得商品的使用权，然后按期归还贷款而完成商品购买的一种方式。简而言之，就是花未来的钱，买现在的东西。可见，消费者信贷可以直接创造新的购买力。

信用消费允许人们购买超过自己现实购买力的商品，创造了更多的消费需求。随着我国商品经济的日益发达，人们的消费观念大为改变，信贷消费方式在我国逐步流行起来，利用消费信贷进行超前消费已成为一种常态。近年来国家也在不断提倡发展互联网金融，下发了一系列政策如《关于促进互联网金融健康发展的指导意见》等来支持互联网金融稳步发展，而众多互联网信贷产品的推出也极大地推动了移动支付和消费金融行业的发展进程，释放了社会消费潜力，对消费拉动起到了积极作用。

伴随互联网金融消费信贷产品的普及推广，人们对层出不穷的创新消费信贷产品的接受度越来越高，市场规模越来越大。

三、看社会文化（S）

社会文化会对人们的消费习惯产生潜移默化的影响，所以企业在开展营销的时候要特别留意与本土文化的融合。比如，家乐福曾在进军日本市场时直接照搬在欧美国家的经验，没有根据日本不同的商业文化和消费习惯来调整自己的经营策略，导致"水土不服"，最终只得惨淡收场。

社会文化因素包括文化与亚文化、宗教信仰、消费习俗、审美情趣、道德规范等。文化水平会影响居民的需求层次；宗教信仰和风俗习惯会禁止或抵制某些活动的进行；审美观点则会影响人们对组织活动内容、活动方式以及活动成果的态度；道德规范会影响居民对组织目标、组织活动以及组织存在本身的认可与否。

（一）文化与亚文化

文化是人类需要和欲望最基本的决定因素，影响消费者行为最广泛的环境因素就是文化。在消费者行为学中，我们将文化定义为一定社会经过学习获得的、用以指导消费者行为的信念、价值观和习惯的总和。

可以这样说，信念和价值观是人们行为的指南，习惯是人们日常的行为方式。一个社会的文化特别是文化价值观会影响这个社会人们的购买和消费模式。市场营销人员在从事营销活动时，要研究目标市场消费者的文化价值观，特别是核心文化价值观。

然而，在一个国家或者一个特定社会，并不是每一个人都怀有相同的文化价值观。在不同年龄、不同地区、不同民族的群体内部可能会有亚文化的存在，即这些次级群体的成员共同拥有某种独特的信念、价值观和生活习惯。营销人员可以根据不同亚文化群体所具有的不同需求和消费行为，选择不同的亚文化群体作为自己的目标市场。

大众是"消极地接受了商业所给予的风格和价值"的人，而亚文化群体则是"积极地寻求一种小众的风格"的人。在消费主义和网络媒介的蓬勃发展下，现代青少年表现出强烈的个性化、符号化、模仿化和带有"炫耀"目的的消费趋势，他们的诸多特性使得其被冠以"宅""二次元""颜控""非主流"等多元化标签，也由此衍生出令人目不暇接的"亚文化"现象。例如，现在年轻群体中流行的"丧文化"，用带有颓废、绝望、悲观等情绪和色彩的语言、文字或图画表达对生活的无奈。这与讲究语言吉利的中国传统文化是完全逆反的，但它能够帮助现在的年轻群体宣泄负面情绪和生活压力，它是一种自嘲，是一种宣泄，也是为了得到一种社会认同，本质上是为了迎接更好的生活。而有的品牌通过逆反气质的自我塑造，推动品牌个性与目标受众建立基于文化认同的情感链接，从而引起受众共鸣，实现推广①。

（二）宗教信仰

宗教信仰是人们洞察文化行为或精神行为的文化层。宗教信仰影响人们的风俗、人生观、购买行为和消费方式。佛教强调精神价值而贬低物质欲望，穆斯林对猪有禁忌，天主教有七宗罪之说。例如，一家地毯厂为了打入阿拉伯国家的市场，根据穆斯林祈祷的特点，别出心裁地将扁平的指南针嵌入供穆斯林祈祷用的地毯，

---

① 资料来源：胖头."丧营销"与"丧文化"：营销的进阶是帮助用户表达［EB/OL］.［2017-07-05］. https://36kr.com/p/1721669894145.

并把指南针所指的正南正北，调到麦加城的方向，无论怎样移动地毯，指南针始终指向麦加城，于是这种地毯一经上市就受到阿拉伯国家的热烈欢迎，转眼销售一空。

（三）消费习俗

消费习俗是指受共同的审美心理支配，一个地区或一个民族的消费者共同参加并形成的群体消费行为。它是人们在长期的消费活动中相沿而成的一种消费风俗习惯。在习俗消费活动中，人们具有特殊的消费模式，它主要包括人们的饮食、婚丧、节日、服饰、娱乐消遣等物质与精神产品的消费。作为社会文化环境的一部分，消费习俗是长期形成的，具有相对的稳定性。市场营销人员要研究消费习俗，满足目标市场消费者的习俗需要。

（四）审美情趣

审美情趣是指对音乐、戏剧、舞蹈等艺术和形状、色彩等的欣赏和偏好。由于民族习俗、社会环境、教育水平、科技发展水平有差异，不同国家和地区的审美观念差别较大。西方文化普遍认为白色象征圣洁而东方文化认为白色代表不幸。在中国，绿色代表生命；在马来西亚，绿色象征疾病。因此，审美观念影响产品的设计、色彩选择、符号象征等。随着生活水平的提高和生活节奏的加快，人们的审美情趣也正在发生改变。

（五）道德规范

道德规范是指导和衡量人们行为的准则和标准，是一个社会健康发展的精神支柱。道德规范是在道德活动和道德意识的基础上形成的，既是对一定道德关系的概括，又是对一定社会或利益集团价值观的凝结和确立。它一经产生，又作为价值目标和道德准则，指导和制约着人们道德意识的发展变化和道德行为的选择，成为全部道德现象的核心。一般来讲，道德活动经常伴随着其他社会活动一并进行，是道德意识形态的实践基础，并使已形成的道德意识不断得到深化和提高。而道德意识一经形成，对道德活动就有指导作用，并有向道德活动转化的趋势。企业的本质属性是一个社会组织，其经济组织的属性排在第二位。因此，企业也应当同任何其他社会主体一样，遵循社会公共道德规范，履行企业社会责任。

2018年5月，有在线差旅、网络购物等网络平台企业被曝出可能存在大数据"杀熟"行为，即购买同样的产品或服务，老客户反而要比新客户花钱更多。[①]这些平台方根据搜集到的用户个人资料、购买习惯等行为信息，通过大数据模型建立用户画像，给不同用户推荐相应的产品、服务和定价，实行区别化的价格营销策略。也就是说，企业利用大数据上的优势地位，对部分消费者进行价格"欺诈"，这不仅违背了商业道德，还侵害了消费者的知情权、选择权、公平交易权等正当合法权益，引起社会公众强烈不满。

---

① 资料来源：赵丹. 人民日报：有效治理大数据"杀熟"行为［EB/OL］.［2018-06-01］. http：//www.xinhuanet.com/zgjx/2018-06/01/c_137222031.htm，有改动.

四、看科技（T）

案例直通车 3-2

无人机引发新战局

电商行业正在将物流效率推向极致，依托科技创新，物流行业的速度战正打响。

2018年5月17日，中国邮政放出了一个"重磅炸弹"——其水陆两栖物流无人机在湖北荆门漳河机场试飞成功。当天，该无人机从陆上机场起飞，在水上机场降落，全程载着200千克的邮件。3月底，顺丰获得了国内第一张无人机航空运营（试点）许可证，这标志着无人机物流进入了合法化阶段。同时，以京东和顺丰为代表的多家电商和物流公司，开始抓紧研制自己的物流无人机，物流配送从水陆抢滩战升级为空战。此次中国邮政大型物流无人机的亮相表明中国邮政也紧跟时代步伐，正式加入了这场空中争夺战。

时代风云变幻，互联网时代新生的电商行业催生了快递产业。"忽如一夜春风来，千树万树梨花开"，顺丰、圆通、中通、天天、韵达等快递公司瞬间崛起，百花齐放。虽然中国邮政凭借100多年的积累，拥有广泛的群众基础，并深受信赖，可在电商时代，物流最重要的就是一个字——快！在这方面，顺丰做得很好，它在短短的25年之内就建立了优良的配送体系，成为中国邮政最大的对手。过去的辉煌只能延续一时，必须跟上时代的脚步才能屹立不倒。于是中国邮政开始拥抱电商，推出了EMS经济快递，跟上市场风口。

电商的出现对于人们最大的益处就是，让所有人只要通过互联网平台就能轻松地实现商品的购买和销售。大山深处的油桃熟了，电商们可以帮助果农将产品销往全世界，同时，外界的高科技产品也能通过此渠道进入偏远山区。但是，线上平台的商品交换都得通过线下物流配送来实现。

在科技的不断发展下，电商们也开始转型。因为线上平台的商品交易已经接近天花板，再难有新的突破，于是，新零售的概念应运而生。从线上延伸到线下，电商们在布局门店的同时，也需要更加快速便捷的物流体系的支撑。因此，这对物流行业提出了新的要求——不仅要在城市中实现社区范围内急速配送，更要加速农村地区的物流配送。京东提出凭借无人机技术在农村构建三级物流网络，建设100个无人机场；顺丰也早已进行了自己的无人机测试。物流无人机技术被认为是突破偏远地区物流配送瓶颈的有效手段。

时代呼唤革新，新技术必然会带来新的商业场景。物流配送的农村争夺战已经开启，未来的农村配送将从"陆路难通"阶段直接过渡到"空中急速配送"时代。

资料来源：魏无忌. 刚刚！中国邮政正式宣布！物流行业或将迎来大变局！[EB/OL].
[2018-06-09]. https://www.sohu.com/a/234851795_465536, 有删减.

物流领域正在形成大协同的趋势，尤其在新零售策略的驱动下。不管是原有的物流形态，还是新的即时物流，都面临改变。依托新的技术，提高物流效率，节约物流成本，是电商巨头和快递公司共同追求的"新物流"变革。凭借着技术革新，傲立农村地区100多年的中国邮政以新的面貌站在了时代前端，正在焕发出新的活力。

可以看到，科学技术广泛而深刻地影响着社会经济生活、企业经营管理及消费者的购买行为及生活方式。这就意味着企业必须要考虑科技因素给企业自身带来的影响。

首先，科学技术的发展和变革可能会引起需求发生剧烈变化，它在某种程度上是一把双刃剑，给企业创造了许多市场机会的同时，也可能会使企业面临许多潜在的威胁。科学技术的发展和变革会促进社会经济结构的调整。例如，石油业的大起大落，电灯的发明使煤油灯没落的同时，也极大地限制了石油业的发展，而内燃机的发明、航空燃料需求的增加又一次次挽救了石油企业的命运，使石油业保持着较高速的增长。

其次，科学技术会改变营销活动各个环节和营销活动的方式。科学技术的发展使产品更新换代加快，产品生命周期缩短，如电脑芯片每18个月就更新一次。在这种新形势下，企业不得不时刻警惕，捕捉市场信息，了解消费者需求偏好的变化，满足其需求，并用创新产品引导消费需求。

在未来，传统营销方式有可能让位于以信息技术为基础的网络营销。电子商务改变了工业时代传统的、物化的分销体制，当前全新的数字化分销渠道缩短了生产与消费之间的距离，节省了商品在流通中经历的诸多环节，消费者或用户通过互联网在电脑屏幕前直接操作鼠标就可以完成购买行为。在网上购物不仅可以节省时间，方便快捷，而且省钱省力。互联网对传统的市场营销最具革命性的影响就在于此。虽然全球电子商务的推广与发展还未能完全取代传统的分销体制，但数字化分销的电子商务带来的是21世纪全球性的商业革命。

再次，科学技术的发展和变革也促进了企业促销方式的改变。传统的促销方式以企业为主体，通过一定的媒体或工具对顾客进行密集的单向式的促销，顾客处于被动地位，企业缺乏与顾客的直接沟通，而且促销成本很高。但网络营销是一对一和交互式的双向沟通，顾客处于主动地位，他可以直接参与公司的营销活动，与营销人员进行对话，因此网络营销能加强与顾客的沟通和联系，直接了解顾客的需求，及时把握市场机会。

最后，云计算、大数据、物联网、人工智能、虚拟现实等技术，都已经成为引领商业创新不可或缺的动力和支撑，在重塑商业生态环境方面也显示出巨大的影响力。这些新技术的高速发展颠覆了传统的商业环境，也创造了新的市场和机会。例如，在智能家居方面，由传统家电厂商转型升级的海尔、三星等，和另一边的新兴阵营——互联网企业如京东、小米等，都在以自身的独特竞争优势，在智能家居领域互联互通，提供独一无二的智能整体解决方案。人工智能的发展势头很是勇猛，越来越多的企业开始投身于智慧工厂的建设。例如，阿迪达斯在德国投建了机器人工厂，资生堂在其工厂生产线上试用了仿真机器人，亚马逊建立了无人智能化仓储等，大大提高了产品生产和流通效率，为全面、高效的个人定制指明了方向。甚至在零售领域出现了无人零售超市，如苏宁"Biu一下刷脸逛店"、京东便利店等无人店相继开业，刷脸进店，智能称重，自动结算，自动扣款，技术为商业变革创造了无限的可能。

　　一看政治，二看经济，三看社会文化，四看科技。企业所处的宏观环境是复杂的，也是多变的。在对企业的具体分析过程中，营销人员可以利用PEST分析法根据一些具体要素及具体分析内容来审视企业所处的宏观环境（见表3-1）。表3-1中仅列举了部分具体要素及分析内容，在使用时，企业需要根据实际情况的差异来制定符合自身的具体分析框架。

表3-1　　　　　　　　　　　　　　　PEST分析具体内容

类别	具体要素	分析内容
政法环境 P	政治形势	本国的政权结构、政局的稳定性如何？市场机制如何？政府的管制力度如何？
	经济政策	国家或地区的中长期发展规划情况如何？产业政策、财政政策、税收政策、用工政策等对企业营销活动的影响如何？资本市场走势、原材料价格等的变化趋势是什么？
	法律法规	与本行业相关的法律法规有哪些？目前国家对该行业的态度是大力扶持还是不看好？
	标准体系	本行业相关的强制性标准以及推荐性标准有何变化？对企业是否会产生影响？企业的话语权有多大？
经济环境 E	人口因素	人口增长情况如何？人口规模及市场规模有多大？人口分布、人口结构对企业营销活动的影响是什么？不同年龄段人口数量的变化趋势是什么？
	经济增长	本国以及世界的经济增长趋势、增长动力如何？物价变化如何？通胀率的变化情况如何？利率与货币政策、失业政策对企业有什么影响？
	消费者收入	消费者收入的各项指标变化趋势如何？消费者的消费信心如何？其对消费、储蓄和信贷的态度如何？
社会文化环境 S	社会结构	当前不同收入水平的消费者占比如何？受教育水平如何？对企业意味着什么样的机会？目标群体处在什么位置？
	社会文化	民族文化的多元性、包容性如何？对经营管理策略会产生什么影响？当前的社会潮流风尚是什么样的？
	消费习俗	不同地区的消费者具有什么不同的消费心理和消费习俗？在餐饮、服饰、节日等方面具有什么特殊表现？
科技环境 T	研发投入	政府在研发方面的预算与投入项目、行业内其他竞争者的研发投入、企业自身的研发投入以及相关科研机构的研发投入各是什么情况？企业处在何种地位？研发投入是否不足？
	技术变革	信息技术、移动技术、互联网的变革等给企业带来的影响如何？企业对技术革新的态度如何？技术的更新换代是否会使企业的产品面临淘汰的风险？
	技术壁垒	本企业相关核心技术掌握在谁手里？谁拥有最高的产业化能力？谁的技术水平最高？该行业的技术进入壁垒如何

第二节 微观环境

二维码3-2

消费者环境

　　知己知彼，百战不殆；不知彼而知己，一胜一负；不知彼，不知己，每战必殆。

　　　　　　　　　　　　　　　　　　　　——《孙子兵法·谋攻篇》

　　企业营销活动的微观环境要素主要是指对企业营销活动过程和结果有直接影响的各种力量，这些要素与企业经营的价值链直接发生关联，包括企业自身、渠道机构和企业面对的购买者市场、竞争者、公众（如图3-2所示）。

图 3-2　微观环境分析

一、观企业自身

案例直通车3-3

华为的企业管理手段——企业文化

　　华为创立初期，就注重内部管理改进。它引入不少西方企业的实践经验，探索现代企业制度，提升企业运营效率。但在指导思想上，华为不吃西方那套。华为也与海尔不同，海尔用管理理论指导企业运作，华为则用思想推动公司前进。今天，华为的管理思想仍然基于任正非对中国传统文化的解读。有时候，任正非的一篇内部讲话，就是华为的指导方针。

　　中国传统文化对华为的影响，远胜过西方管理思想对华为的影响，如"利出一孔"。并且，任正非还是一个"学毛标兵"，华为早期业务的开展从经济落后、环境恶劣的第三世界国家开始，慢慢向欧美发达国家渗透，与毛泽东的"农村包围城市"战略颇为相似，是在学习了毛主席军事战略的基础上自我改良而成的；任正非的"让一线直接呼唤炮火"，让听得见炮声的人去决策，是对毛泽东思想中的"枪杆子里出政权"的积极消化；任正非呼喊冬天，时刻警告华为人艰苦奋斗的文化不能丢，与历史上毛泽东"整风运动"的精神内涵颇为相似，旨在提醒华为人务必保持戒骄戒躁。

如果非要说一以贯之的华为文化，"狼性文化"还是最为恰当的概括。任正非说，企业发展就是要发展一批狼。狼有三大特性：一是敏锐的嗅觉；二是不屈不挠、奋不顾身的进攻精神；三是群体奋斗的意识。华为是中国企业"狼性文化"的缔造者，狼性文化贯彻华为成长的全过程。早期，华为生不逢时，自己的对手爱立信、诺基亚、西门子、阿尔卡特、朗讯、北电网络等百年企业，个个实力强劲，华为望尘莫及。为了生存下去，华为只能想尽一切办法去达成自己的目标。在与同城对手中兴通讯的竞争中，即便是赔本也要拿下项目。那时候，凡是有华为的地方，不论在国内还是国外，都能感受到竞争的激烈。

今天，华为早已告别生涩，内部管理更为规范，不再是"青纱帐里出来的土八路"，变身为一家技术驱动性现代企业，其价值主张也发生了变化，开始重视产业链的构建，与人为友。任正非曾对企业业务的管理层说，华为要学会与人合作，学会与人分享，不要破坏行业价值。

但华为身上的"狼性"并没有因此退化，它已经化为血液，在华为的躯体里静静流淌。只是，华为在行事方式上发生了变化，从早期的不择手段，到现在的委婉曲折。华为内部说，凡是华为认定的目标，均会不惜一切代价去达成，这一点至今未变。从电信设备到终端再到企业业务，华为是靠着"狼性"走过来的。

资料来源：佚名. 华为的企业文化是什么？［EB/OL］.［2015-03-16］. http://www.cb.com. cn/companies/2015_0316/1117979.html，有删减.

华为之所以可以稳坐国产手机的头把交椅，不仅仅依靠其出色的技术研发实力和创新精神，更多的是靠优秀的企业内部管理。华为自成立之初就尤为重视企业的内部管理机制，多次借鉴西方企业的管理经验，也正是这种优秀的企业管理机制和企业文化，培养了华为员工的企业荣誉感，在华为加班从不是被动的，华为员工永远为华为园区彻夜通明的灯光而骄傲。这个案例也说明，企业自身内部的分析和协调管理，是企业制订营销计划和开展营销活动的重要保障因素。

企业的内部环境是企业内部与营销活动有重要关联的因素，是企业经营的基础，是制定战略的出发点、依据和条件，也是竞争取胜的根本。在《孙子兵法·谋攻篇》中，孙子曰："知己知彼，百战不殆；不知彼而知己，一胜一负；不知彼，不知己，每战必殆。"因此，企业在营销活动的开展过程中，既要知彼又要知己，其中"知己"便是要分析企业的内部环境或条件，认清企业内部的优势和劣势。

企业要做到"知己"，就要在开展营销活动时充分考虑到企业内部的环境力量和因素，包括对企业的组织结构、企业文化、资源条件、价值链、核心竞争力、财务等方面进行分析，将自身从里到外地剖析一番，找准自身的优劣势所在，以及当前所存在的机会和威胁。

这就涉及我们在本章开头提到的第二种环境分析方法了——针对企业自身而言所提出的SWOT分析法。

SWOT分析即态势分析，来自企业管理理论中的战略规划，是指将与研究对象相关的内部优势、劣势、机会和威胁等通过调查列举出来，并依照矩阵形式排列，然后用系统分析的思想，把各种因素相互匹配起来加以分析，从中得出一系列相应的带有决策性的结论。

所谓SWOT，即优势（Strength）、劣势（Weakness）、机会（Opportunity）、威胁（Threat）。该思维模式主要用来协助企业分析自身所处的内外部环境，分别就上述四个方面加以考量、分析利弊得失，并用来对企业的内外部环境与自身战略的匹配与否进行分析，协助企业明白自身的得失，找出问题的根源，并设计出相应的战略应对对策。

企业内部的优劣势是相对于竞争对手而言的，表现在资金、技术设备、人员素质、产品市场、管理技能、营销实力等方面。衡量企业优劣势有两个标准：一是资金、产品、市场、营销等一些单方面的优劣势；二是综合的优劣势，可以选定一些因素评价打分，然后根据重要程度进行加权，取各项因素加权数之和来确定企业是处在优势还是劣势。在战略上若企业内部优势强，就宜于采取发展型战略，否则就宜于采取稳定型或紧缩型战略。

而企业外部环境是企业所无法控制的，企业外部环境中有的对企业发展有利，可能给企业带来某种机会，如宽松的政策、技术的进步等，就有可能给企业降低成本、增加销售量创造条件。有的外部环境对企业发展不利，可能给企业带来威胁，如紧缩信贷、原材料价格上涨、税率提高等。来自企业外部的机会与威胁，有时需要与竞争对手相比较才能确定。有利条件可能对所有企业都有益，威胁也不仅仅是针对本企业，因此，在有些情况下还要分析同样的外部环境到底对谁更有利或更无利。当然，企业与竞争对手的外部环境也是不可能完全相同的，但很多时候却有许多共同点，此时，对机会与威胁的分析不能忽略与竞争对手相比较。

SWOT分析（见表3-2）的具体做法为：依据企业的方针列出对企业发展有重大影响的内部及外部环境因素，继而确定标准，对这些因素进行评价，判定是优势还是劣势，是机会还是威胁。也可逐项打分，然后按因素的重要程度加权求和，以进一步推断优势有多大及外部环境的好坏。根据优势、劣势与机会、威胁相组合，形成SO、ST、WO、WT战略，进而确定企业目前应该采取的具体战略与策略。

表3-2 　　　　　　　　　　　　SWOT分析法

外部环境＼内部资源	优势（Strength）	劣势（Weakness）
机会（Opportunity）	SO战略 发挥优势 利用机会	WO战略 利用机会 克服劣势
威胁（Threat）	ST战略 发挥优势 回避威胁	WT战略 克服劣势 回避威胁

值得注意的是，企业在进行SWOT分析制定战略时，需要回答4个问题：SO如何运用内部优势最大限度地发掘外部机会？ST如何运用内部优势来应对或规避外部威胁？WO新的机会产生于内部的劣势？WT企业的劣势是什么，如何应对外部威胁？

　　我们对企业内部环境进行分析的目的在于掌握企业历史和当下的状况，明确企业所具有的优势和劣势。它能够帮助企业制定有针对性的战略，有效地利用自身资源，发挥企业的优势，同时避免企业的劣势，或采取积极的态度改进企业劣势。如此，做到扬长避短，更有助于实现百战不殆。

二、观渠道机构

　　在企业外部向顾客提供服务的供应链上，存在一系列相互作用的机构，这些机构在把资源转化成消费者消费的产品组合的过程中，分别处于不同的分工环节，承担不同的任务，它们为满足需要、实现消费相互协作，共同发挥作用。作为以发现需求、唤起需求和实现需求为任务的营销活动，要和这些机构和组织发生联系，因而这些机构构成了营销活动的中介环境要素。

　　供应商是向企业提供原材料、部件、能源、资金、智力等资源的企业和组织。企业在设计营销服务规模和水平时，要考虑这些企业和组织的供应能力的数量和结构以及它们作为卖方的讨价还价能力。

　　中间商是从事商品转卖的中介机构。在许多情况下，市场营销活动中的产品分销是由中间商承担的。例如，对制造企业来讲，零售商、批发商是处于两个不同层次的产品分销机构，对产品分销发挥着不同的作用。从社会分工体系来看，中间商处在商业流通环节，对商品流通发挥着重要作用。中间商是企业营销活动重要的微观环境，它深刻地影响着消费的便利性和产品分销效率及成本。这也是为什么营销学者将渠道要素作为营销组合四大要素之一的原因。

　　除此以外，企业的市场营销渠道机构还应包括营销服务机构，即企业营销中提供专业服务的机构，包括广告公司、广告媒介经营公司、市场调研公司、营销咨询公司、财务公司等。这些机构对企业的营销活动会产生直接的影响，它们的主要任务是协助企业确立市场定位，进行市场推广，提供活动方便。一些大企业或大公司往往有自己的广告和市场调研部门，但大多数企业则以合同方式委托专业公司来办理有关事务。为此，企业需要关注、分析这些服务机构，选择最能为本企业提供有效服务的机构。这属于"知彼"的一部分，需要慎重选择合作伙伴，在合作敲定之前要充分了解它是否能满足企业的需求与期望。

三、观购买者市场

　　所谓的购买者市场，也就是企业所拥有的顾客，是企业营销活动的最终目标市场。购买者市场的规模、市场消费行为、市场总的变化趋势和状态等都直接影响企业产品销售的数量和销售成本。购买者市场是营销环境中最重要的微观环境要素之一。

　　企业在选择不同的目标顾客群体时，会面对各不相同的顾客需求，这就要求企业要以不同的方式提供产品或服务。这也属于"知彼"的层面，企业除了了解自身的资源和能力外，也要了解其外部顾客的需求、欲望和偏好，实现资源配置与需求偏好的匹配，促进企业营销目标的实现。为此，企业要注重对顾客进行研究，分析顾客的需求规模、需求结构、需求心理以及购买特点，这是企业营销活动的起点和前提。

案例直通车3-4

弯道超车的跨境电商——网易考拉

网易考拉海购诞生于2015年，彼时阿里巴巴和京东两大巨头已经占据了电商80%的市场份额，把握着综合电商的命脉。在夹缝中破土而出的网易考拉，自诞生起就伴随着外界的种种质疑——"网易能做好电商吗？"

不但能做好，而且能做大——这是丁磊心中的答案。在电商领域，针对当前消费者对进口产品的青睐与追求，也针对当前消费市场对进口产品的高昂定价，借势消费升级弯道超车成了网易考拉海购被赋予的使命和目标，"平价可靠"就成了网易考拉的主打招牌。对网易来说，基于自身近20年的品牌美誉度做自营，商品来源相较平台模式而言更加可控，尽管这种模式实施起来任务也相对更重，付出的人力、时间和资金成本更高，但帮助网易考拉打下了扎实的供应链基础。

跨境电商"海淘大战"之初，火力主要集中在母婴、美妆和保健品品类上，尤其是在国内知名度较高的海外品牌。这类商品是跨境电商兵家必争之地，利润空间较窄，且只能带来短期的流量。所以，丰富品类和品牌，精选海外具有爆款潜质但国内知名度不高的百年老店和国民品牌，在长尾空间里创造蓝海，像亚马逊图书一般比拼选品策略建立选品差异化壁垒，是跨境电商的一条出路。

为此，网易考拉海购先后宣布用30亿欧元、5 000亿日元、30亿美元采买当地国民品牌及百年老店商品，收割海外优质品牌，并奉行"精选SKU"策略，只上架百里挑一的优质商品。另外，它的"一站式保姆服务"也为其长尾打法打好了根基——它包揽物流、仓储、通关、运营、推广，合作方只需做擅长的产品生产部分，这大大减轻了合作方负担，吸引品牌方合作。做好长尾的同时，网易考拉CEO张蕾选择深耕复购率继续扩大优势——在2017年上线了网易考拉黑卡会员，把忠实用户变成"超级用户"。就像罗振宇所说："有了超级用户，不需要那么多流量那么多用户，同样可以撬动那么大的经济效应和社会效应。"

网易考拉海购以26%的占比占据2018第一季度跨境电商平台市场份额分布的首位，增势可喜。2018年3月28日，网易考拉海购带着跨境第一、综合电商第七的成绩，迎来自己的三周年。

资料来源：吴怼怼. 老司机丁磊，三年电商超车史 [EB/OL]. [2018-04-08]. https://www.sohu.com/a/227556568_226049，有删减.

网易公司近年来开始涉足电商行业，从网易严选开始到网易考拉海购，其进入电商领域的决心有目共睹，但是作为一家传统的以游戏起家的互联网公司，大家对其是否可以成功开拓电商市场始终都抱有怀疑态度。但不可否认，网易并没有辜负大家的期望，网易考拉海购也成功地打入了跨境电商的市场并占据了很大的市场份额。而网易考拉海购的成功，也正表明了购买者市场分析对企业的重要性。网易通过环境分析，针对其所面对的电商市场中消费者对进口产品的需求和偏好，将自己的进驻点准确地切入到了跨境电商市场，同时结合消费者对跨境产品高附加价格的不满情绪，有针对性地扩大了自己的海外仓储，加深与海外工厂的直接联系，更重要的是根据对现有市场的分析，在长尾市场中开创出了一片蓝海。网易考拉海购的成功之路，总结起来就是尽可能满足其购买者市场的全部需求，进而获取消费者的喜爱，实现后来居上，成功占据跨境电商的大部分市场。

四、观竞争者

案例直通车 3-5

光明乳业：低温牛奶界的元老

众所周知，多年来蒙牛和伊利一直占据着中国乳业的霸主地位。而它们主打的是常温牛奶，因此新生代乳业是不可能在短时间内超越它们的，主攻常温奶不会得到优势，不过低温牛奶算是伊利和蒙牛的短板。在这种情况下，光明乳业看上了低温牛奶市场，2015年以"巴氏鲜奶"起家，即以新鲜牛奶为原料，采用巴氏杀菌法加工。由于入局时间早，早年没有竞争对手，因此光明乳业一直保持着行业领先地位，截至2021年9月，占据市场15%的份额位列第一。并且，随着现在越来越多品牌打入低温牛奶市场，作为老品牌的光明在这一领域有较大的优势：不仅拥有供应稳定、质量优良的原料奶基地，在产品贮存、运输、交接等过程中也拥有先进的全程冷链保鲜系统。只要光明能够持续保持其竞争优势，维持低温奶界的元老地位并非难事。

资料来源：作者根据现有公开资料整理。

光明乳业就是靠着明确地与竞争对手区分开来的定位，打开了市场，赢得了消费者的喜爱。在伊利和蒙牛处于不可撼动的垄断地位的情况下，为了让企业更好地发展，它通过对其目标市场的分析和对竞争对手的了解，选择差异化竞争，为此打入了低温牛奶的蓝海市场，成功地将自己与竞争对手区分开来。

由这一案例我们也不难看出，在市场竞争中判断市场的竞争环境与竞争者的主要优势，对企业设计自身的营销活动有着至关重要的作用。想必你也意识到了，对竞争对手的分析同样是企业"知彼"的关键一环，《孙子兵法》中的"知彼"，原意指的就是你的对手。你只有对对手的实力有清晰的认知，对对手的战略、目标及实现路径有大致的研究，才不会盲目，才能找到克敌制胜的出路。

市场经济是竞争经济，竞争是商品经济的必然现象。在商品经济条件下，任何企业在目标市场开展营销活动时，都不可避免地会遇到竞争对手的挑战。即使在某个市场上只有一个企业在提供产品或服务，没有"显在"的对手，也很难断定在这个市场上没有潜在的竞争企业。企业竞争对手的状况将直接影响企业的营销活动。最为明显的是，竞争对手的产品价格、广告宣传、促销手段的变化，以及产品的开发、销售服务的加强都将直接对企业造成威胁。在市场机制作用下的企业必须按照营销哲学的思想，比竞争对手更好地满足买方的需要，从而适应市场的运行。对竞争者、竞争市场和竞争者行为的分析是营销管理中非常重要的内容，竞争分析框架是营销管理的必备工具。

在一般的竞争分析中，企业需对以下方面进行详细的分析。

（一）行业及行业结构

在市场营销学中，把买方的集合称为市场，把卖方的集合称为行业。不同的行业，竞争特点和竞争者行为是不同的。影响竞争状况和竞争者行为的因素主要有：竞争者的数量、产品的同质性或异质性、企业规模等。根据这些因素可将行业分为不同类型，称行业结构类型，一般有完全竞争、垄断竞争、寡头垄断、完全垄断四种。

所谓完全竞争，是指行业由许多提供相同产品的企业构成。企业提供的产品没有差别，可以完全替代，竞争者的价格将是相同的。但在现实的市场竞争中，完全竞争是不存在的。

垄断竞争是指在垄断竞争行业中，卖方提供的产品不是同质的，而是存在一定的差别，但是，这些有差别的产品之间又有一定的替代性。产品差别使每一个企业享有一定排斥其竞争者的垄断权力，但同时这些有差别的产品具有的替代性又使得垄断竞争行业存在一定程度的竞争。这种竞争是在市场上普遍存在的一种竞争方式。

寡头垄断可分为纯粹寡头垄断和差别寡头垄断。在纯粹寡头垄断行业中，由几家企业生产同一种类的产品，获得竞争优势的主要办法是降低成本，而这往往通过增加产量来实现。差别寡头垄断行业由几家生产部分有差别的产品的企业组成，各企业在产品质量、特点或服务等方面进行差异化，并在某一方面寻求领导地位。

完全垄断是指在行业中只有一个企业，提供一种或一类产品，完全没有替代品或只有较少替代品。完全垄断的控制力量主要来自以下3种情况：某些产品需要大规模的投资，规模经济显著；专利权保护，他人不得进入；一家企业控制了某种产品的基本原料的来源。

针对不同的行业结构，企业需要采取的竞争策略也是各不相同的。

（二）进入与退出障碍

阻止企业家在某个行业建立新企业的因素构成进入障碍，它包括：对资本的要求、规模经济、专利、原料供应、分销渠道的控制、政府政策等。不同行业，进入的难易程度是不同的。开一家小型百货商店较容易，但是开一家汽车公司就很困难。当进入某一个行业后，企业可能面临退出障碍。退出障碍包括：对顾客、债权人和员工存在的法律和道义上的义务，高度纵向一体化，资产的高度专用性等。

（三）竞争战略和战略集团

竞争战略是指企业在一定时期内采用的打击对手和保护自身、谋求竞争优势的主要手段和措施。例如，企业可以采取总成本领先战略，通过发挥规模经济的作用，降低单位产品成本，获得价格竞争优势；也可采用差异化战略，通过发挥专长提供与竞争对手不同的产品或服务，在产业中形成独特性，以获得差别竞争优势。在一个行业中，所有企业可能采取相同战略，也可能分别采取不同战略，但更多的情况是部分企业采取相似或相同的战略。我们把行业中采取相同或相似战略的企业群体叫作战略集团。显然，行业中所有企业采取相同战略时，整个行业只有一个战略集团；行业中所有企业分别采取不同战略时，每个企业成为一个战略集团。通常，一个行业有几个战略集团，战略集团内部的企业采取相同或相似的战略，即企业之间采取相同或相似的方式展开竞争，而战略集团之间采用性质不同的战略来展开竞争。

（四）竞争目标

通过对战略集团的划分，了解了自己的竞争对手及其战略后，企业还要了解主要对手的战略目标。在市场上，每个竞争者的目标和动力是不同的。从企业管理的角度来看，其目标主要有：生存、发展和获利。建立企业的目的是获利，获利不但是企业的出发点和归宿，而且是衡量企业所有管理活动绩效的一个综合性目标。

但是，企业利润目标是经过不同的时期实现的。有的企业的目标是长期的，有的企业的目标是短期的，并且实现长期目标的战略与实现短期目标的战略是不同的。了解竞争者的目标，有利于企业采取合适的方式参与竞争，或者采取合适的应对措施。竞争者的目标还取决于企业的规模、历史、经营环境等因素。企业要不断监视竞争者的竞争动向。

（五）顾客价值

顾客价值就是顾客从某一特定产品或服务中获得的一系列利益。顾客价值分析就是识别和分析企业提供的产品或服务的属性、利益和特点对顾客的重要性以及与竞争对手比较后的相对的优势和劣势，目的在于建立和发挥企业竞争优势。顾客价值分析的主要内容和步骤如下：

①通过市场调查确定顾客的主要购买动机和影响顾客购买行为的主要因素。

②估计这些因素的重要性，并对其进行排序，给予不同的权重。在不同细分市场，影响购买决策的关键因素可能不同，企业需要识别这些关键因素。

③对企业和竞争对手的产品或服务的性能及其绩效进行比较分析。通过市场调查，了解消费者对市场上各种品牌的主要性能及其效用的看法、态度、偏好，以及顾客心中理想品牌的主要特征；哪些是产品最重要的属性；在市场上，哪些品牌具有这些属性；本企业提供的品牌的主要属性是什么，对顾客有怎样的重要性。

④调查和分析企业战略集团中竞争对手的产品与本企业的产品在主要性能及效用上的差别，了解在各个细分市场上企业获得竞争优势的关键。显然，如果企业所提供的产品在所有属性方面都超过了战略集团内部的所有竞争对手，企业可以制定较高的产品价格，或者，制定同一价格获得更大的市场份额；否则，企业要么改变产品性能、质量，以迎合目标市场的口味，要么改变顾客信念，让顾客相信企业提供的产品的属性才是最重要的。

⑤在上述分析的基础上，企业还要不断追踪顾客价值。技术的演变、文化的变迁、生活水平的提高，将带来需求的改变，顾客价值也将发生变化。在这种情况下，企业只有不断追踪需求状况、竞争特点、技术发展的趋势，才能保持企业的持续竞争优势。

五、观公众

案例直通车 3-6

宜家"夺命柜"

宜家在中国真的太成功了，你可以把它的成功归结于低价策略，也可以说是促销策略，或者说是卖场展示策略，若要把宜家最大的特点归总于一处，那就是它所有的策略都在围绕"带给用户心动的体验"这一点运转。但遗憾的是，宜家的用心似乎只在关心怎么赚中国消费者的钱的方面，而不太关心中国的消费者。

近两年来，有这样一则新闻一直被刷屏：宜家"连环夺命柜"已致8名儿童死亡，宜家宣布召回，并将在美国市场停售，但不包括中国市场。记者在探访中也发现，这一类型的柜子仍在国内上架销售。宜家在作出4 600万美元赔偿后同时决定在北美地区召回1 730万件同类抽屉柜产品，但由于目前中国市场上同样款式的宜家产品并没有召回计划，各家媒体披露之后宜家此举在互联网上刷了屏。

宜家"中外有别"的举动引发中国消费者的讨论和质疑。同样的柜子、同样的安全风险，在不同地区呈现出了不同结果，此举引发网民对宜家公司"双重标准""内外有别"的质疑和不满。而面对舆论，宜家回应称其相关产品符合中国的国家标准，更是引发一些媒体及网民质疑宜家公司轻视中国消费者权益、漠视消费者生命，导致舆情进一步发酵。随着舆情持续升温，上海、深圳、天津等地质检部门或消费者协会相继约谈宜家，要求其召回问题产品。最后，宜家中国不得不发布公告表示，将召回马尔姆等系列抽屉柜，消费者或可向宜家申请检查连接墙体部分是否牢固，或可申请全额退款。

此轮"夺命抽屉柜"召回历经半个月时间，在媒体、地方消保委、国家市场监督管理总局及网民等的监督下，宜家从不召回到最终改变态度，但一些媒体并没有因此改变对宜家的指责和质疑。"对消费者缺乏诚意，宜家谈何'宜家'""宜家贴近了标准远离了道义""宜家召回'夺命柜'，然而并没有什么用"等评论声音此起彼伏。此外，有观点认为，召回也并没有弥补宜家区别式待客对中国消费者造成的伤害。《法制晚报》报道称，超六成网友因此事表示不再信赖宜家。可以看出，此次风波给宜家形象造成了巨大负面影响。

资料来源：佚名. 宜家"夺命柜"美国赔3亿我国照旧卖，凭什么？[EB/OL]. [2020-01-10]. https://baijiahao.baidu.com/s?id=1655319875032341896，有改动.

由上述的案例我们不难看出公众对企业营销活动的影响之大。宜家的"夺命柜"事件已经导致社会公众对宜家产品质量的不信任和不满，而随后其在中美两国的差别对待，更是让这种不满持续发酵，最后，宜家也在谴责和不满的社会环境中改变了做法，召回问题产品。但是，其在前面的不当做法和声明，使其在中国地区失去了公众的信任，因此当年的市场销售额也同比下降了近3个百分点。这则案例向我们证明了公众态度对企业的影响。因此，在微观环境分析中，企业一定要正确地树立公众对企业的态度。

公众是指对企业市场营销活动产生影响的社会团体，包括媒体、政府、市民行动公众和地方公众。公众对企业的态度，会对其营销活动产生巨大的影响，它既可以帮助企业树立良好的形象，也可能妨碍企业的形象树立。企业必须处理好与主要公众的关系，争取公众的支持和偏爱，为自己营造和谐、宽松的社会环境。

一观企业自身，二观渠道机构，三观购买者市场，四观竞争者，五观公众。对于微观环境的"五观"，企业需要掌握其分析路径及具体分析内容。表3-3中仅列举了部分分析路径及具体分析内容，在使用时，企业需要根据实际情况的差异来制定符合自身的具体分析框架。

表3-3 微观环境分析内容

	类别		分析内容
知己	企业自身	企业文化	企业的愿景、价值观以及企业文化是否在正确指引着企业的发展？员工内部对企业文化的认同度如何？是否能实现上下同欲
		企业资源能力	企业的核心竞争力在哪里？有哪些核心资源和核心能力？哪些资源是企业缺少的，哪些能力是企业需要加强的？企业当前的业务系统需要哪些资源和能力去支撑
		SWOT分析	通过对企业内外部环境的分析，总结出企业目前在市场竞争中所面临的机会和威胁，以及自身的优势和劣势，然后制定与其相符合的SO、ST、WO、WT战略
知彼	渠道机构		企业所选择的合作伙伴的可靠性如何？能否成功帮助企业实现产品推广与销售？能否迅速回款？能否对企业的要求迅速作出响应？供应商的供应能力以及讨价还价能力如何
	购买者市场		顾客的需求、欲望和偏好如何？企业应该如何实现资源与需求偏好的匹配？顾客的需求规模、需求结构、需求心理以及购买特点如何？企业应该如何针对目标顾客的特征实现精准营销
	竞争者		竞争对手的产品价格、广告宣传、促销手段发生了什么变化？竞争对手的总体战略、营销策略、商业模式等是怎样的？企业自身相对于竞争对手而言有哪些优劣势？公众对竞争对手的态度如何
	公众		公众对企业的态度与好感度如何？公众对企业所在行业以及行业内其他竞争者的看法如何？公众的态度对企业的营销活动会产生多大程度的影响

常言道，商场如战场。《孙子兵法》这本被誉为"兵学圣典"的世界上最早的军事著作，在今天的商界也同样展现出了惊人的契合度。

孙子曰："兵者，国之大事，死生之地，存亡之道，不可不察也。"这是说战争是关乎国家和人民生死存亡的大事，不能不认真研究。同样，企业间的竞争也关乎企业的生死存亡，多少企业在竞争对手的围剿下覆灭，又有多少企业凭借出色的谋略异军突起，占领市场。

那么，如何才算认真研究呢？孙子又曰："故经之以五事，校之以计，而索其情：一曰道，二曰天，三曰地，四曰将，五曰法。道者，令民与上同意，可与之死，可与之生，而不危也；天者，阴阳、寒暑、时制也；地者，远近、险易、广狭、死生也；将者，智、信、仁、勇、严也；法者，曲制、官道、主用也。凡此五者，将莫不闻，知之者胜，不知之者不胜。

故校之以计，而索其情，曰：主孰有道？将孰有能？天地孰得？法令孰行？兵众孰强？士卒孰练？赏罚孰明？吾以此知胜负矣。"

这就是孙子所提出的"五事七计"——决定战争胜负的基本因素。要想克敌制胜，就必须通过敌我双方五个方面的分析和七种情况的比较得到详情，进而来预测战争胜负的可能性，并制定正确的战略方针和具体实施计划。

对应到今天的企业竞争，不就是在告诉我们要做好SWOT分析吗？比较竞争双方或多方的战略要素，分析各自的优势和劣势，清晰地比较出双方或多方的"军事实力"，从而判断出自己的胜算以及提前做好应对措施，增加胜算。

孙子还说过，"知己知彼，胜乃不殆；知天知地，胜乃可全"。这不就是在告诉我们对营销环境进行分析的重要性吗？只有对企业内外部环境有了清晰的认知，做到知己知彼、知天知地，才能打赢竞争对手，才能在市场中站稳脚跟。

五事中的道，对应的是企业内部的凝聚力，即员工能否做到上下同欲，企业文化是否能够促进企业的发展；五事中的天、地，对应的是整个宏观环境，因为你无法左右天地，只能通过PEST分析来对宏观环境进行扫描和判断，以此实现顺应天时，抢占地利；而五事中的将，则对应企业的管理层，即其是否具备良好的领导力，是否能作出正确的决策，带领企业前行；最后是五事中的法，对应的是企业内部的规章制度，即其是否能被很好地履行，是否赏罚分明、纪律严明。

而七计放在今天，其含义则可以如此理解：比较竞争双方，谁的企业凝聚力更高？谁的管理层具备更长远的眼光和更高明的领导力？谁更能顺应天时，利用现有资源做好市场营销？谁的规章制度更严明？谁的软硬技术能力更强？谁的员工素质更高？以及谁的激励机制更有效？

当我们使用"五事"无法明确判断出孰优孰劣时，则进一步使用"七计"来进行双方实力的衡量。通过PEST分析以及SWOT分析，企业有望实现发挥长处，补足短板，抓住机会，规避风险和威胁。

市场经验告诉我们，只有做好营销环境分析，企业才能所向披靡，战无不胜。

思考与练习

一、名词解释

1.宏观环境

2.文化

3.人口规模

4.完全竞争

5.战略集团

二、单项选择题

1.PEST分析法主要用于对外部环境中的（　　　）进行分析。

A.微观环境　　　　　　　　　　　B.宏观环境

C.行业环境　　　　　　　　　　　D.经营环境

2.城镇化趋势属于PEST分析法中的（　　　）。

A.政法因素　　　　　　　　　　　B.经济因素

C.社会文化因素　　　　　　　　　D.技术因素

3.代理中间商属于市场营销环境中的（　　　）因素。

A.企业自身　　　　　　　　　　　B.竞争

C.渠道机构　　　　　　　　　　　D.公众

4.（　　　）是指人们对社会生活中各种事物的态度和看法。

A.社会习俗　　　　　　　　　　　B.消费心理

C.价值观念　　　　　　　　　　　D.营销道德

5.以下各项中，属于影响消费者需求变化最活跃的因素是（　　　）。

A.人均国内生产总值　　　　　　　B.个人收入

C.个人可支配收入　　　　　　　　D.个人可随意支配收入

随堂测3

三、简答题

1.营销环境的含义是什么？

2.简述PEST分析和SWOT分析，谈谈分析营销环境的意义何在。

3.顾客价值分析的含义及其步骤是什么？

4.SOWT分析的具体做法是什么？

四、案例分析题

1.请结合本章所学的营销环境内容，具体谈谈在李宁创立之初的成功、2011—2014年的转型失败以及2015年后的重新崛起各阶段，其内外部营销环境各是怎样的？

2.这些内外部营销环境因素又是如何影响李宁公司的？

李宁走向复苏？李宁公司如可在营销环境的变化中实现重新崛起？

第四章

眼耳鼻舌身意，色声香味触法——消费者洞察

贪欲、嗔恚及以愚痴，皆悉缘我根本而生。又此三毒，是诸苦因，犹如种子能生于芽，众生以是轮回三有。

——《佛经·过去现在因果经》第三卷

学习目标
1.熟悉消费者购买行为的影响因素。
2.掌握消费者购买行为模型和购买决策机制。
3.了解消费者的非理性购买心理，并尝试在实践中运用。
4.了解互联网时代消费者的行为特点和消费趋势。

重难点
1.消费行为影响因素的全面理解
2.非理性购买行为

关键词
消费者心理；消费者行为；购买决策；评估模式；心理账户；损失厌恶；互联网

框架图

　茶颜悦色武汉开首店，排队七八小时只为喝上一杯奶茶

从武汉站乘坐复兴号高铁前往长沙南站，在站内喝一杯茶颜悦色奶茶，再乘高铁返程，总耗时约3个半小时。但是要想在武汉喝上一杯茶颜悦色，排队时间可能超过8小时，代购价格甚至炒到了500元一杯。

2020年12月1日，茶颜悦色湖南省外首店在武汉正式营业，店址位于武汉天地广场。这是茶颜悦色在湖南"深居简出"7年后第一次走出家门，立刻受到了武汉人的热情追捧。#武汉茶颜悦色门外排起长队##武汉一杯奶茶卖到500元#等消息纷纷登上微博热搜，甚至荣登榜首。上午10点正式开业之前，茶颜悦色天地店的门前就已经排起长队，甚至排到了隔壁的喜茶门口。茶颜悦色官方微博显示，位于队尾的顾客排队时长预计8小时，且当日每人限购4杯。

"希望大家不要加钱购买！我们充值200元赠送30元，很便宜的！"武汉开店首日，茶颜悦色的工作人员在排队现场拿着喇叭号召消费者抵制黄牛，并举着写有"不认同任何形式的代排队、代购等行为""在此排队需等候7小时"等字样的提示牌，在队伍旁维持秩序。

队伍中有不少身穿"饿了么"蓝色服装的外卖小哥，其中一名小哥表示"早上有好几名消费者下单，跑腿费能加到100元"。甚至有人愿意花500元顶替队伍前排的消费者，想要插队购买；有些人还因为排队无望，直接选择坐高铁前往长沙，一定要在当天喝上一杯茶颜悦色。

消费者为什么愿意花费巨大的时间成本和金钱成本来品尝这杯"神奇"的奶茶？如何解读他们这种不太理智的消费行为呢？

资料来源：佚名. 茶颜悦色武汉开首店，排队七八小时又成营销套路？[EB/OL]. [2020-12-02]. https://baijiahao.baidu.com/s?id=1684969081709994189&wfr=spider&for=pc.

作为一家奶茶店，茶颜悦色究竟有什么魔力，值得消费者苦等七八个小时？它的价值真的有这么大吗？奶茶品牌那么多，为什么非喝茶颜悦色不可？你能理解这样不理智的行为吗？你是否会好奇，到底是什么因素促使他们产生非理性的消费行为？你是否还思考过，当消费者在作出购买决策时，会经历怎样的心路历程？本章带你走进消费者行为背后不得不说的故事。

第一节　影响消费者购买行为的主要因素

消费者购买行为是复杂的，会受到许多因素的影响，如今天心情不好想要购物，或者是涨工资了想要购物……综合来说，我们可以将影响消费者购买行为的因素分为：经济因素、社会文化因素、心理因素以及个人因素。

一、经济因素

经济因素是影响消费者购买的决定性因素，因为"如果没钱，一切都免谈"。

只有当消费者买得起时，他才会考虑要不要买。所以，影响消费者行为的经济因素主要有商品价格、消费者收入和商品效用等。

1.商品价格

商品价格是影响消费者购买行为最关键、最直接的因素，其影响主要表现在三个方面：

（1）消费品本身的价格

一般来说，消费品本身的价格高，消费者对它的需求和购买便会减少；反之，则会增加。消费者的购买行为会随着价格的涨跌而变化，变化的幅度由商品的需求弹性决定。

（2）消费者的预期价格

消费者在一定时期对特定的消费品价格会有一种预期心理。如果该消费品的预期价格提高，即行情看涨，消费者现时可能会扩大购买；如果预期价格下降，即该消费品的行情看跌，消费者现时可能会减少购买。

（3）相关的消费品价格

具有替代性的消费品之间会在供给时互相影响。例如：即使苹果的价格不变，如果梨的价格下降了，消费者对苹果的购买也会减少，因为这两种水果在满足人们食用的欲望和功能上存在很大的替代性。

2.消费者收入

收入是决定消费者购买行为的重要因素。因为购买能力是判断一种产品能否形成市场的三要素之一，没有一定的收入，就没有相应的购买能力，也就无法实现购买行为。不同的收入水平决定需求的不同层次和倾向。

3.商品效用

经济学理论告诉我们，消费者的购买行为是一种理智的行为，在购买时会考虑商品的效用。消费者总是会在他们预算允许的范围内作出最合理的购买决策，即遵循"边际效用最大化原则"。所谓边际效用，就是在一定时间内，最后增加一个单位商品的消费时所增加的效用。而边际效用是递减的，它对购买行为的影响在任何市场上都是存在的。任何一种商品的价格下跌时，一般都会产生新的需求；同时，产品改进也会刺激新的需求，这也是物美价廉的道理。因此，企业要采取多种有效的措施，如降低成本或售价、改进产品功能、增加产品用途、提高产品质量、改进外观和包装等，使消费者在购买本企业产品时所得到的边际效用尽可能大，以促进企业产品的销售。

二、社会文化因素

我们生活在一个巨大的社会里，每天都会和社会产生关联，因此，社会文化潜移默化地影响着我们的消费行为。

近些年，我国越来越重视中国的传统文化，整个社会开始流行"国潮"，带动了大批融入中国元素的产品呈现爆发式增长。从印着汉字的服饰到瑞兽主题的盲盒，从老字号联名展览馆到"千里江山图"咖啡馆，融合了中国元素的潮流设计随处可见。其中，"中国李宁"就是伴随着国潮热发展起来的后起之秀，其将中国传统文化元素融入服装鞋饰的设计中，该品类下的所有系列都以传统文化中的经典命名，如"悟道"系列就深受当下年轻人的喜爱。由此可见，社会文化因素影响着每一位消费者的消费心理与消费行为。文化的熏陶对于消费者购买行为的影响是十分深远的，文化对于我们每个人来说都是流淌在血液中的、挥之不去的一种天性。

"罗辑思维"是一个致力于打造自由人自由联合的知识社群App，其成功令很多业内人士难以置信。但它的成功验证了社会文化因素对于消费者购买行为的影响。"罗辑思维"的目标客户群体是一群渴望获得更多知识、接受更多新鲜资讯，但时间成本尤为宝贵的中产阶层。这部分人对于时间的敏感程度较高，他们的工作十分忙碌，与此同时，他们又非常需要多渠道地获得知识和新闻来丰富自己，实现自我的增值。而"罗辑思维"正是明确了这样的消费者群体特征，采用碎片化的时间传输方式，利用较多的、有效的增值内容来为目标客户提供服务，获取利润。"罗辑思维"这个例子，很好地为我们展现了一个良好的社会要素分析的重要性。

我们的社会层次、在社会中所扮演的角色以及整个社会的文化环境，时刻都在影响着我们的消费行为。

三、心理因素

当前，有关心理学营销的研究十分火热。人的感情是非常丰富的，可以对现实中的事物产生自我判断。但很多时候，我们的判断并非自己"由内而外"地产生，而是经过外界诱导因素的激发而产生。因此，如何利用人性的弱点，通过布置相应的场景，使群众产生消费行为，就是心理学营销的研究内容。由此可见，消费者在选择是否发生购买行为时，心理因素往往能够起主导作用。

其中，最能影响我们作出购买决策的，就是人性中最大的弱点——贪、嗔、痴，也就是佛教所说的三毒。只要生而为人，人性的弱点就与生俱来，避无可避。如果企业能够抓住消费者"贪、嗔、痴"的心理来进行营销，那么诱导消费者发生购买行为就成了轻而易举的事情。

首先是贪。《俱舍论》卷十六中说："于他财物，恶欲名贪。"通俗来说，对于名、利、财物等外界的一切可欲之物，产生无厌足地追求、占有的欲望，都可称为贪。贪是对于喜好的过分偏执。延伸到消费层面，可以简单地概括为"贪婪"，具体表现在消费者内心的渴求，以及贪小便宜的心理，由此衍生出了免费营销。

其次是嗔。《大乘五蕴论》中说："云何为嗔？谓于有情乐作损害为性。"佛教认为，嗔是指对违背自己心愿的人或事产生怨恨、愤恨、恼怒的心理和情绪。嗔是贪的对立面，如果说贪是对于喜好的过分偏执，那么嗔就是对于厌恶的过分偏执。如同爱而不得则生恨，贪而不得，则生嗔。嗔是嫉妒，是生气，是对自己不如他人的烦恼与不甘，由此衍生出了限量营销、饥饿营销，以及VIP营销。

最后是痴。《俱舍论》有云："痴者，所谓愚痴，即是无明。"佛教认为，众生因无始以来所具之无明，致心性愚昧，迷于事理，人生的种种烦恼，世事之纷纷扰扰，均由此而起。"贪而不知，嗔而不觉，不知烦恼源，故生烦恼"，因此，痴为一切烦恼所依。在佛教中，痴是"愚痴"，是不明事理。在消费层面，痴延伸出的另一层意思是"执着"，是对其他人或事的痴迷，由此衍生出了沉浸式营销，如容易令人沉迷的抖音——有道是"抖音两分钟，人间两小时"；再如小米培养出的一众铁杆"米粉"。

另外，还有人性中的"乐"，我们总是奉行着娱乐至死的理念，故而衍生出了游戏化营销，利用游戏来吸引消费者；以及利用人性中的"恐"，即恐惧、恐慌心理衍生出了恐慌营销，如限时进行抢购等。

除了这些人性中常见的心理，其实心理因素的影响涉及消费者购买活动的全过程，因为我们永远无法停止思考，永远都在产生心理活动。购买的动机、人的感觉和知觉，以及对某个品牌超乎理性的信仰等，都会对购买行为产生一定程度的影响。比如，冬天到了，你想要为父亲买一件羽绒服；当你走在路上，闻到面包店飘出来的香味，想要进去买一个尝尝；你觉得某个品牌的风格与你的喜好非常符合，因此成为该品牌的忠实粉丝，经常购买其产品。

四、个人因素

购买者的决策也会受到个人外在特征的影响，特别是年龄、家庭生命周期阶段、个性特征、生活方式，以及自我观念的影响。

1.年龄及家庭生命周期阶段

不同年龄的消费者，其欲望、兴趣有所不同，故购买消费品的种类、式样等也会不同。食品、衣着、家具、娱乐、教育等方面的消费有着明显的年龄特征。不同年龄消费者的购买方式也有所不同，青年人比较愿意接受广告促销，老年人则更注重自己的经验。另外，消费者的消费需求和购买行为也明显受到家庭生命周期的影响，比如单身阶段的消费者往往追求自我价值，而新婚阶段的消费者则热衷于购买家庭耐用消费品。一般来说，家庭生命周期可分为以下几个阶段：

（1）单身阶段

消费者处于单身状态，通常是参加工作不久，收入不高，但可随意支配的收入较多，因此具有一定的购买能力。这一阶段的消费者求新意识强，消费观念时尚，追求自我价值。

（2）新婚阶段

新婚夫妻一般具有双份收入，因组建家庭而产生强烈的购买欲望，且购买观念时尚。

（3）满巢阶段

这一阶段家庭中开始出现孩子。由于孩子的出生，家庭生活方式和消费观念发生很大的变化，家庭收入可能会因照顾孩子减少，而支出费用却增加，因此，购买倾向趋于理性，购买的商品也多围绕孩子，以保证孩子健康成长的日用品和教育服务产品为主。

（4）空巢阶段

年长的夫妇无子女同住，处于仍在工作或退休的状态。经济收入较以前减少，但收入支配显得宽裕，也有了更多的闲暇时间，比较关注健康、健身和娱乐，因此成为医疗用品、保健产品、旅游休闲、家政服务的主要购买者。

（5）鳏寡阶段

年长的夫妇中一方已经离世，家庭进入解体阶段，经济收入相对减少，对医疗、保健、社会服务需求较大。

在家庭生命周期的不同阶段，由于消费者具有不同的消费观念和购买倾向，所以很多营销者经常将目标市场定位在某一生命周期的家庭群体上，并据此开发合适的产品，制定相应的营销组合策略。

2.个性特征

个性特征是使一个人对其客观环境作出一贯的、持久反应的显著心理特征，它具体表现在一个人的气质、性格、能力和兴趣等方面。如外向与内向、乐观与悲观、柔顺与刚毅、活泼与文静、占有欲的强与弱，以及防卫性的高与低。消费者千差万别的购买行为往往以他们的个性心理特征为基础。一般来说，气质影响着消费者行为活动的方式，性格决定着消费者行为活动的方式，能力标志着消费者行为活动的水平，兴趣则影响着消费者偏好的商品类型。

3.生活方式

生活方式是个人行为、思想方面所表现出的生活模式，简单来说就是人如何生活。相对于个性而言，将生活方式作为细分变量更易于操作和衡量，这一特点使生活方式广泛用于各行各业，来进行市场细分和目标消费者的选择。企业通过找出其产品和各种生活方式之间的关系，努力使本企业的产品适应不同消费者各种生活方式的需要。

4.自我观念

自我观念也称自我感觉，是消费者个体对自身的知觉、了解和感受的总和。每个人都会在脑海里形成一个自我认知，包括对自我形象的认知。在潜意识里，你认为自己是一个怎样的人，你将要成为一个怎样的人，这种认知会使你作出与自我观念相统一的购买决策。消费者总是购买那些与自我观念相一致的产品，避免选择与其观念相抵触的产品。比如，当你穿着商务西装时，就不会想去路边摊吃饭；当你认为自己是一位淑女时，就不会在吃饭时大口地啃鸡腿等。

通过上述总结分析，我们可以得出：经济因素、社会文化因素、心理因素以及个人因素是影响消费者购买行为的主要因素（见表4-1）。

表4-1　　　影响消费者购买行为的主要因素及具体影响因子

影响因素	具体影响因子
经济因素	商品的价格、消费者的收入、商品的效用
社会文化因素	社会层次、家庭关系，以及我们在社会中所扮演的角色
心理因素	动机、知觉、学习、信念和态度
个人因素	年龄及家庭生命周期阶段、个性特征、生活方式以及自我观念

第二节　消费者购买行为模型与决策机制

在上一节中我们分析了经济、社会文化、心理、个人等对消费者购买行为产生影响的因素，那么这些因素是如何对消费者产生影响的呢？其作用机制是怎样的？企业营销人员在其中又扮演着什么样的角色？这一节，我们一起来了解消费者的购买行为模型和购买决策机制。

一、购买行为模型

人类行为的一般模式是S-O-R模式，即"刺激-个体生理、心理-反应"。该模式表明消费者的购买行为是由刺激引起的，这种刺激来自消费者身体内部的生理、心理因素以及外部环境。消费者在各种因素的刺激下产生动机，在动机的驱使下作出购买商品的决策，实施购买行为，购买之后还会对商品及其相关渠道和厂家作出评价，这样就完成了一次完整的购买决策过程（如图4-1所示）。

内外因素刺激 ⟹ 消费者心理活动过程 ⟹ 购买行为

图4-1 顾客购买决策的一般模式

菲利普·科特勒在此基础上提出了一个强调社会两方面的消费行为的简单模式（如图4-2所示）。该模式说明消费者的购买行为不仅受到营销的影响，也受到外部因素的影响。不同特征的消费者会产生不同的心理活动，并作出购买判断，最终对产品、品牌、经销商、购买时机、购买数量等作出选择。

环境刺激		购买者黑箱		消费者反应
营销刺激 产品 价格 分销 促销	外部刺激 经济 技术 社会 文化	消费者特征 文化 社会 个人 心理	消费者决策 确认问题 信息收集 评估决策 购买行为	购买态度 购买偏好 购买行为

图4-2 科特勒行为选择模型

其中，环境刺激包括营销的宏观环境和微观环境中的各种因素（见第三章），这些刺激因素被消费者接收，在个人特征的作用下，经过对不同信息的加工处理，各自形成对刺激的差异理解，进而影响消费者的购买决策，并转化为一系列可观察的选择行为：买什么品类，选择哪个品牌，在哪里买，买多少等等。

从第三章我们了解到，宏观环境因素往往是不受企业控制的，因此企业难以改变外部刺激，只能从营销刺激入手，观察和探究如何从产品、价格、地点、促销等方面对消费进行有效的刺激，顺利经过消费者心理黑箱的差异化处理，被不同的消费者广泛接受，转化成反应。

二、购买决策机制

（一）工业时代——AIDMA模型

1.时代背景

蒸汽机的发明掀起了工业革命的热浪，生产力的提高推动了信息传播方式的革新，为了促进销售，广告业逐渐发展起来。以报纸、杂志、广播和电视等传统媒体为代表的信息传播方式催生了AIDMA模型。对工业时代的传统营销来说，AIDMA

模型（如图4-3所示）是广告传播领域成熟的指导理论，也是消费者行为领域较为成熟的分析工具。在这种决策模式下，市场是由厂商主导的，消费者只能被动接受媒体传递的信息，所以广告以引起注意和形成记忆为主，主要通过高频率的重复和广泛的覆盖来促成购买。

图 4-3 AIDMA 模型

2.模型简介与应用

该模型可以从广告学和消费者行为学两方面来解读：从广告学的角度来说，该模型揭示了一个成功的广告应该从哪几个方面来影响消费者；就消费者行为学的角度而言，该模型解释了消费者作出购买行为必然会经历的五个阶段。这五个阶段分别是：

（1）Attention——引起注意

作为模型的基础，引起注意是启动整个AIDMA模型的"金钥匙"，它是指企业通过广告、促销等精心策划的营销活动来引起消费者对产品或者服务的注意，促使其进一步认识和了解品牌。这种营销活动可以吸引目标群体中大多数人的关注，也可用于强化消费者对产品或服务的认知。在这一阶段，企业开展营销活动的主要目的是提高消费者对产品或服务的注意力。

（2）Interest——产生兴趣

这个阶段涉及的问题是当消费者注意到营销活动所传达的信息之后，是否对产品、服务或品牌产生兴趣，这个问题相当重要。以往的营销案例说明消费者在购买某种产品或服务的时候，真正购买的是对自身有利的价值，而不是该项产品或服务所具有的特色，即购买该产品或服务切实提高了消费者的效用价值。因此营销活动必须具备独特的销售主张，以引发消费者的兴趣。

展示与示范通常具有直观、真实、个性化的优势，能够引发消费者的需求联想，使消费者产生身临其境的感受。其因此成为AIDMA模型第二阶段经常使用的方式。在此阶段，企业一方面要熟悉自身的优势，另一方面要留心消费者的喜好，找准自己能给消费者带来的核心利益，同时利用示范向消费者证明，企业推荐的营销信息正好是消费者需要的。一般情况下，消费者兴趣的产生通常是由于营销活动能够提供某种改善其生活质量的利益。因此如何让消费者产生兴趣，与产品或服务及消费者所得利益有重大的相关性，而消费者本身对此产品或服务是否关心与重视则是另一个关键问题。

（3）Desire——激发欲望

激发欲望即刺激消费者的欲望，是指消费者如果对营销活动所提供的利益有非常强烈的意愿，就会产生购买的欲望。欲望其实就是一种想拥有该产品或消费该服务的心理。兴趣与欲望有时只有一线之隔，如果能把握住消费者产生兴趣的瞬间，使兴趣转化为内心的渴望，营销活动就会事半功倍。也就是说，消费者接收到营销活动所传达的信息之后，可能会对产品或服务产生一定的兴趣，但不一定会产生据为己有的欲望，因此在营销活动中，企业务必要强化消费者对产品或服务的购买欲望，使其产生"我要购买"的想法。

如何激发消费者对产品的欲望呢？主要是在宣传形式上进行产品诉求点的传达，可以采用正面诉求、反向诉求、障碍清除诉求等比较常见的方法，还可以运用直觉诉求、情感诉求和理性诉求等多种方法。

（4）Memory——形成记忆

记忆是大脑的重要机能之一，形成记忆指的是能够记住经历过的事情，并能在脑海中重现的过程。使消费者形成记忆并通过后续的营销和服务来强化记忆是提高企业知名度的重要手段，也是促使消费者购买的重要条件。人们只会对自己感兴趣的事物进行重复认知和记忆，因而记忆是对注意和兴趣的深化。

如何增强消费者对广告的记忆效果呢？通常采用的方法有：加强记忆的紧张性；不断重复的刺激；运用比喻、夸张等手法在广告内容或场景中加入一定的情感因素等。通过广告等营销手段对产品的独特卖点进行强力渲染，利用各种传播形式的反复作用强化记忆，形成消费者对该商品的深度认知，甚至是条件反射或直接联想，如"怕上火，喝王老吉"。

（5）Action——促成购买

促成购买指的是在营销活动中促使消费者产生消费行为，是整个营销活动中最为重要的一个阶段。潜在的消费者因受文化、环境、经济、时机等因素的影响，即使对产品或服务有兴趣和欲望，但最后也可能不会产生任何消费行为，这对企业来说就是功败垂成。因此，为了促成消费者购买，企业必须采取有效的措施，鼓励有需求的消费者立刻作出消费行为，把产品销售出去才是企业营销活动的最终目的。

（二）互联网时代——AISAS模型

1.时代背景

随着互联网的发展和Web2.0时代的到来，新的网络互动媒体不断涌现，消费者从被动获取信息转变为积极主动地获取，信息搜索成为消费者作出购买决策的重要环节。迅速崛起的网络社交平台（如天涯社区、贴吧等）改变了消费者的行为模式，赋予了人们发布信息的权利。人们能够将自己的主观体验和感受发布到互联网上，与更多的消费者分享，这些信息也成为其他消费者决策的依据，极大地改善了消费者与商家之间信息不对称的问题。

早已习惯在实体店购物的消费者被互联网创造的新型交互式体验所改变，决策模式也与之前大不相同。基于互联网环境下的搜索与分享行为，人们将 AIDMA 模型发展为 AISAS 模型，保留了"注意-兴趣-购买"的基本认知过程，突出了购前搜索和购后分享的消费特点。

2.模型简介与应用

2005 年，国际 4A 广告公司——日本电通集团率先提出了适应互联网时代的、基于网络购买消费行为的 AISAS 模型（如图 4-4 所示），即 Attention（引起注意）、Interest（产生兴趣）、Search（信息搜索）、Action（购买行动）和 Share（网络分享）。

图 4-4 AISAS 模型示意图

AISAS 模型是对 AIDMA 模型的发展，它保留了 AIDMA 模型中的 AIA，即"注意-兴趣-购买"，但在互联网时代，这三个方面已经与以前大不相同。在 AISAS 模型的每一个阶段，消费者都有可能产生独特的品牌体验；而在网络分享阶段，消费者可以通过网络媒体实现品牌体验的分享。与 AIDMA 模型相比，AISAS 模型中添加的信息搜索与网络分享体现了互联网时代与传统媒体时代的本质差别。Web 2.0 时代正是使消费者行为模式发生变化的主要因素，也是 AISAS 模型的核心。首先，搜索引擎技术便于查找大量的信息，人们可以通过网络主动、精准地获取自己想要的信息。消费者在作出购买决策的过程中，常常会通过互联网搜索产品信息，与相关产品进行对比之后，再决定是否购买。

消费者从被动接收产品信息，开始逐步转变为主动获取。而互联网为消费者获取信息提供了条件，使其有机会从多种渠道获得详尽、专业的信息，可在对比之后再进行消费。另外，消费者在消费的过程中，不仅主动获取信息，还会作为信息发布者，与更多的消费者分享信息，为其他消费者的决策提供依据。媒体平台中的信息通过互动和讨论的方式快速传播，其中，影响消费者购买的品牌信息成为企业与消费者之间的关键纽带。不管是消费者主动获取的，还是其主动发布的，这些品牌信息都会对消费行为产生深刻的影响，因此企业在营销过程中应该密切关注此类信息。

大家在购买了商品和服务之后，不论满意与否都愿意进行评价与分享，这正是互联网时代下口碑愈发重要的原因。口碑好的产品自然能够吸引越来越多的消费者，而口碑不太好的产品则难以被消费者加入购买清单。微信朋友圈和微博等社会化媒体都是进行网状传播的，通过消费者之间有效内容的分享，可以进行大范围的口碑传播，比起传统的广告宣传，口碑宣传能够大大增加产品信息的可信度。消费者与企业经过长时间的有效互动、沟通以及联系，能够逐步建立起一种相对稳定的关系，而良好的客户关系可以为企业带来巨大的效益，这也是现代企业大量投入人力、物力进行客户关系管理的原因。

AISAS模型最主要应用于网络营销，消费者通过互联网搜索并分享自己的购物需求与购后体验，商家也通过互联网与消费者保持良好的互动，从而形成黏性。企业邀请明星在微博上进行营销，是互联网时代非常有效的一种营销手段。借助微博的社交特性和明星的粉丝效应，常常可以引发现象级的营销事件，这十分符合AISAS的传播过程。

相对于传统的营销模式，网络营销具有成本低、覆盖面广、传播速度快的优势，让很多广告主积极响应，建立网上营销媒体。当年地震国殇之时，广东凉茶王老吉捐款一亿元，使其从名不见经传的小品牌一举进入全国人民的视野，创造出"要捐就捐一个亿，要喝就喝王老吉"的口号。这就是网络时代低成本、高效果营销的典型案例。

总之，由于消费者行为模式的改变，企业需要不断调整营销战略与营销模式，通过社会化媒体营销获取新的竞争力。

（三）移动大数据时代——SICAS模型

1.时代背景

自2011年起，智能手机、平板电脑和智能手环等移动终端设备开始走进人们的生活，移动终端的结构更加平等、开放，信息入口更加丰富。移动设备上提供了丰富多样的智能App，覆盖着各种生活场景，为消费者提供了更丰富、更精准的信息通道，人们获取信息的主动权进一步提高。为顺应新时代发展，消费者的购买决策机制发展完善为SICAS模型，强调企业与消费者之间的互动交流以及线上线下的渠道融合。

AISAS模型中，究其根本还是以广告吸引注意力，相较于非线性、网状、多点双向、基于感知连接的SICAS过程，线性单向的营销传播过程和行为消费过程，使得品牌商家在分享阶段的影响力远远不够，而体验分享正在成为真正意义上的消费源头。在这个转移的过程中，需要考虑的是如何将大量投放的广播式的广告系统转变为基于实时感知、多点双向、对话连接的交互系统。这种互动式的传播技术造就了消费者新的反应模式。

2011年，中国互联网监测研究权威机构DCCI互联网数据中心发布了更加符合移动互联时代的SICAS模型，与传统的AIDMA模型和AISAS模型有所不同（如图4-5所示）。

图4-5　SICAS模型

2.模型简介与应用

SICAS模型是全景模型，消费行为、消费轨迹在这样的环境中是一个多维互动的过程，而非单向递进的过程。SICAS模型经历Sense（互相感知）、Interest & Interactive（产生兴趣&形成互动）、Connect & Communicate（建立连接&互相沟通）、Action（行动购买）、Share（体验分享）五个阶段。这五个阶段不是相互独立或两两联系的单一式结构，而是一个多维的全真形态，即每个阶段都与其他四个阶段相互关联，这是SICAS模型的关键。

（1）Sense——互相感知

在SICAS模型中，通过分布式、多触点的社会化营销平台，在品牌商家和消费者之间建立动态感知网络是非常重要的基础。社会化营销平台的触点具备了交流无阻碍、可以随时随地进行的优势。对品牌商家而言，实时感知全网的能力变成第一要义，如何建立遍布全网的敏感触点，及时感知需求、理解取向、发现去向以及充分有效地动态响应，成为商家进行品牌营销管理布局的重要环节。其中，如何对消费者的需求进行感知，以及消费者如何感知到品牌，是商家成功营销的关键，也是建立感知网络的关键。对于消费者来说，关注、分享、订制、推送、自动匹配、位置服务等，都是有效感知的重要途径。商家需要做的，就是通过这些渠道将自家产品的特性和品牌自身的优势，以最恰当、易接受的方式被消费者感知到。当然，不同渠道的效率和特性也是需要进一步研究的。

（2）Interest & Interactive——产生兴趣&形成互动

品牌与消费者的互动不仅在于接触点的频次，更在于互动的方式、话题、内容等与客户体验相关的实质性部分。从这个层面看，曝光、印象的效率在降低，而理解、跟随、响应消费者的兴趣和需求成为关键。正是如此，社会化网络越来越成为最具消费影响力的源头和风尚。处于此阶段的消费者，正在产生或者已经形成了一定程度的心理耦合与兴趣共振。

（3）Connect&Communicate——建立连接&互相沟通

连接与沟通是基于广告、内容、关系的数据库和业务网络，将移动互联网和PC互联网结合，将企业运营商务平台和WebApp打通，建立与消费者之间由弱到强的连接。广告系统与内容、服务系统的链接，以及基于社会化平台的客户关系管理等，成为其中的关键。从消费行为、消费路径的角度观察，以下是企业建立有效的链接架构的七个层面：

①社会化平台链接。它是指企业是否建立了与主要社会化网络的品牌对话和互动链接。

②广告链接。它是指企业自身或是否通过广告代理实现了广告系统的数据互联和业务协同。

③App链接。它是指企业是否通过自有App或第三方App建立与消费者互动的链接渠道。

④LBS链接。它是指企业是否具有通过位置服务为消费者匹配产品和服务的能力。

⑤电子商务平台链接。它是指企业是否将上述渠道与电子商务打通，使消费者可以直达网页并进行购买。

⑥CRM链接。它是指企业是否实现了原有客户关系管理系统和社会化客户关系管理系统的互联互通，甚至彻底打通为一体，以及企业是否具备将感知网络数据流汇聚到CRM中进行动态实时管理、响应、对话的能力。

⑦供应链链接。它是指企业是否已经将后端物流供应链与前段电子商务客户关系管理相连接。

（4）Action——行动购买

互联网时代，移动支付成为深受消费者喜爱的新兴支付方式。在此情况下，消费行为不仅可以发生在电子商务网站之中，O2O、App、网络社交平台等都可能成为购买行为的发起点、交流点和完成点。站在消费行为、消费路径的角度进行观察，在行动阶段，企业优化销售、电子商务布局等方面的关键指标对销售转化具有重要意义，指标包括电商率（线上销售以及通过O2O平台带来的销售额在总销售额中的比率）、分布率（一站式的自主电子商务与分布式的电子商务所占比率）、接通率（企业线下的销售门店和线上的电子商务平台与感知网络的接通量、打通率）、个性率（是否具备对消费者个性化需求的采集、响应、订制和服务能力，以及所占比率）、移动率（企业电子商务在移动终端的部署量、交易达成量，以及在总量中的比率）以及社会化率（社会化网络来源的流量、声量、购买量在企业商务总量中的比率）。

（5）Share——体验分享

体验分享的基础是社会化网络，但在实际运行过程中，互联网的开放分享会实现对消费者体验分享碎片的自动分发和动态聚合，远非口碑营销那么简单。体验分享并非消费的末尾，并且很大程度上正在成为消费的源头，品牌在体验分享阶段进行互动、引导，其营销价值甚至大过广告带来的宣传价值。

数字时代，移动互联网创造了传统媒体乃至传统互联网媒体无法比拟的全新传播、营销生态——基于消费者关系网络和位置服务，实现消费者与好友、消费者与企业相互连接的实时对话，而不再是广播式的广告营销。如何在快速移动的碎片化环境中动态、实时地感知、发现、跟随、响应每一个人，理解他们，并与他们对话，成为品牌商家提高营销效率的关键。传播的含义甚至也在发生改变，不是广而告之，而是响应、点燃那些人们已经蕴含在内心、表达在口头、体现在指尖的需要，为了适应新的消费模式SICAS模型应运而生。

SICAS模型有别于传统的单向递进模式，是在数字时代下基于互联网消费者的全真关系网络，它更强调企业与消费者之间双向沟通而形成的多维互动的消费轨迹生态系统。SICAS模型具有系统性、全面性、多维性以及双向互动性等特点，能够及时掌握消费者的需求和心理变化，对消费行为轨迹进行全方位的动态监控，为企业或者品牌的塑造提供全面的信息支撑。

SICAS模型是大数据时代的产物，网络社交平台上诞生了新型社会化营销模式，消费者之间通过点击、分享、点赞等形式传递更多的品牌信息。结合实名制、信用打分等真实生活中的因素，增强了互联网的可信度，也为企业活动、品牌传播和营销宣传提供了有利条件。企业通过整合平台资源，借助客户关系管理系统，最大限度地利用社交关系网络，引爆消费者的互动与传播。随着移动互联网经济的进一步发展，SICAS模型在未来的整合营销中将会占据越来越重要的地位。

（四）时代模型对比

三种模型的内容对比分析见表4-2。

表4-2　　　　　　　　　　　　三种模型对比

项目 模型	AIDMA模型	AISAS模型	SICAS模型
时代特点	工业时代	互联网时代	移动大数据时代
根本原因	工业革命	信息革命	数据革命
生产工具	机械	互联网	云计算
标志性发明	蒸汽机	个人计算机	移动终端
创新方法	图纸设计	用户体验、用户界面设计	O2O架构设计
核心竞争力	垄断竞争力	免费竞争力	数据竞争力
市场驱动力	厂商驱动	消费者驱动	定制驱动
消费形态	标准商品	实物商品+虚拟商品	定制化商品+标准化

消费者的注意力是有限的，广告主在大量布局线下实体和线上平台的广告宣传时，消费者也在接收五花八门的推送中疲倦了。曾经的我们只能通过广播、电视和纸质媒体接收信息，现在的我们不仅可以在除夕之夜打开电视看春节联欢晚会，还可以拿着平板电脑刷微博，同时摇动手机在微信上抢红包。媒体多元化趋势越发明显，企业为了把握住每个消费者，不得不在多媒体平台上进行广告营销，这既是资源的浪费，也是对消费者注意力的消耗。如何成为一个"善解人意"的营销系统，这是每个企业都在追求的目标，即将有限的广告资源投给潜在顾客，既不占用非潜在顾客的注意资源，也可以让潜在顾客得到高品质的营销互动服务，以便深入地了解产品信息。

移动网络下互动式的传播模式，影响了消费者的行为习惯，搜索引擎的广告链接以及多媒体化的视频、动图链接都在引导着消费者，点击鼠标就能进入新的推广页面。从被动接受信息转变为主动接受并反馈信息，从单向连接转变为多点双向的系统交互，消费者在信息传播过程中的话语权越来越大，与企业和媒体之间的交流更加频繁、平等。这种转变也在引导企业和媒体不断思考，应如何适应环境的变化，为消费者提供更好的购物体验，以建立长久的顾客-企业关系，为企业的长足发展持续提供动力。

第三节　理性的非理性

在前面两节的内容中，我们分析了文化、经济、心理等各种影响消费者购买行为的因素，了解了消费者购买的行为模式与决策机制，以期通过科学、理性的经济学理论和传播学模型来理解甚至预测消费者的行为，从而帮助企业更好地开展营销活动。但在现实生活中我们发现，很多时候消费者的购买行为并不完全符合这些规律和模型，甚至会作出一些让人琢磨不透的决策，我们称为非理性购买现象。

在经济学的假设中，人都是理性的，然而在实际生活中，消费者会有什么意外之举呢？这些行为是否有迹可循？我们应该如何理解消费者的"非理性购买"并找到破解之道，为企业的营销提供指导呢？这一节我们就来共同探讨消费者的非理性购买行为。

一、评估模式

二维码4-1

[QR code]

理性的非理性
（上）

随着生活节奏逐渐加快，现在的年轻人"只想赚钱，没空谈恋爱"，更多的是通过相亲来寻找伴侣，从最初父母、亲朋之间的互相介绍，到如今发展出来的一系列婚恋网、交友平台等相亲产业。虽然新时代的年轻人总调侃自己是"间歇性想谈恋爱，持续性享受单身"，但到了适婚年龄，相亲也确实是一个合理的选择。很多女生愿意叫上朋友陪自己一起去相亲，但又怕对方最后看上的是朋友而不是自己。那么，相亲时究竟要不要带上朋友呢？

（一）相亲定律

相亲中第一次见面，最直观感受到的是一个人的外貌，在这个看脸的时代，颜值会成为相亲成功与否的一项重要因素。你和你的朋友存在着以下四种情况：①你比她好看；②你们都好看；③她比你好看；④你们都不好看。

很明显，根据对比效应，在第一种情况下可以带着朋友一起去，而第三种情况则是绝对不可以带的。但是，剩下两种情况就比较复杂了。第二种情况下，如果带朋友一起，那么相亲对象就会对你们进行联合评估，容易产生一种"大家都好看，看来这也不是什么优势"的感觉，所以，这种情况不应该带朋友去，以免让自己的"颜值优势"变得平庸；而第四种情况则相反，应该带上朋友一起去，让对方认为颜值并不是什么值得注意的点，反正大家都差不多，这样相亲成功的概率就比较高。综上所述，如果两者都漂亮，则一人前往，根据单独评估凸显出自己的优势；相反则一同前往，根据联合评估分散自己的弱势。

（二）联合评估与单独评估

不同的评估模式，会直接影响到人们对评估对象的态度，影响消费者最终的决策行为。在单独评估的模式下，我们主要根据评估对象的特点对其作出判断；在联合评估的模式下，则通过与其他类似的产品进行对比，观察评估对象在某些特质方面是否比其他对象表现得出众，以此来对其进行判断。在不同的情景下，人们会选择不同的评估模式对事物进行判断，而判断也常常会受到评估模式的影响，作出缺乏理性的消费决策。

那么，我们应如何选用评估模式呢？这里介绍一个比较实用的模板，假设A为评估对象，B为参考对象，对它们的评价用"优秀"或"一般"来界定，可以分成四种不同情况来讨论：①如果A比B优秀，则利用对比效应进行联合评估；②如果A不如B优秀，要避免对比效应，进行单独评估；③如果A同B都优秀，则聚焦优秀进行单独评估；④如果A同B都一般，则分散一般进行联合评估。

这个模型简单地阐释了如何在不同情况下选择合适的评估模型，生活中的大部分事物都符合这一规律。像宝马、奔驰等高级汽车都有自己的专营店，只经营单一品牌；高档时装与奢侈品也有自己单独的销售渠道，目的是凸显产品的不同。相对而言，平价产品会选择多渠道、多品牌战略，甚至同一品牌旗下会有不同的子品牌，也是为了让消费者进行联合评估，提高购买概率。商家会对不同的产品进行组合分类，引导消费者对单独评估和联合评估进行选择，从而提高消费者购买商品的概率。因此，当我们对某种事物进行判断时，应该保持自己的理性，避免被商家的营销手段所迷惑。

案例直通车4-1　■ ■ ■

元气森林与可乐的联合评估

近两年，有一匹新兴黑马从竞争激烈的饮料界杀出重围，一时间光芒万丈，集万千宠爱于一身，它就是元气森林。它优秀到什么程度呢？品牌才成立了三年，就在 2019 年和 2020 年的"618 购物狂欢节"中，先后击败可口可乐和百事可乐两大老牌巨头，蝉联天猫饮品类销量冠军。元气森林具备了太多成功的条件，极强的营销力度、过硬的产品质量、独特又醒目的包装设计，以及用户第一的思想都是成功的关键，但不可否认的是，联合评估也给它的走红之路作出了不小贡献。元气森林瞄准了当前消费者健身、减肥的需求，在这样一个大赛道下，它"0 糖 0 脂 0 卡"的概念风靡全国，非常隆重地把饮品主要成分——赤藓糖醇（0 能量糖醇产品）作为卖点，大胆地与可乐进行热量对比（210kJ/100mL VS 0kJ），明里暗里都在说可乐不健康、热量高，这一举动"挖"走了不少追求健康的可乐爱好者。这一招恰到好处的"比附效应"，初出茅庐就光明正大地蹭着可乐的热度，站在巨人的肩膀上说着巨人的不足之处，不可谓不成功，与当时瑞幸喊话星巴克、汉堡王单挑麦当劳有着异曲同工之妙。不过，瑞幸和星巴克都是咖啡，汉堡王和麦当劳都是西式快餐，而元气森林却势要与可乐划清界限——虽然大家都冒着泡泡，但你是不健康的碳酸饮料，我是富含矿物质的气泡水！

至此，你感受到联合评估的价值了吗？不仅能够让消费者记住并坚信元气森林"健康"这一特点，还让可乐"热量高，不健康"的观念深入人心。从产品的销量来看，这一联合评估之战，元气森林大获全胜。

资料来源：根据现有公开资料整理.

二、心理账户

二维码 4-2

心理账户

日常生活中，很少有人为了一瓶饮料讨价还价，但我们在吃饭的时候都会比较哪家团购更便宜，会看各家餐厅有没有赠送优惠券或满减活动。这是因为，我们将购买饮料和外出吃饭放入了不同的心理账户，对小额消费项目会表现得慷慨大方，对大额消费项目则表现得谨慎节俭。

（一）心理账户——如何影响消费决策

理查德·塞勒教授是芝加哥大学行为科学领域的学者，他既是行为金融学的奠基人，也是决策心理学领域最有影响力的学者之一。理查德·塞勒教授于 1980 年提出"心理账户"这一概念，揭示了在日常消费行为中人们对金钱的不同态度。

心理账户理论认为，我们不仅会对自己的物品进行分门别类，对于金钱和资产，我们同样也有将其归类的习惯。我们会在脑海中建立各种各样的账户，来管理、控制自己的消费行为——该在什么地方花钱、花多少钱、如何分配预算、如何管理收支，我们都会下意识地作出规划。人们对头脑中不同的账户会持有不同的消费态度，比如爱美的女孩子会在服饰消费和化妆品消费等账户上分配更多的钱，而喜欢美食的女孩子则会在吃喝消费上投入更多。当一个账户里的钱被花光之后，为了维持账户之间的独立性和稳定性，我们通常不会再去动用其他账户里的资金。这些行为都是在不知不觉中发生的，也就是说，心理账户管理、控制着人们的消费行为，却不被人们所感知。但是，对收入和支出归分为哪个账户，却切实地影响着人们的消费决策。

　　想象这样一个场景，假如你弄丢了价值 1 000 元的演唱会门票，那么你会选择再次购买吗？如果你丢的是 1 000 元的超市购物卡，接下来你还会选择去购买 1 000 元的演唱会门票吗？

　　其实，二者在经济学上的价值额度是一样的，不论通过什么途径得到或失去，影响的都是财富总值。如果按理想的经济学原理来解释，这两种情况下，人们是否选择再次购买的概率应该是一样的，然而大多数人并没有按照这种理性的经济学原理进行消费决策，在第二种情况下购买门票的概率会比第一种情况的概率大得多，这就是心理账户对消费行为的影响作用。因为同样是 1 000 元，第一种情况丢失的是演唱会门票，属于人们头脑中的娱乐账户，如果丢失后再次购买，人们在心中就会认为这张门票是花了 2 000 元得到的。人们就会开始思考：2 000 元看一场演唱会是不是过于奢侈，这笔消费是否超出了自己对娱乐消费的预估。于是，人们可能最终选择放弃这次娱乐消费。而第二种情况下，丢失的 1 000 元是购物卡，属于人们头脑中的购物账户。人们会认为自己花 1 000 元购买演唱会门票意味着娱乐消费还是 1 000 元，而丢失的购物卡只不过是在购物消费上无缘无故多出了 1 000 元的账单，这其实并不影响自己继续怀着期待入场，为喜欢的偶像喝彩。所以，尽管这两种情况都是丢失了 1 000 元，但最终的消费决策还是存在很大差异的，说明当某项账户里的钱花光时，人们通常不会动用其他账户里的钱来继续消费。

（二）礼物营销——改变支出账户

　　消费者并不是始终保持理性的，商家常常利用这些不理性的消费习惯来开展营销活动。要想说服人们增加某项消费的预算是很困难的，但如果我们放弃说服人们增加预算，而是改变人们关于心理账户的认识，使消费者把这项消费划分到另一个账户中，就能影响其消费态度。礼物营销就是利用了消费者这种非理性的心理。

　　我们应该都有过这样一种经历，当很喜欢一个东西但因为价格昂贵不舍得购买时，就会跟自己说，我先攒攒钱，等生日的时候买了送给自己。同一件商品、同样的价格，平时我们舍不得买，但到了过生日时，我们却认为这是值得的。这也是心理账户在起作用，因为我们把这次消费行为放在了不同的心理账户。对于不同的账户，消费者的态度也是不同的。当一件商品作为"礼物开销"时，它的价格接受程度会比作为"日常开销"要高得多。这也是为什么许多品牌会推出礼盒装，并且定价比普通装稍高的原因。人们对价格的接受程度，会随着商品本身附带的其他标签而改变，如情人节象征着爱意浓烈的巧克力和鲜花，结婚时象征爱情永恒的钻戒等。

　　很多商品通过礼物营销的手段，成功地打开了市场。塞勒教授在关于送礼行为的研究中发现，比起同等价位的现金和实用品，人们更希望收到奢侈型和享乐型的礼物。也就是说，我们在给他人赠送礼物时，选择奢侈品或享乐品更能达到理想的效果，恋爱中的鲜花就恰恰证明了这一点。

　　金钱常常被认为是最公平的交换媒介，而心理账户理论却表明"钱和钱也是不一样的"，心理账户还会暗中影响我们的消费决策。对企业而言，要细致地研究目标客户的消费心理，了解消费者不同的心理账户，才能更好地获利和发展。

三、损失厌恶

《史记》中有一句发人深省的话："天下熙熙，皆为利来；天下攘攘，皆为利往。"意思是说天下人为了利益蜂拥而至，又为了利益各奔东西。的确，人都是趋利避害的，有谁会喜欢损失呢？损失厌恶这一现象在生活中极为普遍。

（一）损失厌恶——得失的不对称性

举个例子，你会因为发现钱包里少了100元而懊恼不已，即使朋友在微信上给你发了100元的红包安慰你，你还是快乐不起来。这是因为，人们损失100元的痛苦感觉比获得100元的快乐感觉要强烈得多，在此心态基础上作出的理性抉择就是"损失厌恶"。

股票基金是最能反映损失厌恶的案例。当基金价格上涨时，让基民卖出手里的份额是一件很简单的事情，因为卖出去就能获得收益；但是，当基金价格下跌时，可就没那么容易了，这时多数基民都不愿意卖。因为一旦卖出去就意味着损失已成事实，如果不卖还有一丝获得收益或减少损失的希望，即使他们知道未来的形势依然不容乐观，但还是选择冒险一搏。

这也是前景理论中指出的，人们在面对得失与风险时有不同的选择。人们在面对收益和损失时的承受能力是不对称的，对损失的敏感程度要远远超过对收益的渴望。简而言之，人们在面临收益时，往往小心翼翼，甘做风险的规避者；而在面对损失时，就都成了风险的偏好者。

损失厌恶心理还衍生出了几个有趣的现象，我们在日常生活中也会受到这些效应的影响，很容易作出非理性的决策。如何正确地认识这些效应，又如何避免被影响，从而作出更为理性的决策，属于接下来要讨论的范畴。

（二）赋予效应

情感也是会影响决策的，对于自己拥有的东西，人们往往会因为情感或其他因素，给予高于其本身价值的估价。当需要放弃时，索取的价格会高于购买时支付的价格，这些价格实际上是我们赋予物品本身的，故称为赋予效应。

当你拥有某样东西时，它在你心中的价值就会变高，要想从你这里拿走它则需要付出更大的代价，因为此时失去它的痛苦感知会比你没拥有它时更为强烈。在放弃已有物品时难以割舍的赋予效应在恋爱关系中也有所体现，也就是我们常说的"情人眼里出西施"。不同的身份会严重影响你对另一半的评价，当你们还是点头之交时，你可能会给对方打7分，而当你们成为恋人之后，你甚至会给对方打10分。

赋予效应在经济行为中属于非理性行为，商家经常会利用人们的这种非理性开展营销活动，如现在电商平台推出的"七天无理由退换货"和"免费试用"服务。在购物时，人们会因为各种顾虑推迟作出选择，或者直接放弃购买，而"七天无理由退换货"和"免费试用"服务降低了人们购买失败的付出成本，缩短了人们作出决策所用的时间。可是，商家是否因为这些服务政策产生亏损了呢？当然没有，有数据表明，真正退货的顾客其实很少。对于买回家的产品，消费者在心中已经确定是自己的所有物，即使有一些小缺点也会秉承包容的态度，而且退换货有一定的程序，也会导致其放弃退换。这也是赋予效应在商业中的一大应用，越来越多的商家将其应用在营销活动中，打出"免费试用"和"无理由退换"等服务口号。消费者也常常会因为商家的承诺，一时冲动购买原本不需要的产品，即使赋予了消费者退换货的权利，在正常情况下消费者也不会发生退换。

（三）安于现状

正如之前提到的，赋予效应使人们对拥有的事物存在强烈的占有欲，并会因此为其贴上更高的价值标签。大多数人因为损失厌恶，奉行着"得过且过"的行为模式，在面对改变时往往也会选择安于现状。

人们在决策过程中对利与害的权衡是不一样的，对"避害"的考虑远大于对"趋利"的考虑。出于对损失的畏惧，人们会避免改变，避免失去拥有的东西，所以容易产生"安于现状"情结，害怕由于改变可能带来的损失。比如，居民如果失去了自己的房屋，会要求获得比购买同样的房屋所支付的价格更多的赔偿才觉得满意。

安于现状还表现在企业改革决策中，诺基亚鼎盛后的落寞、柯达由于决策失误而走向衰落、我国大批传统企业被新兴企业所取代……都是因为安于现状而忽略了对现有技术和工艺进行革新。对处于盈利期的企业而言，舍弃现有的技术而引进新工艺，是一个十分艰难的选择。毕竟现有工艺是可以满足生产要求并盈利的，即使从长远来看，新工艺有更好的发展前景，但决策者依然很难说服自己去改变现状。正因如此，在中国经济飞速发展的进程中，许多没有改革创新精神的企业都被淘汰了。

（四）语义效应

埃姆斯·特沃斯基有一句名言："与其说我们挑选的是选项本身，倒不如说我们挑选的是选项的说法。"对应到对比效应，就是告诉大家"我很好"还是"我比他好"；而对应到损失厌恶，就是告诉大家"你会获得70%的好处"还是"你会损失30%的利益"。其实影响人们选择的不只是绝对利益或绝对损失，还包括利益与损失的相对关系。这个"相对"就道出了人们非理性的来源。不同的说法可以将收益变成损失、将损失转化成收益，从而直接影响到消费者的态度。

损失厌恶使人们更加关注失去，化妆品、保养品之所以广受女性消费者的欢迎，正是因为她们关注青春美丽的逝去，愿意花费大量金钱投入到对美丽的无限追求中，女性经济的蓬勃发展也是由于商家抓住了女性消费者对美丽逝去的不舍。网络上流传着这样一句玩笑话，"逛屈臣氏的时候就是我皮肤最不好的时候"。因为屈臣氏的导购员会以极为专业的语言告诉你皮肤存在的各种缺陷，这种放大缺陷的方式会让消费者意识到自己美丽的逝去，为了阻止这种失落感与挫败感，我们急需一瓶眼霜、一盒面膜或一支精华来维护我们的美丽容颜。由此可见，对得与失进行不同的描述会影响人们对同一事物的看法，不同的语言表达会改变我们的决策，这就是语义效应。对同一个事物，可以选择从正面出发，着重强调有利之处；也可以从反面出发，突出如果不选择会带来的不利之处。根据损失厌恶中人们对损失更加敏感的理论，强调失去一件事物的损失要比强调获得它带来的好处更加有效，商家也经常将语义效应应用到与消费者的交互中，准确地把握消费者的心理，运用恰当的营销语言来提高销售量。

人们会习惯性地选择规避损失，所以商家会适时调整自己的营销策略来吸引消费者。例如，涨价会影响消费者的购买决定，使其减少购买。但对商家而言，商品的定价与调价是很重要的，因此他们会选择更易让消费者接受的方式——缩小包装规格，或涨价后再打折。因此，损失厌恶有时反而会跌入商家的陷阱，遭受更多的损失。作为消费者，我们要学会辨别商家的小技巧，看清事件背后的实际情况，克服自己的非理性思维。

第四节　互联网时代对消费者的影响

案例直通车 4-2

消费升级大趋势

在互联网飞速发展的今天，消费升级已经成为消费领域的一个大趋势，各企业和各品牌都在争相加入消费升级的浪潮中。

随着消费者对生活品质追求的变化，传统泡面愈发没有了市场。而康师傅也因此迈开了产品升级的步伐，推出了高端泡面。其外包装采用中国龙袍等奢华色彩配色，附带折叠筷子、可提式碗盖，每月限量发售 6 000 件，售价为 68 元，康师傅给出的产品理念是：在享受快节奏生活的同时也要感受生活的品质。高端泡面成功之后，康师傅乘胜追击，在春节期间再次推出了一款高端产品，以"福禄寿喜"为主题，共有四种不同的口味，售价是 268 元，并且这款方便面也是限量发行的，只卖 1 888 盒。

承载童年记忆的大白兔奶糖，近几年也推出了高端限量铁盒装，据说盒面的卡通人物是出自法国设计大师之手，一盒奶糖的售价近 300 元，价格是普通装的十几倍。

方太，专注于高端嵌入式厨房电器的研发和制造，致力于提升中国家庭的幸福感。2016 年起，除产品外，他们每年还会推出一个纯粹的"文化产品"，通过品牌影片提出"幸福社区""家庭幸福"等品牌理念，让方太文化在用户中深度渗透。通过文化认同，获得品牌认同，从而在情感层面打动更多消费者。

"外出旅行或者出差时，想喝茶怎么办？"在茶叶都是大包装的情况下，小罐茶从天而降，反其道而行之，以"一罐茶一泡"解决了许多茶友在各种场景下不方便带茶的问题，并以高端大气的包装备受消费者欢迎。

资料来源：根据现有公开资料整理.

随着互联网的快速发展和互联网+模式的普及，在我国经济形势稳中向好的态势下，企业的销售环境也在发生着重大的改变，越来越多借助互联网和新媒体的营销方式应运而生，消费者的购买行为也随之发生着改变。在互联网时代下，消费升级是当前消费环境的大势所趋。

消费升级一般指消费结构的升级，是各类消费支出在消费总支出中的结构升级和层次提高，直接反映着消费水平和发展趋势。简单来说，就是人们愿意花更多的钱去买更贵、更高级的商品来提升自己的生活质量。在这样的时代背景下，消费者的购买行为主要有以下方面的改变。

一、消费为娱乐

互联网时代，消费者的思维模式和行为方式都有所改变。网络带给我们海量的信息，消费者也需要提高自身的筛选能力。因此，消费者对信息关联性和趣味性的要求大大提高。在这个泛娱乐化时代，如果无法让消费者感受到乐趣，他们的注意力就不会被吸引过来，就难以提起兴趣去体验，难以获得沉浸感，也就无法留住消费者。当前，短视频的流行就是因为给用户带来了娱乐感和沉浸感。你体验过"抖音两分钟，人间两小时"吗？不论男女老少，通通折服于抖音的魅力，在地铁上刷，排队等候时刷，睡觉之前也要刷。为什么有人一边嫌弃着它，却又孜孜不倦地刷着它？因为抖音带来的沉浸感太强了，人们很容易沉迷其中、难以自拔，越刷越快乐，越刷越停不下来。

在消费升级的趋势下，文化娱乐内容消费也逐渐成为人们的刚需。尤其是在移动互联网越来越普及的背景下，文娱消费升级势头迅猛。为了满足消费者的需求，整个产业也在迅速发生着变化。

第一，内容的碎片化和精品化。由于用户多变的消费场景，在通勤时间和碎片时间里消费短内容，使抖音、快手这样的短视频平台迅速崛起。长视频平台也开始尝试通过复合信息流给用户推荐内容。但是从另一方面看，用户对内容品质的要求没有降低，反而更加苛刻。这也促使内容生产者采用更先进的技术和生产方式。

第二，观看体验的快速迭代与升级。智能手机的普及，5G网络的覆盖，使用户在消费内容的同时，对于体验的要求也越来越高，窄带高清技术、杜比效果、HDR等新的技术手段和产品体验应运而生。

第三，体育内容的消费呈现泛娱乐趋势。2018年的世界杯，已经超越了足球赛的界限，成为全民狂欢。数据显示，仅优酷平台的世界杯决赛直播，单场观看用户超2 400万，较世界杯揭幕战实现了100%增长。在此过程中，用户更是通过多种方式深度卷入。除了观看比赛直播，消费泛娱乐化的原创节目以及互动游戏也成为趋势。这就要求平台除比赛直播外，还要开发适合移动端的、具有泛娱乐化的原创节目，围绕世界杯策划整合式的、娱乐化的情景互动。

二、消费为悦己

消费升级的一个具体体现在于消费者对"高档品"的大量需求，他们追求实用价值更高、社会价值更高、功能性效用更好的产品，希望通过使用此类产品，感受到自己社会地位的提高，获得高级生活方式的情感效用。其实，消费者追求高档品，本质上追求的是一种更美好、更愉悦的生活方式，正所谓"千金只为心头好"。

如今，消费者已不再关注"能吃能喝能用"的基本生活需要了，因为这些都是产品必须具备的基础功能。"升级"后的我们，更看重产品能否提供额外的满足感，是否符合更高层次的需求，比如尊重需求、社交需求以及自我实现需求。可以说，消费者现在更关注的其实是一种"品质消费"。

归根结底，我们都不再纠结产品本身的功能价值，因为在成熟的市场环境中，功能上的差异其实是越来越难做到的，所以更多是从社会价值以及情感价值的层面去考虑。没有人会为了看时间而专门购买一块价格不菲的手表，而是出于"这块表很符合我成功人士的气质""这块表能够彰显出我令人羡慕的社会地位"或者是"我真的很喜欢这块表，我非买不可"等这些内在原因。消费者是否购买，取决于这个产品能否实现我们追求品质生活的愿望、能否满足我们的价值需求，使我们获得精神上的满足，这就是"悦己式消费"。

三、消费为人设

在曾经"渠道为王"的时代，消费者多为批量消费和同质化消费，大众品牌借助价格低廉、品质保障等优势赢得了大量的忠实粉丝。但在消费升级这样的背景下，消费者开始追求个性化，追求品质生活，因此对于产品特征的要求也提高了。"我就是我，是颜色不一样的烟火"，时下的消费者热衷于表达自己的独特，更愿意通过购买与众不同的产品，来探索更符合自己的需求，并打造专属人设。

就像方太，它并不仅仅局限于做一个厨具品牌，而更注重赋予品牌意义，以文化认同来打动消费者。当前，消费者不仅喜欢细分化的产品，还要求品牌具有调动消费者情绪、提供情感价值的能力。我们从曾经的理性、功能需求变为了感性、情感需求，也从曾经的大众化需求变为了个性化需求。我们愈发意识到自己是一个独特的个体，越来越喜欢强调自己和"众人"不一样，标榜自己的独特个性和专属人设，这正是当下个性化定制产品与服务兴起的原因。

"适合我""代表我"，在当前消费者的消费动机当中，一部分是出于对自我个性与生活审美的表达。他们通过购买的物品，来向外界说明"我是谁，我喜欢什么"；通过不断探索和尝试不同的风格、消费不同的品牌和产品、体验不同的生活方式来寻找什么更适合自己。与此同时，为了达成对某领域的深度认知，建立专属人设，也会通过购买兴趣相关的品牌和产品，加深对该领域的钻研。

四、消费为社交

在社交平台日益火热的今天，我们的消费行为也离不开社交。现在的消费者都是在网络环境下成长起来的一代，他们有一个动听的名字——Z世代，即新时代人群。由于家庭构成、学业或工作压力等原因，Z世代孤独感强，渴望归属感，并持续与同辈寻找更多的共同语言。换句话说，Z世代需要更多志同道合的朋友。因此，消费成为一种方式，它是Z世代的社交货币，一种特别的消费心理也随之出现——社交式消费。

在社交网络上，常常能看到Z世代们在激烈地讨论着新款球鞋或者口红色号，也会有在网红餐厅的打卡记录，留言里也总会出现"下次带我去"这样的邀约。在某种程度上，消费行为已经成为Z世代的社交货币，所有的话题、关注度以及线下互动，都围绕其进行。

凯度与QQ广告的《Z世代消费力白皮书》同样显示，在接受调查的Z世代群体中，有65%的Z世代认为，购物消费就是为了跟朋友有共同语言。因为消费能带来社交的话题和资本，吸引更多志同道合的人，从而成功社交。60%的Z世代表示，希望通过消费更好地融入社交圈，买出共鸣，吸引同好。也有57%的Z世代表示，消费可以帮助自己维系社交关系。在某个领域的消费潮流，或许就是这个群体的社交通行证。《Z世代消费力白皮书》称，"Z世代们通过拥有和同伴相同的东西，创造更多共同的话题，不落伍，才能更好地维系社交关系，不被排挤。"

思政小讲堂

在经济不断发展的今天，在科技不断进步的现在，消费升级已然成为消费市场无可阻挡的大趋势，在此背景下，消费者的消费行为也发生着翻天覆地的变化。因为时代的进步、科技的发展带给我们的影响是方方面面的，所以我们的改变也是从里到外、从局部到整体的。

然而，无论外在的形式如何改变，消费者的本质都是人，而人始终如一的本质是人性。无论时代怎么进步、科技如何发展，消费者始终不变的，都是人性。人性的弱点与生俱来，贪、嗔、痴这三个刻在我们骨子里的弱点，会贯穿我们的整个生命周期，不管我们扮演的角色是孩子、父母、老板、员工，抑或是消费者。

我们前面所提到的消费升级，描述的只是浮于表面的现象，消费升级背后的本质，其实是为了更好地满足人性中的种种欲望，如吃得更精致、玩得更尽兴、能够被认可、可以更加出众等等。

那么，如果企业能够利用人性的弱点来布局相应的场景，不就能够引导消费者产生相应的消费行为了吗？因此，微信之父张小龙首先提出，将人性的弱点与用户研究结合在一起，打造用户的贪、嗔、痴思维，满足人性的需求，以提高产品的用户黏性。

贪，从人性贪图小便宜角度出发，故衍生出免费营销、低价营销；从人性贪图便利性角度出发，衍生出定制需求、全面营销，通过一切途径降低消费者的决策成本；嗔，从人性乐于攀比、炫耀角度出发，故衍生出限时限量营销、VIP营销；痴，从人性本易执着、痴迷角度出发，故衍生出体验营销、情感营销，打造消费者的"沉浸感"，以情感共鸣牢牢抓住消费者的心。

其实，除了贪、嗔、痴这"佛教三毒"，人性中还存在许多其他弱点能够为企业所利用。

比如说"乐"，即娱乐至死，除了利益和本能之外，还有一类是人的惰性。利用人性更习惯通过简单愉悦的方式获得自我满足而衍生出来的营销手段，被称为游戏化营销。当然，游戏化营销的动力来源并非只有惰性，还有人们向往趣味事物的天性，这是无法抹杀的。

再比如"恐"，恐惧是人性最大的弱点，但只利用恐惧是无法让消费者作出营销行为的，因为人们对恐惧的本能反应是逃避。所以企业要想将恐惧运用到营销上，就需要稍微润色一下，将其转换成"恐慌"。利用人们的恐惧心理衍生出来的恐慌情绪类营销，我们称为恐慌营销。

思考与练习

一、名词解释

1. 边际效用
2. 心理账户
3. 损失厌恶
4. 赋予效应
5. 语义效应

二、单项选择题

随堂测4

1. 传统媒体时代的购买模型是（　　　　）。

A.AIDMA模型　　　　B.AISA模型　　　　C.AISAS模型　　　　D.SICAS模型

2. AISAS模型中的"S"是指（　　　）和（　　　）。

A.Search、Share　　B.Search、Switch　　C.Seek、Share　　D.Seek、Switch

3. AIDMA模型中的"I"是指（　　　）。

A.Important　　　　B.Impact　　　　　C.Interest　　　　D.Input

4. 关于文化的特点，以下说法错误的是（　　　）。

A.文化是后天习得的

B.文化的影响是有形的

C.社会文化既有稳定性，又有可变性

D.社会文化具有共享性、规范性

5. 女性购买行为的特点不包括（　　　）。

A.购买行为的被动性和购买目标的明确性

B.消费倾向的多样化和个性化

C.注重商品的具体利益和实用价值

D.具有浓厚的情绪和情感色彩

三、简答题

1.什么是亚文化？描述至少两种你所属的亚文化，并举例说明企业如何针对亚文化开展营销。

2.你认为消费者的理性购买和非理性购买之间矛盾吗？企业应该如何理解消费者的购买心理？

3.请比较说明AIDMA模型、AISAS模型和SICAS模型的时代背景和消费行为特点有什么异同。

4.人们普遍会有损失厌恶的心理，请思考如何避免因为损失厌恶心理造成更大的损失。

四、案例分析题

1.结合案例材料分析，喜马拉雅FM为什么要进行消费者教育？

2.消费者购买知识类产品的决策与购买传统商品的决策有什么不同？这种不同在互联网时代发生了哪些变化？

3.结合案例材料分析，喜马拉雅FM对用户行为的引导可分为哪几个阶段？在不同阶段，教育的侧重点分别是什么？

4.结合案例材料分析，喜马拉雅FM在对用户行为进行引导的不同阶段分别采取了什么策略，是出于什么考虑？

步步为赢：喜马拉雅FM的付费教育之路

第五章

弱水三千，只取一瓢——STP策略

圣人不能为时，而能以事适时，事适于时者
其功大顺势而为。

——《吕氏春秋》

学习目标　1.明确市场细分的含义和方法
　　　　　　2.掌握目标市场的评估和策略
　　　　　　3.掌握市场定位的步骤和策略

重难点　目标市场的评估和策略

关键词　STP 理论；波特五力模型；钻石定位图

框架图

　　　　　　　　　　腾讯会议——企业的"救星"

　　在我们的生活中，很多时候都需要审时度势，顺应市场需求。如2020年突如其来的新冠肺炎疫情（以下简称疫情），不仅让万众期待的春节团聚被迫中断，也为实体企业的运营按下了暂停键。对于很多实体企业来说，此次疫情给他们带来了难以预料的损失。然而，当大家必须居家隔离时，便产生了很多其他的需求，这时，互联网虚拟行业应运而生，经营者顺应市场变化并迎来了春天。下面我们以腾讯会议（如图5-1所示）为例，来看一下经营者是如何在疫情期间取得高速增长的。

图5-1　腾讯会议注册/登录界面

　　腾讯会议是腾讯云旗下的一款音视频会议软件，于2019年12月底上线，具有300人在线会议、全平台一键接入、音视频智能降噪、美颜、背景虚化、锁定会议、屏幕水印等功能，并提供实时共享屏幕、支持在线文档协作。2020年1月24日，腾讯会议面向用户免费开放300人的会议协同能力。此外，为助力全球各地抗疫，腾讯会议还紧急研发并上线了国际版。腾讯会议从疫情开始至今一直提供免费使用，期间还更新了几次。除此之外，腾讯会议可以应用的范围几乎涵盖了社会的各个方面，如政府的应急指挥、跨部门会议、远程党教，医疗行业的远程诊疗、手术示教和远程看护，企业的在线办公、远程面试、视频会商，教育方面可以进行在线课堂、在线辅导、集体备课等，极大地方便了社会群体的生活，对社会的正常运作作出了自己的贡献。其界面简单、操作方便、使用免费、运行顺畅等优点使腾讯会议的用户数激增，实现了上线245天用户数突破1亿的成绩，成为最快超过1亿用户的视频会议产品。

　　在腾讯会议2020年全线升级发布会上，腾讯会议不仅公布了最新用户数据，还发布了企业版、会议室连接器以及智能会议室解决方案"腾讯会议Rooms"，从根源上解决企业会议组织难、效率低、管理难等问题，帮助企业降低运营成本和沉淀数据资产，为企业级用户打造安全、高效、专属的会议能力。

　　"春节期间疫情的爆发，让各行各业认识到，建立适应企业长期发展的数字化组织，已经成为必然趋势。组织的数字化，将大幅提升企业效率和可持续竞争力"，腾讯高级执行副总裁、云与智慧产业事业群总裁汤道生表示。腾讯会议在提升企业组织效率的同时，也在助力各行各业降低运营成本，节省社会资源。全球领先的制药企业阿斯利康，每个月平均要用腾讯会议召开7 000场研讨会，腾讯会议帮助他们加速数字化销售转型，推动销售持续增长。

　　资料来源：改编自百度百科"腾讯会议"词条，https://baike.baidu.com/item/.

腾讯会议作为中国目前最多人使用的专业视频会议产品，已深度服务于中小企业在线办公、政务、金融、教育、医疗等行业，这是因为互联网行业线上、虚拟的特征满足了疫情下人们足不出户的生活状态，线上服务企业拥有了巨大的机会。为响应国家号召，用户在消费、教育、娱乐方面的诸多需求都在网络上释放，网络文学、线上教育、知识付费等项目也迎来了新一轮抢占用户时间的机会。少年强则国强，哪怕在疫情期间教育也不能放松，事实表明，在线教育行业在疫情期间迎来了一次新的增长。鉴于疫情，所有学校采取延期开学的措施，以此避免因学生集体上课而引发疫情大范围传播。延长假期的方式虽然保障了学生的安全，但也为家长们带来了困扰。延期开学使假期变长，严重影响孩子的学习进度，在线教育的出现刚好能够有效缓解家长们的焦虑，满足孩子居家学习的需求。在疫情严峻、各地延迟开学的特殊时期，在线教育通过腾讯会议这个平台，提供线上沟通来满足师生不同场景下的使用需求。利用腾讯会议的线上直播功能，在线教育成为疫情期间学校教育的主流方式，可以让学生在假期期间也不停课。老师们利用腾讯会议对学生进行网上教学，实现视频授课。PPT教学、涂鸦、标记、文字输入等多种功能都为教师的教学提供了便利，课后老师还可将文件共享以方便学生课后复习，学生足不出户就能按时上课，完成学业。腾讯会议为社会正常有序运转提供了切实有效的帮助。腾讯会议的成功体现了企业顺势而为、顺时而为的重要性。企业应该有敏锐的市场敏感性，及时地洞察市场变化，因时而动，满足市场的新需求，以占取先机、赢得优势。

第一节　市场细分

> 夫地形者，兵之助也。料敌制胜，计险厄远近，上将之道也。知此而用战者必胜，不知此而用战者必败。
>
> ——《孙子兵法·地形篇》

一、市场细分的概念

市场细分（Market Segmentation）这个概念是20世纪50年代中期由美国著名的市场营销专家温德尔·斯密在总结一些企业的营销实践经验后提出来的。市场细分的提出，顺应了第二次世界大战后美国众多商品市场由卖方市场变为买方市场这一新的市场形势，是企业市场营销观念的新发展。

市场细分就是按照某种或者某些特定的标准将市场上的消费者划分为若干群体的过程，这样整个大市场就被划分为多个相互之间有差异性的小市场。不同的细分市场之间，消费者的需求、特征或者行为方式都存在着明显的差异，因此每个细分市场都追求特定的产品或者营销组合。

市场细分的实质是对于需求的细分，即按照一定的标准把消费者的需求"归堆"。

按照消费者对产品不同属性的重视程度划分，形成3种模式的细分市场，如图5-2所示。

（a）同质偏好　　　　　　（b）分散偏好　　　　　　（c）集群偏好

图5-2　消费者细分市场

1.同质偏好

同质偏好，即消费者具备大致相同的偏好，如图5-2（a）所示。这种市场不存在自然形成的细分市场，消费者对产品不同属性的重视程度大致相同，现有产品品牌基本相似，且集中在偏好的中央。

2.分散偏好

分散偏好，是同质偏好的极端形式，即所有消费者的偏好差别极大，各不相同，分散在整个空间内，如图5-2（b）所示。最先进入市场的品牌可能定位于迎合尽可能多的顾客，之后进入市场的竞争者可能会集中于第一个品牌附近，或者定位于远离第一个品牌的某个角落，吸引中心品牌未能满足的顾客群。如果市场上同时存在几个品牌，则这些品牌可能定位于市场上各个空间，突出自己的差异性，来满足消费者的不同偏好。

3.集群偏好

集群偏好，即不同的消费群体有不同的消费偏好，但同一群体的消费偏好大体相同，如图5-2（c）所示。这种市场也称为自然细分市场。进入该市场的第一家企业可以有3种选择：一是定位于偏好中心，来迎合所有的消费者，即无差异性营销；二是定位于最大的细分市场，即集中性营销；三是同时开发几种品牌，分别定位于不同的细分市场，即差异性营销。

二、市场细分的作用

案例直通车 5-1

雅客是一家糖果企业，它将糖果市场分为了奶糖、硬糖、软糖、酥糖、功能型糖果、酵母型糖果和巧克力等类型（见表5-1），然后雅客通过对市场上现有的糖果类型及其竞争力的分析发现，在糖的口味、包装、价格等方面市场上不同品牌的差距很小，而在非传统创新糖果方面，却相当有发展潜力。传统糖果像软糖和奶糖虽然销售量仍然占据主导地位，但是销售额比例却呈下降趋势，加上现有企业的领导地位，留给其他糖果企业的空间有限。相比之下，各类新型糖果却发展迅速，因此雅客选择进入功能性糖果市场，集中火力开攻这一子市场。

表5-1   雅客糖果市场的细分

奶糖	大白兔奶糖是领军者，销售量奇高，争夺不易
硬糖	技术含量低，生产厂家多，质量参差不齐，价格低，利润低
软糖	市场容量大，技术含量低，品牌多，竞争激烈
酥糖	门槛低，产品同质化严重
功能型糖果	市场在发展，品牌可以差异化
酵母型糖果	技术含量高，产品附加值高，有大品牌坐镇
巧克力	德芙、吉百利、好时、金帝已经瓜分市场，属于寡头竞争

雅客经过市场细分，确认了糖果的细分市场有七个，然后根据现有的细分市场情况确定自己应选择功能性糖果市场。市场细分可以给企业带来很多好处，对企业的生产、发展、营销起着至关重要的作用。

1.市场细分是目标市场营销的第一步

目标市场营销是营销学的核心理论之一，也是一种真正体现现代营销理念的营销模式，市场细分作为这种营销模式的第一步，是非常关键的一步，市场细分的正确有效与否决定了目标市场的选择是否正确，进而会影响整个企业的经营计划。

二维码5-1

市场细分与目标市场（上）

2.市场细分有利于企业发现新的市场机会

市场机会，是指市场上客观存在的尚未得到满足或未能充分满足的消费需求。通过市场细分，企业可以分析各类消费者的需求，还可以了解各个细分市场的竞争激烈程度和发展空间等，通过这些分析与了解，企业可以结合自身的具体情况，选择一个机会较大的细分市场进入。

3.市场细分有利于企业增强应变能力，提高竞争力

市场细分将具有相同消费偏好的消费者归集到同一个市场中，在这个市场中的消费者具有很大程度的相似性，便于企业认识和掌握消费者的需求特点，了解消费者对不同营销手段反应的差异性，使企业能够更加及时、准确地调整产品的结构、价格、渠道及促销策略，以适销对路的产品、合理的价格、恰当的服务方式更好地满足消费者的需求。

4.市场细分有利于提高企业的经济效益

进行市场细分之后，企业可以根据自身的条件，选择恰当的目标市场，避免在整体市场上分散力量。市场细分可以将企业有限的人力、物力和财力集中投入到合适的细分市场上，提高企业内部的资源配置效率，进而提高企业的经济效益。

三、市场细分的方法及策略

（一）市场细分的方法

1.选择市场范围

企业在确定经营目标之后，一般要进行深入而细致的市场调研，分析市场消费需求的动向，确定市场经营范围，这个范围不能过大，也不能过小，要和企业自身的资源和能力相适应。

2.决定细分依据

确定市场范围之后，企业要分析市场内潜在消费者的需求，尽可能全面地罗列归类，针对消费需求的差异性，决定实行何种细分市场的选择策略，这些决定了对市场进行细分的依据。

3.进行具体细分

企业通过分析不同消费者的需求，找出消费者需求类型的地区分布、人口特征、购买行为、消费心理、个性特点等方面的情况，结合营销者的营销经验，对市场进行具体细分。

4.评估细分结果

市场细分之后要对其结果进行评估，根据前文所述有效市场细分的要求，判断各细分市场的有效性，分析各个细分市场的优势与不足，从而有利于企业选择一个与自己的经营目标和实力相匹配的细分市场作为目标市场。

（二）市场细分的策略

市场细分的策略有很多，目前比较通行的方法主要是以下三种。

1.单一标准法

单一标准法，是指根据影响消费者需求的某一项重要因素进行市场细分的方法。例如按收入对所有消费者进行划分，每个收入阶层的消费者群体即为一个细分市场。

2.综合标准法

综合标准法，是指根据两种及两种以上影响消费者需求的因素综合进行市场细分的方法。其核心是并列多因素分析，各因素之间没有先后顺序和重要与否的区别。例如，饮品可按年龄（老、中、青）、收入（高、中、低）、性别（男、女）等要素进行市场细分。

3.系列标准法

系列标准法，是指根据影响消费者需求的各种因素，按照一定的顺序由少到多、由粗到细、由繁至简进行市场细分。例如，服装的消费市场可以分为城市市场和农村市场，城市市场又可以分为男性市场和女性市场，女性市场又可以分为老年、中年、青年和少儿市场，中年市场又可以分为高收入、中收入和低收入市场等。

对市场细分进行小结的话，可以得到图5-3。

图 5-3　市场细分小结

第二节　选择目标市场

我可以往，彼可以来，曰通；通形者，先居高阳，利粮道，以战则利。

——《孙子兵法·地形篇》

一、目标市场的概念

案例直通车 5-2

小宋和小高都是普通的高校在校生，今年已经大四了，找到工作之后，他们发现自己已经23岁了还没有交过女朋友，不知道恋爱的滋味是什么样的，于是他们决定要找一个女朋友！但是找女朋友可不是那么容易的事儿，学过营销的小宋灵机一动，想到了一个办法，他将目前所接触过的女生分为三类：第一类是女神级别的，长得非常漂亮，各个方面都很优秀；第二类是长相普通的，但是某一个方面很有魅力；第三类是长相一般的，同时对于小宋来说不适合做女朋友的。分类之后小宋觉得虽然女神很美，但是追求者太多了，自己没有竞争力，于是便将目光投向了第二类女生，并排除掉已经有男朋友的，于是小宋用了两周的时间成功脱单，而小高还在茫茫人海中继续寻找。

著名的市场营销学者麦卡锡提出应当把消费者看作一个特定的群体，称为目标市场，目标市场就是通过市场细分后，企业准备以相应的产品和服务满足其需要的一个或几个子市场。对于企业来讲，所谓目标市场，是企业在细分市场的基础上，根据自身资源优势所选择的、主要为之服务的那部分特定的顾客群体，是企业在市场细分之后的若干"子市场"中，运用企业营销活动之"矢"而瞄准的市场方向之"的"的优选过程，瞄准的是具有相同需求或特征的、企业决定为之服务的购买者群体。选择正确的目标市场可以帮助企业更迅速地获取消费者的芳心，从而实现更大的盈利。就如故事中的小宋选对了目标，很快便完成了脱单的心愿。

选择目标市场是市场营销很关键的一步，大致包含如图5-4所示的三步。

评估细分市场　→　筛选目标市场　→　确定目标市场营销策略

图 5-4 选择目标市场的步骤

二、评估细分市场

（一）细分市场的规模和潜力

1.市场规模适度

企业进入某一市场的目标是盈利，如果市场规模过于狭小，企业进入这个市场就没有意义了；另外企业也要避免"多数谬误"，即与大多数企业遵循同一思维逻辑，将规模最大、最具有吸引力的市场作为目标市场，这样容易导致过度竞争，造成社会资源的浪费，同时企业很难建立起竞争优势，经营结果不理想。

二维码5-2

市场细分与目标市场（下）

2.市场具有发展潜力

市场规模的大小并不完全代表市场盈利能力的大小，在评估细分市场的时候还要注意分析细分市场的发展潜力，可以从宏观环境方面对市场的发展潜力进行分析和预测，这就要考虑到政治、经济、社会文化和科学技术等因素的影响。企业在选择目标市场时一定要从多个维度考虑细分市场的潜力和发展机会，选择一个具有一定发展潜力的细分市场进入。

（二）细分市场的结构吸引力

在完成市场细分之后，企业应如何选择目标市场？这时，就需要评估各个细分市场的吸引力。迈克尔·波特于20世纪80年代初提出波特五力模型，他认为行业中存在着决定竞争规模和竞争程度的五种力量，这五种力量综合起来影响着产业的吸引力以及现有企业的竞争战略决策，这五种力量分别为同行业内现有竞争者的竞争能力、潜在竞争者进入的能力、替代品的替代能力、供应商的讨价还价能力与购买者的议价能力，如图5-5所示。

图5-5　波特五力模型

1.同行业内现有竞争者的威胁

如果某个细分市场已经有了众多的、强大的或者竞争意识强烈的竞争者，那么该细分市场就会失去吸引力。如果该细分市场处于稳定或衰退状态，生产能力不断提升，固定成本过高，撤出市场的壁垒过高，竞争者投资很大，那么情况就会更糟。这些情况容易导致价格战、广告争夺战，尤其当推出新产品时，企业参与竞争会付出高昂的代价。

2.新竞争者的威胁

如果某个细分市场可能会增加大量资源并引入争夺市场份额的新竞争者，那么该细分市场的吸引力的大小，这取决于该细分市场的壁垒高低。如果新的竞争者在进入市场的时候会遭遇很大的壁垒，那么新的竞争者就很难进入该细分市场，而一旦进入该市场，盈利的机会也会增加。如果该细分市场的进入壁垒很低，新的竞争者很容易进入该细分市场，那么这个细分市场的吸引力就大大降低了。

3.替代产品的威胁

某个细分市场存在着替代产品或者潜在的替代产品，那么该细分市场的吸引力就会降低。因为替代品会降低该细分市场内价格和利润的增长，与替代品的竞争也会增加企业资源的消耗，所以企业在选择目标市场的时候一定要注意替代品的市场情况，如果替代品的发展势头良好，尽量不要进入该细分市场。

4.购买者讨价还价能力加强的威胁

某个细分市场中购买者的讨价还价能力很强或者正在加强，该细分市场的吸引力就会大大降低。购买者会尽力地压低价格，同时又要求供应商提供更高质量的产品和服务来最大化自己的利益。在这种情况下，销售商之间还会进行激烈的竞争，使整个行业的利润水平大大降低，企业在选择目标市场的时候一定要注意规避这种细分市场，可以选择购买者议价能力较弱的市场进入，当然最好的防御方式是提供顾客无法拒绝的优质产品。

5.供应商讨价还价能力加强的威胁

企业的供应商一般包括原材料和设备供应商、公用事业部门、银行、行业协会等，如果细分市场中供应商讨价还价的能力很强，那么市场的吸引力就较小。强大的供应商很可能会采取向前联合的方法进行扩张，其议价能力就会大大提高，所以，与供应商建立良好关系和建立多种供应渠道才是防御上策。

一个细分市场的结构吸引力是上述五种变量的函数，分析每一个细分市场的吸引力，是企业选择目标市场时不可忽视的重要步骤。

（三）企业自身的目标和资源

某些细分市场虽然有较大吸引力，但是和企业自身的目标不符，企业的目标包括若干方面，主要有市场份额、利润率和收益率、一体化方向以及市场和产品发展方向。如果细分市场不能推动企业实现自身的发展目标，甚至分散企业精力，使之无法完成主要目标，那么这样的市场可以考虑放弃。此外，企业在选择目标市场的时候还应该考虑企业自身的资源和能力是否能够有效进入细分市场，与自身条件相符的细分市场才能为企业创造利润。

案例直通车5-3 ▰▰▰

一家小油漆厂的成功

英国有一家小油漆厂，这个小油漆厂向许多潜在消费者调查他们的需要，并对市场做了细分：本地市场占60%，是一个较大的普及市场，对各种油漆产品都有潜在需求，但是本厂无力参与竞争。另有4个分市场，各占10%的份额。一是家庭主妇群体，特点是不懂室内装饰需要什么油漆，但是要求油漆质量好，希望油漆商提供设计，油漆效果美观。二是油漆工助手群体，他们需要购买较好质量的油漆，并替住户进行室内装饰，他们过去从老式金属器具店或木材厂购买油漆。三是熟练油漆技工群体，他们的特点是不买调好的油漆，只买颜料和油料自己调配。四是对价格敏感的青年夫妇群体，其特点为收入低、租公寓住。按照英国的习惯，公寓住户在一定时间内必须为住房刷油漆，以保护房屋，因此他们购买油漆不要求质量，只要比白粉刷浆稍好就行，但要求价格便宜。

经过研究，该厂决定选择对价格敏感的青年夫妇作为目标市场，并制定了相应的市场营销组合：（1）产品，经营少数不同颜色、不同包装规格的油漆，并根据目标顾客的喜好随时增加颜色品种、改变包装罐的大小；（2）分销，将产品送抵目标客户住处附近的每一家零售店，目标市场范围内一旦出现新的商店，立即发展其经销本厂商品；（3）价格，保持单一低廉价格，不提供任何特价优惠，也不跟随其他厂家调整价格；（4）促销，以"低价""满意的质量"为经营口号，以适应目标顾客的需求，定期变换商店布置和广告版本，创造新颖形象，并调整使用广告媒体。

由于市场选择恰当，市场营销战略较好地适应了目标顾客。虽然经营的是低端产品，该企业仍然获得了很大成功。

资料来源：吴健安，钟育赣. 市场营销学［M］. 北京：清华大学出版社，2022.

三、目标市场的模式及策略

（一）目标市场选择的模式

市场细分是探讨公司可能把握的各种市场机会，目标市场的选择则是在评估基础上寻找企业的发展机会。企业对不同的细分市场评估后，必须选择目标市场。一般来说，一个企业可以考虑的目标市场选择模式有五种：目标集中化、产品专业化、市场专业化、选择专业化以及完全覆盖（如图5-6所示），其中，P代表产品，M代表市场。

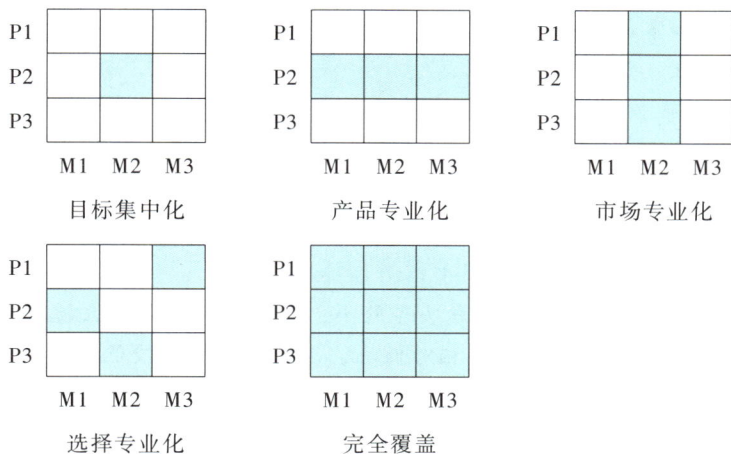

图5-6 目标市场的选择模式

1.目标集中化

目标集中化是指公司只选择一个目标市场进行集中营销。这是一种最简单的目标市场模式，在这种模式下，企业只生产一类产品，供应单一的客户群体。例如，陕汽集团主要针对的是重型卡车、重型军用越野汽车以及大吨位商用车市场，其他车型则较少涉及。

公司选择单一市场进行集中营销，可以集中公司的优势力量，更加充分地了解目标市场的市场需求，满足客户需要，在市场上树立起良好的声誉，进而可在该目标市场上建立牢固的市场地位。如果细分市场选择得当，公司的投资便可以获得高回报。

一个公司之所以会选择单一细分市场进行集中化经营，通常是基于以下考虑：公司具备在该细分市场从事专业化经营，并取得优势地位的实力；公司在资源方面受到限制，只能在一个细分市场上有效经营；在选定的细分市场上不存在竞争对手，或是市场竞争较小；公司准备以此为基础，力求在该细分市场上取得成功之后，向其他领域扩张。

值得注意的是，集中经营比一般经营风险更大。例如，所选择的细分市场需求萎缩，或者某个强有力的竞争者决定进入同一个细分市场，都会使公司陷入困境。出于这些原因，许多公司宁愿在若干个细分市场进行分散营销。

案例直通车 5-4

经常卖99块钱机票的航空公司，利润率竟然是行业第一?!

春秋航空总部在上海，是中国首批民营航空公司之硕果仅存者，是国内首家低成本航空公司，即主打低价机票市场，在产品进入市场的早期，采取将价格定在较低的水平，尽可能吸引最多消费者的营销策略。

航空业是一个看起来风光、实际上利润微薄的行业，各大航空公司的利润都很微薄。春秋航空的营销策略主要通过摊薄成本实现，通俗地说就是可花可不花的钱，一律不花；必须花的钱，一块钱掰成八瓣儿花，具体通过以下营销策略实现。

1）只配置A320一种机型

这样飞机和零部件都可以形成规模效益，降低成本。人员培训、维修保养只需要设立一个标准，费用大大降低。

2）非必需服务全砍掉

没有免费餐饮，没有免费毛毯，行李的免费托运额度非常低。由于飞机停得离候机大厅远，因此停机费用比较便宜，乘客登机的时候只能坐接驳车过去或者走过去。

3）去掉商务舱和头等舱，全部改为经济舱

经济舱占用的空间较商务舱或头等舱小，这样设置使得座位数比别家航空公司多了50多个，而且经济舱的价格相对低廉，因此空座率也较低。

4）只要飞不死，就往死里飞

一般航空公司的飞机一天飞4~5次，春秋航空的飞机一天飞8次。

通过以上几种策略，春秋航空盈利状况如何呢？答案是非常好，利润率稳居中国主要航空公司第一名（如图5-7所示）。

春秋航空的整体实力在所有航空公司中是居于中低位的，但是通过瞄准低价机票市场，并且结合一系列措施降低成本，总体利润率被提高到行业第一的水平。

图 5-7　中国主要航空公司收入利润率

资料来源：佚名. 经常卖99块钱机票的航空公司，利润率竟然是行业第一?!［EB/OL］.
［2018-03-11］. https：//www.sohu.com/a/225296747_328948?f=index_itnews_0_2.

2.产品专门化

产品专门化是指公司集中生产一种产品，并向各类客户销售这种产品。从某种程度上说，这种产品专门化的方式类似于利基市场模式，将某一种产品做到极致。

公司专注于某一种或某一类产品的生产，有利于市场面的扩大，有利于公司在生产和技术上形成优势，在该产品领域树立良好的形象。

需要注意的是，采取这种方法也存在着潜在风险，即当该产品领域原有的生产技术被一种全新的技术替代，或是该产品被一种新型的替代品替代时，该产品的发展潜力就会大大降低。

3.市场专门化

市场专门化是指企业生产经营各种产品满足某类消费者群体的各种需要，即企业生产销售供某类消费者需要的各种产品。例如，某些化工用品生产企业专门提供实验室设备，某些服装制造商专门生产大码服装等。

市场专门化可以更好地为某一类消费者群体服务，有助于企业与消费者之间形成稳定的购买关系，从而可以降低一部分交易成本，并在这一类消费者中树立良好的形象。同时，由于采用这种方式的公司经营的产品类别众多，因此能有效地分散部分经营风险。当然，一旦由于某些原因导致这类消费者的购买力下降，产品销量也会随之下降。

4.选择专门化

选择专门化是指企业在市场细分的基础上，集合公司的资源状况，有选择地生产某几种产品，或是有目的地进入某几个细分市场，满足某些消费者群体的需要，即企业选择几个吸引力强并且与本企业战略目标和资源条件相符合和接近的细分市场。在这种方式下，公司所选择的目标市场之间可以联系少或者没有任何联系，但是每个目标市场都具有良好的盈利潜力和结构吸引力。

这种多细分市场目标优于单细分市场目标，可以分散公司的风险。即使某个细分市场失去吸引力，公司仍可以继续在其他细分市场获取利润。此外，采用这种模式必须以几个细分市场均有相当的吸引力以及发展潜力为前提。同时，企业还要具有较强的资源和营销实力。

5.完全市场覆盖

完全市场覆盖是指企业生产和经营各种产品以满足所有消费者的需要，即企业经营各类用户所需的各种产品。例如，宝洁旗下有各种品类、各种档次的日化产品，基本覆盖日化领域的所有产品。实现完全市场覆盖主要通过两种途径：一种是实行无差异营销，即忽略细分市场的差别，满足市场共同需求。另一种是制订和实施与细分市场适应的营销计划，包括不同的营销组合策略。只有实力雄厚的大公司才有能力采用完全市场覆盖策略，例如，美国IBM公司在全球计算机市场、通用汽车（GM）公司在全球汽车市场和可口可乐公司在全球饮料市场采用的均为完全市场覆盖的目标市场策略。

（二）目标市场选择策略

各公司选择的目标市场的范围不同，所采取的策略就会有所差异，企业目标市场选择策略主要有无差异性市场选择策略、差异性市场选择策略和集中性市场选择策略三种（如图5-8所示）。

无差异性市场选择策略	企业营销组合	→	整个市场
差异性市场选择策略	企业营销组合 企业营销组合 企业营销组合	→	企业营销组合 企业营销组合 企业营销组合
集中性市场选择策略	企业营销组合	→	企业营销组合 企业营销组合 企业营销组合

图5-8　三类目标市场选择策略

1.无差异性市场选择策略

无差异性市场选择策略是以市场总体为服务对象，对消费者需求不加以明确的细分，不考虑消费者需求的差异，力求能够满足大多数消费者的共同性需要。企业只用单一的营销策略来开拓市场，即推出单一的标准化产品、采用一种价格、使用一种分配渠道和促销手段。

无差异性市场选择策略的立足依据是成本的经济性，由于品牌专一、便于组织大批量生产、储存和运输，因而能获得规模效益而降低成本。同时，该策略不需要进行市场细分，可以减少调研和促销的费用。

这种选择策略对于需求广泛、市场同质性较高，并且公司有能力进行大规模生产、大批量销售的产品来说，是比较合适的。但是，对于大多数产品，无差异性市场选择策略并不一定合适。首先，消费者需求千差万别，并且不断变化，一种产品长期为所有消费者和用户所接受的现象相对罕见。其次，由于忽略了差异性，当众多公司都采用这一策略，提供相同的产品和服务时，最大细分市场内的竞争将加剧，而较小的细分市场将被忽视，甚至被遗忘，无人问津，即构成了"多数谬误"。最后，采用这种选择策略的公司对市场需求变化的反应不太灵敏。在需求变化频繁的市场上，这类公司常常表现出适应能力差，易受到竞争对手攻击等弊端。当其他公司针对不同的细分市场提供更有特色的产品和服务时，采用无差异市场选择策略的公司可能会发现自己的市场正在遭受蚕食，而又无法采取有效的措施进行反击。正是由于这些原因，世界上一些曾经长期实行无差异市场选择策略的大企业最后也被迫转而实行差异性市场选择策略。

肯德基最开始在全世界推广的时候，采取同样的烹饪方法、同样的制作程序、同样的质量指标、同样的服务水平，财务无差异的策略，刚进入中国市场的时候也是如此，但后来逐渐改变原有的策略，现在肯德基也有盖浇饭、油条、粥等中式传统食品了。

2.差异性市场选择策略

差异性市场选择策略是将整体市场划分为若干个需求大致相同的细分市场，然后根据本公司的资源、能力和营销实力，选择不同数目的细分市场作为目标市场，并针对每一细分市场制订一套独立的营销方案，以满足不同消费者的需求，扩大市场份额。实行差异性市场选择策略的公司必须有一定的规模，实力雄厚；公司的技术水平、设计能力能与之适应。此外，公司也要有一定的经营管理能力。

差异性市场选择策略有以下优点：小批量、多品种，生产机动灵活，能够有针对性地满足具有不同特征的客户群体需求，从而提高产品的竞争能力，并由此促进产品的销售。另外，如果一个公司的产品采用差异性市场选择策略在数个或者更多个细分市场上取得良好的营销收益，就能够在各市场上为本公司的产品树立良好的形象，从而吸引更多的现有购买者和潜在购买者，提高企业产品的市场占有率。

差异性市场选择策略并非完美，它的不足之处主要体现在两个方面：一方面，增加了营销成本，产品品种多会使管理费用和存货成本增加。另外，公司必须针对不同的细分市场制订独立的营销计划，拓宽营销渠道，造成了广告促销的扩大化与多样化，这些都会增加公司在市场调研、促销和渠道管理等方面的营销成本。另一方面，可能使公司的资源配置不能有效集中，顾此失彼，甚至在公司内部出现彼此争夺的现象，使重点产品难以形成优势，克服这种现象的一种选择就是只生产或经营少数品种产品。

3.集中性市场选择策略

集中性市场选择策略是指企业选择一个或少数几个细分市场作为目标市场，制订一套营销方案，实行专业化生产和销售，集中力量争取在这些小市场上发挥优势，提高市场占有率。采用这种策略的企业对目标市场有较深的了解，不是追求在整体市场上占有较小的份额，而是为了在一个或少数几个较小的细分市场上取得较大的占有率，甚至处于支配地位。

企业选择集中性市场选择策略的原因是：与其四处出击而收效甚微，不如突破一点取得成功。这一策略比较适用于资源力量有限的中小企业，这类企业由于受财力、技术等方面因素制约，在整体市场可能无力与大企业抗衡，但如果集中资源优势在大企业尚未顾及或尚未建立绝对优势的某个或某几个细分市场进行竞争，成功的可能性较大。集中性市场选择策略的优点是：能够有效使用公司资源，集中公司优势，占领空白市场或边缘市场。并且，随着生产、分销渠道、广告宣传等的专一化，不仅公司的生产和营销成本逐步降低，盈利增加，产品和公司在目标市场中的声誉也能提高，即可顾全市场差异性和营销经济性两个方面的要求，从而提高企业的经济效益。

集中性市场选择策略的局限性体现在两个方面：一是市场区域相对较小，企业发展受到限制；二是潜伏着较大的经营风险，一旦目标市场突然发生变化，如消费者的兴趣发生转移，或强大竞争对手进入，或新的更有吸引力的替代品出现，企业都可能陷入困境。因此，许多中小企业为了分散风险，仍然选择一定数量的细分市场作为自己的目标市场。

通过以上分析可以发现，无差异性市场选择策略面向同样或类似需求的消费者，差异性市场选择策略则面向有不同需求的消费者，两者的共同点是都面向整个市场，都适用于大中型企业。因此，对于国有企业来说应进入基础性、公益性的行业，通过垄断经营来控制国民经济的命脉，而不应该进入竞争性的行业，避免与中小非公有制企业竞争。而集中性市场选择策略更适用于小型企业，因为小型企业拥有的资源有限。在这种选择策略下，企业可以集中精力实行专业化、系列化的生产和销售。

对目标市场进行小结，可以得到图5-9。

图5-9　目标市场小结

第三节　市场定位

兵者，诡道也。故能而示之不能，用而示之不用，近而示之远，远而示之近。利而诱之，乱而取之，实而备之，强而避之，怒而挠之，卑而骄之，佚而劳之，亲而离之。攻其无备，出其不意。此兵家之胜，不可先传也。

——《孙子兵法·始计篇》

一、市场定位的概念

二维码 5-3

市场定位

案例直通车 5-5

哈根达斯、DQ，作为消费者，你对哪个品牌的好感度更高？是否大多数消费者对于哈根达斯的消费体验是从中能吃出人民币的味道，很高大上，更适合情侣约会；而 DQ——Dairy Queen 冰雪皇后，经常变换口味，很时尚，同时价格也更适中。这就是这两个冰淇淋品牌风靡全球的原因之一——清晰而精准的市场定位。下面就让我们进入冰淇淋的定位世界。

1.哈根达斯——高端卡位的智慧

哈根达斯创立之初，冰淇淋品牌林立，各式各样的品种都在冲击着人们的感官与味觉。在大部分冰淇淋品牌仍在街头流动雪糕车上销售，力图用低廉的价格和相对美好的口味吸引更多回头客时，哈根达斯将自身定位为顶级雪糕的代表，以自我沉醉、愉悦万分的感官享受作为卖点，迅速占领高端成人消费市场。

20世纪80年代哈根达斯在欧美市场大获成功，除了对于"尊贵、稀有"品牌气质的强调以外，与浪漫爱情的关联也是其成功的关键因素。哈根达斯在对市场重新细分后，开始关注对爱情怀有旖旎幻想的女性群体。哈根达斯为冰淇淋甜蜜香滑的口感赋予各种带有浓情意味的象征——情人的亲吻、指尖的缠绕、绵长温柔的拥抱，进而将品牌的目标顾客从尊贵一族调整为对爱情怀有旖旎幻想的女性群体。一方面，它抓住了女性群体对于浪漫情调和美味食物往往难以抵抗的特质；另一方面，这种定位使产品与目标客户间产生了深层的情感维系，无论是该品牌广告中对于"爱她，就带她去哈根达斯"的极尽渲染和强调，还是顾客在品味冰淇淋时脑中泛起的种种联想，都将顾客更牢固地锁定在幻想、渴望、尝试和享受中。契合情人间"我在你眼中独一无二"的情感需求，以精心营造出小资情调和高品位的生活。

2.DQ——亲民无间的头脑

哈根达斯火了，但并不是所有人都能吃得起哈根达斯。一些介于15至35岁之间的潮流青年人及年轻家庭，希望以自己可支付的价格，在轻松愉快、美式风格鲜明的环境中，享用高品质的食品和舒心的服务。当然，这个群体并不是有钱人群，他们有的只是青春、活力、激情！DQ 注意到了这一群体。因为 DQ 本身的清新、健康、自然因素，恰恰就是这个年轻群体的消费需求。与哈根达斯不同，DQ 的口号是"谁都消费得起"。要做到这一点，DQ 另辟蹊径，避开哈根达斯的贵族锋芒，扬长避短，发挥自己的优势。DQ 经典产品"暴风雪"的"倒杯不洒"创意十足，产品口味更新速度快，突出时尚前卫的个性，符合目标顾客快节奏的生活方式，利用其不断尝新的诉求获得强黏性的顾客。

　　哈根达斯在中国的定位比较清晰，要做冰淇淋中的"劳斯莱斯"，重在体"验"。而 DQ 的定位策略则意欲囊括低端和高端之间很大一部分主流顾客群体，做冰淇淋中的大众，重在体"味"。有竞争才会有动力，有动力才会有发展。

　　资料来源：杜鹏，樊帅. 人人学点营销学［M］. 北京：机械工业出版社，2020.

　　由此可以看出市场定位对获取并确定顾客价值是十分重要的。市场定位（Market Positioning）是 20 世纪 70 年代由美国学者阿尔·赖斯提出的一个重要营销学概念，不管在传统营销还是在现代营销中都具有非常重要的作用。市场定位的概念就是为使产品在目标消费者心目中相对于竞争产品占据清晰、特殊和理想的位置而进行的安排。因此，营销人员设计的重点必须使他们的产品有别于竞争品牌，为本企业产品塑造与众不同、印象鲜明的形象，并将这种形象传递给消费者，从而使本企业产品在市场上占有相当的位置。

　　通俗来讲，市场定位并不是对一件产品的本身做些什么，而是产品在潜在消费者心中的定位，市场定位的实质是将本企业与其他企业精确区分开来，使消费者明显感觉到这种差别，从而在消费者心中占有特殊的位置。简而言之，就是想办法在目标客户心中树立独特的产品形象。

二、市场定位的原因

　　企业为什么要进行定位，这主要从消费者对信息处理的习惯方式进行说明，即消费者的心智模式，定位的前提是了解消费者的心智模式。1996 年，特劳特与瑞维金在《新定位》一书中列出了消费者的五大心智模式：消费者只能接受有限的信息；消费者喜欢简单，讨厌复杂；消费者缺乏安全感；消费者对品牌的印象不会轻易改变；消费者的想法容易失去焦点（如图 5-10 所示）。

　　第一，消费者只能接受有限的信息。在纷繁的信息中，消费者会按照个人的经验、喜好甚至情绪来选择接受和记忆信息。

　　第二，消费者喜欢简单，讨厌复杂。由于各种媒体广告的"狂轰滥炸"，消费者没有时间处理长篇累牍的信息，所以希望得到简单明了的信息。

　　第三，消费者缺乏安全感。根据行为学家的研究，在选择品牌的时候，消费者可能面临功能风险、生理风险、财务风险、社交风险、心理风险、时间风险等六个方面的风险。广告在宣传品牌时应该尽量减少这些方面的风险，给消费者增加安全感。

　　第四，消费者对品牌的印象不会轻易改变。一旦在消费者脑海中沉淀下来，品牌的形象就会根深蒂固。

第五，消费者的想法容易失去焦点。一些品牌同时进入多个产品领域，另一些品牌则与时俱进地不断变换品牌的诉求点，最终结果都是使消费者模糊了原有品牌的形象。

消费者的五大心智模式	只能接受有限的信息	经验、喜好、情绪
	喜欢简单、讨厌复杂	信息爆炸、碎片化
	缺乏安全感	面临各种风险
	对品牌的印象不会轻易改变	强调第一印象
	想法容易失去焦点	品牌膨胀，产品迭代

图5-10　消费者的五大心智模式

三、市场定位的步骤及策略

(一) 市场定位步骤

案例直通车5-6

依云矿泉水的精准定位

依云水的发现是一个传奇，据说，1789年夏，一个叫Marquis de Lessert的法国贵族患上了肾结石。当时流行喝矿泉水，他决定试一试。有一天，当他散步到附近的依云小镇时，他取了一些源自Cachat绅士花园的泉水。饮用了一段时间后，他惊奇地发现自己的病奇迹般痊愈了。这件奇闻迅速传开，专家们就此专门做了分析并且证明了依云水的疗效，但谁也不知道这股泉水来自何处。此后，大量的人群涌到了依云小镇，亲自体验依云水的神奇，医生们更是将它列入药方。拿破仑三世及其皇后对依云镇的矿泉水情有独钟，1864年正式将其赐名为依云镇（Evian来源于拉丁文，本义就是水）。从此，Cachat绅士决定将他的泉水用篱笆围起来，并开始出售依云水。Cachat家的泉边一时间是衣香鬓影，名流云集，纷纷来享受依云水。随后，这种传说最少经过15年冰川岩层过滤而成的依云水，开始走向世界，出现在五星级酒店、高级会所、高尔夫球场、机场等高端人群活动场所，不断向世界人民诉说着依云小镇的神奇故事。

不管传说是真是假，有一点我们必须肯定，依云水因为这个品牌故事而变得更加神秘和高贵。从营销的角度来说，突破水本身，是依云赋予产品附加价值的重要策略。一种水，当被赋予了文化与时尚，它卖出的就不是水本身的价格，而是文化与时尚的价格，怎么衡量也不贵。

依云的产品营销策略是：在饮用水产品口味上不做多元化，围绕优质的"水"，在业务上做了更宽泛的延展，开创新的产品品类。

（1）准确定位，锁定高端包装水市场，进行品牌传播。

依云的定位超越了水本身的物理概念，诉求产地与众不同的水源，15年冰川岩层过滤的自然属性，具有一定的治病功效的功能属性，两者的叠加就奠定了高端水的基本气质。再从产品价格来看，依云水独领高端包装水市场风骚，普通矿泉水1.5元/瓶，依云矿泉水一般零售价都在8元/瓶以上。从其定位地图来看，依云的产品营销策略非常明显，它集成传播产地水源、治疗功效、品牌文化。

结合价格的定位，依云牢牢将目标消费者定位在体育明星、时尚明星、成功商务人士和政府高级官员身上，并选择性地铺设了与之对应的细分渠道。

（2）多元化延展，创新品类，推出系列护肤产品。

借助品牌影响力，依云锁定年轻女性，创新品类，推出面膜、喷雾（规格50ML、300ML、400ML）、天然活肤矿泉水喷雾限量版（150ML）；同时，依云还推出水嫩白面霜、香体乳液、矿泉补水嫩白防晒、补水净白洗面奶、补水嫩白乳液、补水嫩白化妆水等，抢占高端护肤用品市场。

（3）多元化延展，以依云产品为依托，发展美容业和文化旅游业。

1902年依云镇成立了专门的依云水治疗中心；1984年改建为SPA，即依云水平衡中心。该SPA所用的水都是依云水，所用的护理产品如保湿喷雾也是依云水。水平衡中心的成立及效果又为依云增添了一份神秘色彩，这份神秘和神奇吸引了越来越多的慕名者。

图5-11比较形象地总结了依云市场定位的成功秘诀。

图5-11　依云市场定位的钻石模型图

资料来源：滕越. 依云营销成功之处 ［EB/OL］. ［2019-11-14］. https://wenku.baidu.com/view/d3e1bcc5793e0912a21614791711cc7930b77838.html，有修改.

通过依云营销案例，我们对依云如何进行市场定位有了进一步的认识。它遵循的是"钻石定位图"，在属性定位上，它强调15年冰川岩层过滤的自然属性；在功能定位上，它强调其纯天然和治疗功能，匹配护肤品类和美容产业的发展；在价值（情感）定位上，依云卖的不是水，是一种生活和时尚，它构造了一个传奇的品牌故事，为产品打造了高端气质，同时通过高价与专门的渠道进行匹配。下面我们来具体学习定位的步骤。

定位理论的核心，是解决"什么是定位、定位什么、如何定位"三个方面的问题。"钻石模型"——Michael Porter Diamond Model是由美国哈佛商学院著名的战略管理学家迈克尔·波特提出的。他提出了国家竞争优势理论，这一理论着重讨论特定国家、产业或企业在竞争中取得优势的条件，包括生产要素，需求条件，相关产业及支持产业的表现，企业的战略、结构和同行竞争对手，以及两个变数：政府和机会，这四个条件和两个变数的动态整合构成了取得竞争胜利的优势，并构成了钻石理论模型。后来，经清华大学的李飞教授总结及相关研究演变成钻石图定位法。2003年，李飞提出了三步定位法，为钻石定位模型的形成奠定了重要基础。该方法的提出解决了为了谁（目标客户）、在哪个方面（定位点）提供更有利价值，可以实现什么目标（到位的理由）的问题。这就是其主要的三方面贡献，一是拓展了定位的范围，提出了定位的范围应突破产品本身，从产品定位发展至营销定位；二是明确了定位的过程，提出了定位全过程的三个步骤：找位、选位、到位；三是提出了定位点的概念。2006年，李飞对原有模型进行了修订，将其命名为市场定位钻石模型。

钻石模型的定位过程主要分为三步：第一步，找到目标市场，在市场研究的基础上分析消费者需求，从而确定潜在客户，进行竞争优势评估，最终确定目标客户，并了解目标客户在营销组合要素方面的需求特征；第二步，选择定位点，细分目标客户的利益并找出其最关注的几个利益点，通过分析竞争对手来确定自身具有竞争优势的1~3个利益点，并将这些利益点确定为定位点，再根据已确定的利益点确定属性定位点和价值定位点，在利益定位点已经实现差异化的情况下，价值定位点可有可无，但是如果利益定位点未能实现与竞争对手的差异化，则必须通过价值定位点实现差异化；第三步，定位的实现要保证产品在营销中切实到位，围绕目标客户群，在相应的市场定位基础上进行营销要素的整合。将定位点规划为优于竞争对手，将非定位点规划为达到行业平均水平，同时要为定位点的实现提供服务。用纵轴表示定位过程，横轴表示定位内容，三角形表示定位范围，然后将三者组合起来，就构成了市场定位的钻石模型图（如图5-12所示）。

用钻石定位法进行市场定位的具体步骤如下：

第一，在市场研究的基础上，找到目标市场（目标顾客群），了解他们在产品、价格、分销和沟通等方面的需求特征。

第二，细分目标顾客利益，找出他们最关注的若干利益点，通过分析竞争对手确定自身具有竞争优势的若干利益点，将这些利益点确定为定位点。

第三，根据利益点确定属性定位点和价值定位点。属性定位点是实现利益定位点的要素，价值定位点是满足目标顾客精神上的享受。无论利益定位点是否体现了差异化，最好在价值方面找到并确定差异化的价值定位点。

第四，通过营销组合实现已经确定的定位。

图 5-12 钻石模型图

（二）市场定位的策略

1.功能定位

功能定位是基于对消费者内心的洞察，发现潜在需求，打造产品独有的特性。在消费实践中，企业若总是在促销活动中一味地向消费者强调自身的优势，不如告诉消费者可以为他解决什么问题，带来什么功能。

（1）利益化

产品提供给顾客的利益是顾客最能切实体验到的，目前，在市场上产品的特性共同点太多的情况下，空泛地告诉消费者自身的"好"会导致消费者感知力的下降，利益定位则可以直接击中消费者的痛点。

（2）技术化

要解决用户需求问题，"技术"是关键性因素。失去技术支持，所谓的为用户带来的价值和利益也都变得苍白无力，而把握这一问题的关键在于产品的设计导向。一般而言，产品的设计都是功能导向的。设计者和生产者往往关注各类技术参数的不断提升，在材质、外形、色彩等方面下功夫，以更快、更大、更小、更经济等量化指标为衡量标准，以求更好地满足顾客需求。但是，在技术情商的大趋势下，这一功能导向的产品设计战略观将会成为明日黄花，取而代之的将是情感导向的产品设计战略观。未来的产品，必须具备与用户的每一使用时刻不同的情感状态相呼应的调适性，才有望立足并赢得未来。换言之，未来的产品必须具备与用户共情的能力。

（3）细分化

企业要进行市场的扩张和产品的发展，需要对市场进行进一步的细分，结合自身的优势和劣势选择合适的目标市场，这一步骤可以借助安索夫矩阵来实现。策略管理之父安索夫博士于1975年提出安索夫矩阵，以产品和市场作为两大基本方向，区别出四种产品/市场组合和相对应的营销策略，是应用最广泛的营销分析工具之一。安索夫矩阵是以2×2的矩阵代表企业企图使收入或获利增长的四种选择，其主要的逻辑是企业可以选择四种不同的成长性策略来达到增加收入的目标（如图5-13所示）。

图5-13　安索夫矩阵

①市场渗透（Market Penetration）——以现有的产品面对现有的顾客，以目前的产品市场组合为发展焦点，力求提高产品的市场占有率。采取市场渗透的策略，需借由促销或是提升服务品质等方式来说服消费者改用不同品牌的产品，或是说服消费者改变使用习惯、增加购买量。

②市场开发（Market Development）——提供现有产品，开拓新市场。企业必须在不同的市场上找到具有相同产品需求的消费者，其中产品定位和销售方法往往会有所调整，但产品本身的核心技术不必改变。

③产品开发（Product Development）——推出新产品给现有消费者，采取产品延伸的策略，利用现有的消费者关系来借力使力。通常是以扩大现有产品的深度和广度，推出新一代或是相关的产品给现有的消费者，提高该产品在消费者心中的地位。

④在新市场投入新产品（Diversification）——提供新产品给新市场，由于企业的既有专业知识能力可能派不上用场，因此它是最冒险的多样化策略。其中成功的企业多半能在销售、通路或产品技术等know-how上取得某种综效（Synergy），否则多样化的失败概率很高。

通过安索夫矩阵的分析，细分化定位可以分为三个方向：

①现有市场细分。对现有市场的消费者进行进一步的研究和细分，识别消费者的痛点，并为之提供解决方案。麦当劳为了在奶昔市场上超越竞争对手，进行了专业的消费者研究，发现购买奶昔的消费者大多是早上开车的白领群体，他们将奶昔作为自己的早餐，所以他们并不在乎奶昔是否好喝，在乎的是能否让自己吃饱，所以麦当劳奶昔定位的市场是"帮助早晨开车上班的人，单手解决早餐"。而在这个定位中，"好喝"并不是最重要的，所以在竞争对手都忙着提高好喝程度的时候，他们着重提高了杯子的握感、奶昔的黏稠度（防止倾洒）、多重营养成分（如加入坚果补充营养）等，满足消费者的多重需求。把奶昔的机器搬到柜台前，让消费者不用排队刷卡自助取用等。这些举措大大提高了奶昔的销量。

②现有消费者细分。消费者在不同使用场景下的消费需求也是存在区别的。区分不同使用情景下的消费需求，可以发现新的市场机会。戴比尔斯当年用一个口号"a diamond is forever"，让钻石由一块石头，变成了结婚的象征，让无数男人拿出一年的收入，来买一个没有任何使用价值的产品，仅仅是为了证明"我爱你，所以我愿意为了你进行无意义的花费"。但后来戴比尔斯发现，女性左手配戴的钻戒已经市场饱和（所有人都买结婚钻戒），所以准备开发右手配戴的钻戒市场，于是打出了"左手代表我们，右手代表自己"这一口号。

如果说之前的左手钻戒满足的心理需求是"证明配偶很爱我"，那么现在的右手钻戒满足的需求就是"证明我是经济独立的女性，能给自己买钻戒"，前者唤起了"求偶"动机，后者唤起了"社会地位"动机。而这根本就不是同一个市场，相对应的所有渠道策略、市场策略、销售策略等都不一样。同一个人，在不同的场景下，用同样的产品完全满足了不一样的需求，市场也根本不是同一个。不能只用"消费者如何满足需求"来定义市场。

③新市场细分。通过对用户的市场细分，实现产品的准确细分，为目标市场提供合适的产品。就产品来说，可以粗略地分为高、中、低三个层次，中高档产品是利润来源，低档产品发挥防止竞争者从低端蚕食市场的作用。例如，农夫山泉"农夫山泉有点甜"的广告词走过了十多年的春秋，农夫山泉也开始进军高端水的行列，通过对高端市场进行细分，针对不同的目标市场提供独特的品类。新品第一弹：高端玻璃瓶水——玻璃瓶+8种奇珍物种图，水质很好；新品第二弹：学生天然矿泉水——运动盖包装+英国插画师画的长白山经典风景；新品第三弹：婴幼儿饮用天然水——专门为孩子准备的水。农夫山泉挺进高端水市场，将市场进行细分，选取几个最有利可图的高端水市场、学生市场和婴幼儿市场。他们抓住了三个市场的特点——高消费（支付能力强）、高收入阶层、高端产品形象。

2.情感定位

功能定位在市场上很流行，一般满足消费者的显性需求，而情感定位可以满足消费者的隐性需求。

（1）故事化

传统的产品推广更多的是冰冷的推广，没有温度，没有情怀；而"故事"是温度和情怀的天然载体。一个产品或者品牌要想迅速地流行，必须有深厚的可以激发人们共鸣的精神和故事。产品故事化，可以使产品生产者和购买者形成一个有共同价值观、有温情的社区，两者之间保持一种情感上的互助、共鸣关系，企业能够获得强黏性的长期用户。

（2）拟人化

拟人化指的是为非人类的事物赋予人类的特征，令其被感知为人。许多企业利用拟人化的形式为自己的品牌或产品创造独特的营销价值。拟人化沟通指的是品牌采用人和人之间的交流模式与消费者进行沟通。许多早期的研究已经揭示，每一种产品都有其独特个性。杜蕾斯成功地将品牌拟人化，在微博等社交平台运营中，将品牌打造成为具有独特魅力和情感影响力的人性化品牌符号，让每一位目标消费者身临其境般地"对号入座"，在潜移默化中形成品牌黏性，产生自然发生的情感磁场效应，触动心灵共识，促进价值认可，从而引爆潜藏在用户心中那些难以名状的情感元素和价值主张，这样用户会自动成为品牌的一员，与品牌融为一体，与品牌荣辱与共。

（3）共情化

共情一词最早源于美学研究领域，是指欣赏者对艺术作品中表达的情感的一种领会和投射，后来铁钦纳（Tichener）将这个词引入心理学领域，作为心理学概念使用，表示对客体的自我投射，此后这一概念在心理学领域得到广泛关注。

共情化是指企业站在消费者的角度去认知问题，体验消费者的情绪，与用户达成共鸣。这种方式是长期的情感投资，它对于品牌形象的塑造、品牌忠诚度的提升、品牌归属感的增强有很大作用。

对市场定位进行小结，可以得到图5-14。

图5-14　市场定位小结

思政小讲堂

　　了解自己比了解别人重要，判断方位比追求速度重要，正确的定位不仅能够在微观层面上帮助企业更好地生存，还能够在宏观层面上促进国家的繁荣昌盛。

　　我们都知道，当前我国的基本国情是处于并将长期处于社会主义初级阶段，这是对我国社会主义历史进程中现实方位的精准判断，也是最科学的判断，是我们谋事干事的总依据。有了这个定位，才能更好地制定和执行方针和政策，谋求经济的发展和国家的复兴。"只有社会主义才能救中国，只有中国特色社会主义才能发展中国"，这一句我们耳熟能详的话，恰恰说明了正确的定位对国家发展而言发挥着多么重要的作用，只有找准了定位才能找对发展的路子。我们从来没有放弃过抗争，可是，为什么洋务运动、戊戌变法、辛亥革命却依然以遗憾告终呢？因为没有立足于我们最基本的国情，没有意识到我们最广大工人阶级最为宏伟的力量，因此就无法形成正确的定位，无法制定出最为有效的战略方针来带领我们走向胜利。

吸取了经验教训之后，我们必须清醒地认识到，只有立足国情、找准社会主义初级阶段这个正确定位，将其作为推进改革、谋划发展的根本依据，才能取得举世瞩目的成就，推动经济的高质量发展，实现我们中华民族伟大复兴的中国梦。

思考与练习

一、名词解释

1.市场细分

2.市场需求

3.市场渗透

二、单项选择题

随堂测5

1.市场细分中的"市场"是指（　　　）。

A．买方　　　　　B.卖方　　　　　C.产品　　　　　D.中间商

2.在食盐市场上，消费者所表现出的需求都相似，这类产品市场被称为（　　　）。

A.同质性市场　　B.异质性市场　　C.消费者市场　　D.目标市场

3.（　　　）是被企业选定作为市场营销对象的细分市场。

A.市场细分　　　B.细分市场　　　C.目标市场　　　D.需求市场

4.采用（　　　）策略的企业应具有较强的资源和营销实力。

A.市场集中化　　B.市场专业化　　C.产品专业化　　D.完全市场覆盖

5.目标市场营销的步骤：一是市场细分；二是选择目标市场；三是进行（　　　）。

A.广告宣传　　　B.竞争　　　　　C.推销　　　　　D.市场定位

三、简答题

1.简述市场细分的模式。

2.简述目标市场选择的策略。

3.简述市场定位策略的优缺点。

四、案例分析题

汇源果汁的
市场细分

1.利用本章所学内容分析汇源如何在短短几年时间内跃升为中国饮料工业十强企业。

2.分析汇源在花费巨资引入生产线并在广告方面投入重金加以市场反击后，其市场份额仍在下滑的原因。

工欲善其事，必先利其器。

——《论语·卫灵公》

第六章

见诸相非相，即见如来——产品策略

学习目标
1. 了解产品的基本概念。
2. 学会用互联网思维看产品。
3. 掌握产品的生命周期。
4. 掌握产品生命周期各阶段的营销策略。
5. 了解新产品的开发。

重难点　产品的生命周期与新产品开发

关键词　产品线；产品组合；产品生命周期；新产品开发

框架图

理解产品　**01**
1. 产品的概念
2. 互联网思维看产品
3. 产品组合
4. 产品包装

02　产品生命周期
1. 产品生命周期的概念
2. 各阶段的营销策略

新产品开发　**03**
1. 新产品的内涵
2. 产品开发的必要性及原则
3. 产品开发策略

庖丁解牛——中国最具工匠精神的企业是怎样炼成的？

华为获得了中国质量领域最高政府性荣誉"中国质量奖"制造领域的第一名。为什么是华为？

为解决在跌落环境下致损概率为三千分之一的手机摄像头的质量缺陷，华为会投入数百万元人民币进行测试，最终找出问题所在和解决办法。为解决某款热销手机在生产过程中一个非常小的缺陷，华为曾经关停生产线重新整改，影响了数十万台手机。华为不仅提倡以工匠精神来衡量产品，真正追求"零缺陷"，多年来更是构建了一套坚实的大质量体系，用制度支撑"质量优先"战略在各个环节的落地。在成为业界标杆之后，每年依然要以20%的改进率去改进质量，培养员工追求极致体验的精神，致力于在企业上下形成共同的价值观，在制度和文化两方面"将质量进行到底"。

"华为公司最宝贵的是'无生命的管理体系'，以规则、制度的确定性来应对不确定性。"在2015年举办的华为质量工作汇报会上，创始人任正非也曾指出，华为最重要的基础是质量，要从以产品、工程为中心的质量管理，扩展到涵盖公司各个方面的大质量管理体系。

华为消费者业务CEO余承东1993年加入华为，那一年，华为的销售额才1亿多元。当时，创始人任正非就已经意识到质量管理的重要性，他邀请日本质量管理专家给华为做品质方面的培训，并亲自带队到日本松下等优秀企业参观学习。7年后，31岁的余承东收到了人生中最难以忘怀的一个"奖品"——一块不合格的电路板。

那是2000年9月，华为研发系统在深圳市体育馆举办了一场"呆死料"大会。任正非把由于工作不认真、测试不严格、盲目创新造成的大量废料，以及研发、工程技术人员因此而奔赴现场"救火"的往返机票等，成箱成盒地包装成特殊的奖品，发给相关产品的负责人。

任正非在大会上说："华为还是一个年轻的公司，尽管充满了活力和激情，但也充塞着幼稚和自傲，我们的管理还不规范。只有不断地自我批判，才能使我们尽快成熟起来。"这一年过去，华为海外市场的销售额首次达到1亿美元。

"如果没有那次'呆死料大会'，没有充满阵痛的质量体系建设，华为不可能走到今天。"2016年4月，加入华为20年的常务董事丁耘告诉记者，获得"中国质量奖"是华为人特别骄傲的事情。虽然华为拿奖拿到"手软"，但没有一个奖项在公司内部造成这么大的"刷屏"现象，丁耘自己也贡献了一次转载。

资料来源：马芳，李荣华. 中国最具工匠精神的企业是怎样炼成的？[EB/OL]. [2016-05-06]. http://static.nfapp.southcn.com/content/201605/06/c78113.html.

在通过机器便可以实现固定、精确完成装配工作的现代，"匠"逐渐演变成了一种文化，不仅渗透至包括制造行业在内的各个领域，就像华为那样追求产品的高质量，同时也升华成了一种毫不妥协、追求完美的精神理念。在这个"商人精神"横行的年代，工匠不一定都能成为企业家，但大多数成功企业家的身上都具有这种工匠精神：就是一种自己与自己较劲的精神，永远行走在不满足产品现状、追求独一无二的路上。

所以产品本身就是口碑之作，如果没有好的产品，即使营销做得再好也没有用，因为产品才是根本。那么究竟什么才是营销学意义上的产品？如何才能做好一款产品呢？

第一节　理解产品

一、产品的概念

二维码6-1

整体产品概念

案例直通车6-1

日销破亿，全棉时代做对了什么？

京东超级品牌日当天，全棉时代销售额破亿：纯棉柔巾售出39 555万张，为人类保护了33 505 201棵大树；奈丝公主卫生巾售出约27万包，帮助7万多位女性远离化学纤维的伤害。产品试用、KOL发声，最近全棉时代在口碑营销上动作频频，而这种营销方式，使其成为很多品牌学习效仿的对象。

全棉时代以母婴类产品为切入点向全品类延展：婴童、女士、男士以及家居棉品，覆盖了生活的方方面面。它所涉及的消费者不再是某个精准、垂直领域的消费者，当男女老少都被其品牌所影响时，KOL的选择便更加困难。

首先，需要确定KOL群体。全棉时代发现，婴童产品的使用者虽然是孩童，但消费者一般是其父母。在家庭消费场景中，父母群体是具有经济实力的消费主力军，谁能揽获他们，谁就获得了真实的品牌流量。当"85后""90后"等年轻一代消费群体逐渐荣升为父母群体时，其消费力也显著提升。全棉时代像剥洋葱一样，将KOL群体确定为年轻的父母群体。

其次，把握KOL群体里的KOL是影响整个群体的关键，全棉时代找到了KOL群体中影响力较大的消费者——星爸星妈，并与《时尚芭莎》、京东平台跨界合作。在春节期间，《时尚芭莎》的总编苏芒将全棉时代的"生命之光全棉礼盒"送给了数位有宝宝的明星。通过使用与体验，明星们自发在新浪微博上晒出"生命之光全棉礼盒"以及自己的使用感受，向所有的父母分享了这款产品。口碑营销顺势而来，在粉丝的疯狂支持下，产品信息实现了病毒式传播，影响了众多消费者。

跨界合作，取长补短。全棉时代将京东的平台资源和《时尚芭莎》的KOL渠道整合之后，只需将产品做好，毕竟产品即口碑，好的产品自己会说话。

用心做好产品，是全棉时代的发展基因。全棉时代是一家具有20多年医疗背景的品牌，以医用纱布为起点，最终成功研发出全棉水刺无纺布专利工艺，从医用拓展到民用，专攻高品质的全棉生活用品。刘强东曾在一段"为国货点赞"的采访视频中表示："中国很多产品的品质一点都不比国外差，比如全棉时代，我们家里用的所有纸巾都是全棉时代的，非常好。"他口中的这款纯棉柔巾产品，是将100%天然的原棉纤维通过高压水刺，让棉纤维自然地交织在一起，无需经过任何化学处理和添加，天然又健康，深受众多女性消费者青睐。

除了做好产品之外，全棉时代更注重内容的拓展。其创始人李建全认为，好产品要让会员传播，好的产品自己会说话。全棉时代从最开始的纯棉柔巾到服饰服装等全品类的扩展，如今已有 4 000 多种产品，这使得好产品容纳了更丰富的内容，从而吸引了更多的消费者。

通过跨界合作找准 KOL、塑造品牌关系递进层、直击口碑营销，全棉时代正在以"日销破亿元"的成绩诠释着消费升级的驱动力所在。在消费者驱动消费升级的背景下，产品质量的稳步发展依旧是关键。口碑的信任背书不止在于 KOL，更多还是依靠好的产品。

资料来源：品叔. 日销破亿，全棉时代做对了什么？［EB/OL］. ［2018-02-28］. https://www.sohu.com/a/224602709_618348.

成功的口碑营销使得全棉时代在同类品牌中迅速脱颖而出，但其中的关键是因为它深耕产品，针对母婴用品这一专业化领域，并不断延伸产品链。就品牌而言，它瞄准的是有形产品；就产品本身而言，产品形式包括有形和无形两大类，产品分类也有着不同的标准。著名管理学大师德鲁克说，企业的目的只有一个，那就是创造顾客价值。而创造顾客价值就需要企业努力提供更好的产品和优秀的品牌。那么何谓"更好的产品"？

产品是指能够提供给市场，被人们使用和消费，并能满足人们某种需求的任何东西，包括有形的产品、无形的服务，以及它们的组合。服务也是产品的一种形式，包括为售卖所提供的动作、利益和满足感，其本质上是无形的，并与所有权无关。

根据不同的属性可将产品分为以下两类：

①按产品的耐用性可以将产品分为耐用品和非耐用品。耐用品，一般指使用年限较长、价值较高的有形产品，如轿车、冰箱、机械设备等。耐用品多采用人员推销的形式进行售卖，而且需要企业提供多种售后服务和技术支持，如海尔集团不仅提供质量可靠的产品，还提供优质的服务。非耐用品，一般指使用周期较短、价值较低的易耗品，如牙刷、酱油等。由于这类产品消耗得快，因此适合的营销策略是：使消费者能在许多地点购买到这些产品；售价中的加成要低；应加大宣传力度来吸引顾客尝试，树立良好的品牌形象，促使消费者形成偏好。

②按产品的用途可以将产品分为消费品和工业品。消费品，是指那些最终由消费者购买并用于个人消费的产品。根据产品特点及购买习惯可以将消费品进一步分成四类：便利品、选购品、特殊品和非渴求品。便利品，是指消费者会频繁购买或随时可购买并且几乎不用做购买比较和购买努力的产品，如方便面、牙刷和烟草制品等。便利品通常定价较低，且很多销售点都会出售，方便消费者在有需要时立刻就能找到。选购品是指消费者会仔细比较且购买频率较低的消费品，由于是不经常购买的产品，消费者会对这些产品的适用性、质量、价格和款式等进行仔细的对比。这类产品有家具、服装、二手车和大件家用电器等。特殊品是指一个重要的消费群体愿意花特殊的精力去购买的、有特殊性质或品牌识别的消费品。非渴求品又

称非渴求物品、非渴求产品或非寻求品，是指消费者不了解或即使了解也没有兴趣购买的产品或服务，如一些刚开发的应用软件、刚面世的产品、保险、百科全书等。工业品，是购买后用于加工生产或企业经营的产品。消费品和工业品的区别就在于它们的购买目的，如果消费者购买商品自用，那就是消费品；如果购买商品的目的是经营或再加工，那就是工业品。

二、互联网思维看产品

现代市场营销理论认为，产品整体概念包含核心产品、基础产品、期望产品、附加产品和潜在产品五个层次（如图6-1所示），每个层次都增加了更多的顾客价值，这五个产品层次构成了顾客价值层级（Customer Value Hierarchy）。

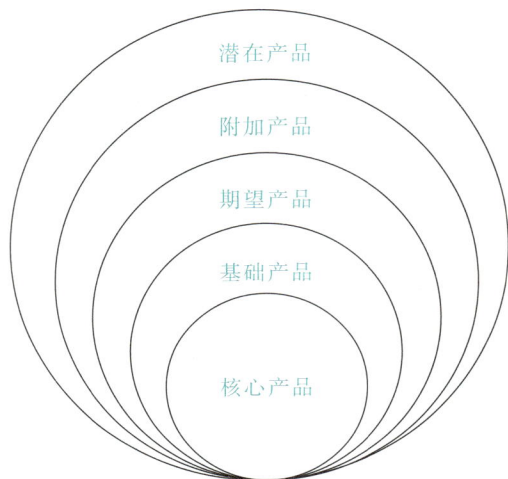

图 6-1　产品的五个层次

我们可以将这五个层次归纳为三种属性（如图6-2所示）：第一，产品的自然"禀赋"——代表了产品的"天性"，即其本质上能为顾客带来的核心价值和利益；第二，产品的技术"天赋"——代表了产品的"理性"，即其通过技术力量在基本形式和顾客期望层上的延展；第三，产品的艺术"抱负"——代表了产品的"感性"，即其通过心灵激荡、情感互动和社会责任为产品增加的附加价值和潜在利益。

三、产品组合

产品组合是指一个企业提供给市场的全部产品线和产品项目。产品组合，也称"产品的各色品种集合"（Product Assortment），是指一个企业在一定时期内生产经营的各种产品或产品项目的组合。产品就像人一样，存在着由成长到衰退的过程。因此，企业不能只经营单一种类的产品，世界上很多企业经营的产品往往都是种类繁多，如美国光学公司生产的产品超过3万种；美国通用电气公司经营的产品多达25万种。当然，并不是说经营的产品种类越多越好，而是要分析生产哪些产品才是有利的，这些产品之间具有什么样的配合关系，这就是产品组合问题。如表6-1中的所有产品构成了宝洁公司的产品组合。

图6-2　产品层次模型与互联网思维

表6-1　　　　　宝洁公司的产品组合宽度和产品线长度

	洗涤剂	洗发水	香皂	方便尿布	纸巾
产品线长度	象牙雪 德来夫特 汰渍 快乐 奥克雪多 德希 波尔德	海飞丝 潘婷 飘柔 伊卡璐 沙宣	象牙 柯克斯 洗污 佳美 爵士 保洁净 玉兰油	帮宝适 露肤	媚人 粉扑 旗帜 绝顶

（一）产品线

产品线是指密切相关的、满足同类需求的一组产品，一个企业可以经营一条或几条不同的生产线。如表6-1中，宝洁公司有五条产品线，分别是洗涤剂、洗发水、香皂、方便尿布和纸巾。

企业在不同的时期和不同的阶段，应该根据自身的特点进行产品线调整，以适应情境的变化，使企业的利润最大化。企业主要的产品线策略有以下三种：

1.产品线扩展

产品线扩展是指公司在现有的产品类别中增加新的产品项目（如新风味、新配方、新包装等），并以同样的品牌名称推出。产品线扩展的方式有很多，具体包括：创新方式（如常见的产品创新）、仿制方式、更换包装等等。

公司在出现以下情况时，可能会选择产品线扩展策略：公司生产能力过剩；公司希望通过产品线扩展来满足消费者多种多样的需要；公司的竞争对手成功实现了产品线扩展；公司希望在中间商那里占据更多的货架空间等等。

当然，采取产品线扩展策略也会在某种程度上带来风险：可能使原有品牌失去特定含义，弱化品牌作用；也可能销售不足，导致其收入尚不能抵偿研发与促销的成本。有时，公司只是为了取悦消费者，却没有考虑经济可行性，导致了不必要的产品线扩展。有时即使销量增加了，但也有可能是以公司其他产品销量下降为代价的，实际上公司并未取得利益。成功的产品线扩展应该是通过抑制竞争者的产品来获得本公司产品销量的增长，而不是本公司产品的自相消长。

2.产品线填补

产品线填补是指在企业现有的产品线中添加新的产品项目。企业采取这种策略的主要目的是：获取增量利润；满足经销商的需要；充分利用剩余的生产能力；争做产品线完整的领先公司；设法填补市场空隙，防止竞争者进入。

但是企业在采取这种策略时，要注意保持产品项目之间足够的差异性，避免导致同一产品线上的产品相互竞争。因此，企业有必要对不同的产品项目进行不同的定位。

3.产品线削减

产品线削减主要是指企业对产品线中的产品项目进行剔除。其主要出于以下两个原因：该产品项目对企业来说不再具有价值；企业没有能力继续经营该产品项目。

（二）产品项目

产品项目是指在企业产品线上列出的每一种产品，是构成产品线的基本元素，如表6-1中的汰渍洗涤剂和佳美香皂等。

产品组合包括以下四个维度：

1.产品组合宽度

产品组合宽度是指具有多少条不同的产品线。表6-1所显示的产品组合宽度是5条产品线。

2.产品组合长度

产品组合长度是指产品组合中产品项目的总数。产品项目的总数除以产品线数目即可得到产品线的长度。表6-1所显示的产品组合中，产品项目总数是25，也就是产品线的总长度是25，每条产品线的平均长度是总长度（25）除以产品线数（5），结果为5，说明平均每条产品线中有5个品牌的商品。企业产品的项目总数越多，产品线就越长，反之则越短。

3.产品组合深度

产品组合深度是指一条产品线中所含产品项目的多少。例如，佳洁士牌牙膏有3种规格和2种配方（普通味和薄荷味），所以佳洁士牌牙膏的深度就是6。将每个品牌的产品数目除以品牌总数，即可计算出产品组合的平均深度。

4.产品组合相关度

产品组合相关度是指每条产品线在最终用途、生产条件、分销渠道或其他方面相互关联的程度。宝洁产品都属于消耗性日用品，可以通过大众零售渠道（如超市、连锁店、便利店）来销售，因此其产品就分销渠道来讲相关度较强。但从生产条件、最终用途来看，宝洁的食品类产品线和洗化类产品线相关度不高。

产品组合的宽度、长度、深度和相关度直接影响着产品策略的制定。一般情况下，扩大产品组合的宽度，有利于企业扩展经营领域、实施多元化经营，可以更好地发挥企业潜在的技术、资源优势，提高效益，还可以分散企业的经营风险。增加产品组合的长度，可以使产品线丰满、充裕，成为产品线更加全面的公司。增强产品组合的深度，可以占领同类产品的更多细分市场，满足更广泛的市场需求。在增强企业竞争力的同时，提高产品组合的相关度，还可以在一定的市场领域内为企业赢得良好的声誉。所以，企业的产品组合结构必须恰到好处。

四、产品包装

案例直通车6-2

饮料界杜蕾斯：垄断行业30年，年销40亿

椰树牌椰汁（如图6-3所示）火到什么程度呢？

图6-3　椰树牌椰汁

在国内，当年"黄牛"仅凭倒卖购买券，每天都能赚到500多元，很多三亚人更是通宵达旦地到海口排队抢购。1994年，椰树在全国饮料企业中销量排名第一，当时的订单排到3年之后。天然椰子汁也成了"中国国宴饮料"，属于国家保密级产品，共获国家级各种金奖64个、各种荣誉称号132个。2014年，椰树集团产值突破44亿元！

在国外，椰树牌椰汁是中国进入英国的第一款饮料。马来西亚前副首相阿末扎希把椰树牌椰汁当作珍贵的饮料，家庭成员谁表现得好，就会被奖励椰树牌椰汁。日剧《孤独的美食家》里，五郎也没能抵挡住椰树牌椰汁的诱惑，用整整3分钟介绍了这个中国本土品牌。五郎认证，吃货界的最高奖章！

然而这么一款爆品饮料差点连出生的机会都没有。1986年，当时的海口罐头厂（也就是椰树集团的前身）一团糟：连续6年亏损，5年换了4任厂长，720万元的家产只剩下2元，濒临破产。这一年，46岁的王光兴到海口罐头厂任厂长。在他的带领下，仅仅3年时间，海口罐头厂起死回生，盈利150万元，从此扔掉了"亏损大户"的帽子，开始大火。那么，王光兴是如何拯救了椰树集团，使椰树牌椰汁深受追捧的？

总的来说，椰树牌椰汁赢在一招：从消费者的心智上获胜。

（1）找到品类，占据消费者心智。如果把企业的有形资产比作钢筋和水泥，那么定位就像是地皮和产权，没有地皮和产权，钢筋和水泥就毫无意义。因此，只有抢占了顾客心中的定位资源，企业的品牌才算真正注册成功。椰树品牌最成功的一点在于，其占据了消费者头脑当中该品类市场第一的位置，以至于消费者在选购时首先想到的就是该品类的第一品牌。这类品牌还有"去屑就用海飞丝""果冻等于喜之郎"等。

（2）找到"视觉锤"，钉到消费者心中。品牌成功不仅需要清晰的定位，还要具备能够强化品牌定位的视觉形象——视觉锤（visual hammer），这样才能在消费者心中占有一席之地。椰树牌椰汁的包装和广告，从创意到设计都简单粗暴，让人过目不忘。这恰恰成了品牌强有力的视觉锤，钉在了消费者心中。

资料来源：金错刀. 饮料界杜蕾斯：又土又污，却垄断行业30年，年销40亿！[EB/OL].[2018-04-23]. https://baijiahao.baidu.com/s?id=1598542462252695306&wfr=spider&for=pc.

椰树集团在产品上定位于独特的品类，并且通过另类的包装风格打造"视觉锤"，在消费者心中留下独特、深刻的印象，从此一炮而红，可见产品包装策略对产品的重要意义。此外，互联网时代，竞争迭代的加快迫使品牌通过包装上的改变突出其差异化的特点，从而吸引消费者的眼球。

不知道你去超市购物的时候有没有这种习惯——喜欢购买那些包装好看的产品，即使你并不需要它。著名的杜邦定律指出，大约63%的消费者是根据商品的包装作出购买决策的。这就是产品包装的力量，会让你在无形之中对产品产生好感，从而产生购买的欲望。那么在市场营销学中究竟什么是包装呢？包装的作用有哪些？

（一）产品包装的含义

产品包装具有两层含义：一是指用不同的容器或物件对产品进行捆扎；二是指包装用的一切容器或物件。

产品包装一般包含以下三个层次：

①基本包装，即商品的直接容器和包装物，如装啤酒的瓶子、装香烟的纸盒。

②次级包装，即基本包装外层的包装。

③运输包装，即为了运输的安全和方便而加于产品之上的包装。

（二）产品包装的作用

1.保护产品

良好的包装可以使产品在营销管理过程中以及消费者保存期间，不致损坏或散落，保护产品的使用价值。

2.促进销售

好的包装可以激发消费者的购买欲，特别是在顾客实行自我服务的情况下，更需要利用包装来向广大顾客宣传、介绍产品，吸引顾客的注意力。古代"买椟还珠"的故事也充分说明了这一点。

3.增加价值

随着收入水平和生活水平的提高，消费者一般愿意为良好包装带来的方便、美感、可靠性和声望多付些钱。此外，拥有较深文化底蕴和较高价值观的商品更能通过包装向消费者传递其高价值的信息。

4.提供便利

不同的包装可以使消费者快速识别不同的产品，从而节约消费者的时间和精力。另外，便利的包装也能够方便消费者携带和存储产品。

如果对产品的理解进行小结的话，可以得到图6-4。

图6-4 理解产品小结

第二节 产品生命周期

一、产品生命周期的概念

二维码6-2

案例直通车6-3

小米手机的产品生命周期

进入21世纪以来，市场竞争日趋激烈，这种竞争的压力在日新月异的高科技

新产品推广策略

电子产品行业特别明显。尤其是在手机行业中，高端的手机市场被极少数大公司控制，中低端手机市场的利润被不断侵蚀，各类手机制造商都在这场电子战争中艰难度日。

小米手机是一款集高科技、现代化大生产模式以及现代电子商务销售手段于一体的、高性价比的、具有中国本土特色的新型智能机。它坚持"为发烧而生"的新颖设计理念，在极短的时间内赢得了大量消费者的青睐，迅速占领市场。作为电子数码产品，小米手机的产品生命周期亦符合大多数数码产品生命周期的特征。下面我们以小米手机为例，对其产品生命周期不同阶段的发展状况进行分析。

1.导入期及特征

虽然拥有高端的科研团队和较高的性价比，但根据中国科学院计算机网络信息中心（CNIC）的统计数据，2011年，小米手机的增长率尚不及7%，人均占有率与同类产品相比略有不足；其市场排名在三星、诺基亚、摩托罗拉等之后，位于市场第十位；市场占有率方面，诺基亚占25.3%，三星占16.3%，HTC占13.8%，而小米尚处于上市阶段，市场占有率仅为0.5%。这是小米手机的导入期。这一阶段，小米手机的主要特点是产量少、销售量低。除此之外，由于是新机上市，技术还不够成熟，存在着死机、充电发热、电池损耗严重等一系列问题。而且初期小米手机的售后服务工作亦存在不足，其售后时间无法达到应有的承诺期限。在导入期，小米手机存在着诸多产品缺陷。

2.成长期及特征

导入期出现的一系列产品问题，成为小米研发团队亟待解决的问题。为尽快解决这些实际的应用问题，小米公司向核心用户提供600台工程机，进行及时有效的信息反馈，发现产品中的不足，以最快的速度研发、改进。2012年、2013年、2014年小米销量分别高达720万台、1 900万台、4 000万台，销量环比增长均大于120%。小米手机在经历了M1、M1S等一系列的更新换代和产品升级之后，已充分获得了消费者的认可。另外，小米手机的市场占有率也在稳步攀升，从2012年年初占据中国智能机市场的4%，到2014年第一季度市场份额突破10%。2015年，小米手机年销售总量超过7 000万台，国内销量位居第一。这一系列的数据表明，小米手机已经以稳健的姿态进入成长期。

资料来源：许春华. 小米手机的产品生命周期及营销策略［J］. 经济论坛，2016（06）.

产品生命周期（product life cycle），亦称"商品生命周期"，是指产品从准备进入市场到被淘汰退出市场的全部运动过程，由需求与技术的生产周期所决定。它是产品或商品在市场运动中的经济寿命，也指在市场流通过程中，由于消费者需求的变化或其他影响市场的因素所造成的商品由盛转衰的周期。产品生命周期主要由消费者的消费方式、消费水平、消费结构和消费心理所决定，一般分为导入（进入）期、成长期、成熟期（饱和期）、衰退（衰落）期四个阶段。

美国哈佛大学教授费农认为，产品生命是指市场上的营销生命，产品和人一样，要经历形成、成长、成熟、衰退这样的周期。就产品而言，也就是要经历一个开发、引进、成长、成熟、衰退的阶段。而这个周期在不同技术水平的国家里，发生的时间和过程是不一样的，期间存在一个较大的差距和时差，正是这一时差，表现为不同国家在技术上的差距，它反映了同一产品在不同国家市场竞争地位的差异，从而决定了国际贸易和国际投资的变化。

营销学者通常认为，产品的市场生命周期要经历4个阶段，即市场导入期、市场成长期、市场成熟期和市场衰退期（如图6-5所示），而产品的生命周期是指产品从开始使用直至报废的全部时间。

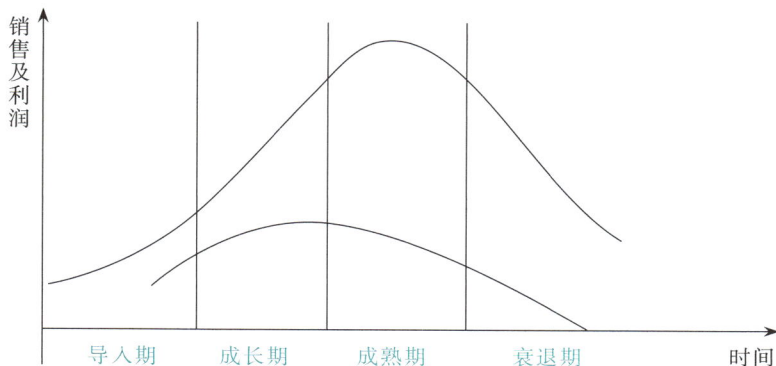

图6-5 产品生命周期阶段

二、产品生命周期各阶段的营销策略

产品生命周期各个阶段的特点以及相应的营销策略可以概括为表6-2。

表6-2 产品生命周期各阶段的特点及营销策略

阶段		导入期	成长期	成熟期	衰退期
特征	销售额	低	快速增长	缓慢增长	衰退
	利润	易变动	顶峰	下降	低或无
	现金流量	负数	适度	高	低
	顾客	创新使用者	大多数人	大多数人	落后者
	竞争者	稀少	渐多	最多	渐少
策略	策略重心	扩张市场	渗透市场	保持市场占有率	提高生产率
	营销支出	高	高（但百分比下降）	下降	低
	营销重点	产品知晓	品牌偏好	品牌忠诚度	选择性
	分销方式	有选择性地分销	密集式	更加密集式	排除不合适、效率差的渠道
	价格	成本加成法策略	渗透性价格策略	竞争性价格策略	削价策略
	产品	基本型为主	改进品，增加产品种类及服务保证	差异化、多样化的产品及品牌	剔除弱势产品项目
	广告	争取早期使用者，建立产品知名度	大量营销	形成品牌差异	维持品牌忠诚度
	销售追踪	大量促销及产品试用	利用消费者需求增加	鼓励改变，采用公司品牌	将支出降至最低

（一）导入期的营销策略

1.快速掠取策略

快速掠取策略，即双高策略，就是以高价格–高促销费用推出新产品。成功实施这一策略，不仅可以使企业在短期内获得较高的利润，还可以迅速占领市场，但需要具备以下条件：一是市场上有较大的需求潜力；二是目标顾客求新心理强，愿意付出高价；三是企业面临潜在的竞争者，需要尽快树立名牌形象。比如华为推出的 P 系列手机，一开始价格定得很高，后面再进行打折，这是典型的快速掠取策略，前期的高价在消费者心目中树立了一个高品质的形象，后期大手笔的促销活动会不断刺激消费者的购买欲望。

2.缓慢掠取策略

缓慢掠取策略，即高低策略，就是以高价格–低促销费用推出新产品。这一策略可以为企业带来更多的利润，但需要有相应的条件：一是市场竞争威胁不大；二是市场上的大多数用户对该产品没有过多的疑虑，且愿意接受高价。苹果手机就是典型的缓慢掠取策略，每款新品的价格都很高，而且几乎从来不进行促销，因为苹果高品质的品牌形象已经在消费者心中建立起来了，所以对于果粉来说会没有疑虑地接受新产品。

3.快速渗透策略

快速渗透策略，即低高策略，就是以低价格–高促销费用将产品推向市场。采用这种策略的目的是在导入期以最快的速度提高市场占有率，以便在后期获得较多的利润。实施这一策略的条件：一是该产品的市场容量很大；二是潜在顾客对该产品不了解，并且对价格十分敏感；三是市场的潜在竞争较为激烈；四是产品的单位生产成本会随生产规模和销量的扩大而迅速下降。例如 vivo 手机的价格一直不高，但是每次推出新品的时候都会进行大力度的宣传，如豪华的广告投放等，其目的就是快速进入消费者的视野，占据其头脑中的位置。

4.缓慢渗透策略

缓慢渗透策略，即双低策略，就是以低价格–低促销费用推出新产品。实施这一策略，不仅可以使企业扩大产品销售，而且可以实现更多的利润。但需要具备以下条件：一是市场容量较大；二是潜在顾客了解该产品，并且对价格十分敏感；三是市场的潜在竞争较为激烈。比如 OPPO 的 A 系列手机一直走的是低价低促销路线，产品定位于低端市场，因为该产品的目标消费群体对其了解程度较高，所以几乎没有促销活动。

导入期是产品成长的关键阶段，在此期间的营销策略要突出一个"快"字，应尽量缩短新产品投放市场的时间，使其被市场所接受。

（二）成长期的营销策略

1.改善产品品质

在保持和提高产品质量的基础上，努力增加产品的款式、型号和功能等。对产品的改进可以提高产品的竞争能力，满足顾客更广泛的需求，从而吸引更多的顾客。比如QQ最初只是简单的即时通信软件，后来不断增加功能，如QQ宠物、QQ农场等，受到一大批"80后""90后"的喜爱。

2.改变促销重点

广告宣传促销的重心要从介绍产品、提高产品知名度转移到树立产品形象上来，使消费者建立起品牌偏好，从而维系老顾客、吸引新顾客。比如金嗓子喉宝在进入成长期后改变了促销重点，加强了品牌的塑造和传播，从而让消费者在记住产品利益的同时记住品牌概念，产生忠诚度。

3.发展分销渠道

在巩固现有渠道的基础上，增加分销渠道，开拓新的市场，争取最大的销售量。比如加多宝凉茶不仅在超市售卖，进入成长期之后还开辟了火锅店售卖这一渠道，并且卓有成效，在这一分销渠道上获利颇丰。

4.择机调整价格

选择合适的时机，适当地降低价格，从而激发那些对价格比较敏感的消费者产生购买动机并采取购买行为。比如华为手机在进入成长期之后，会在节假日等时间点进行降价促销，以刺激消费者购买。

（三）成熟期的营销策略

1.市场改良

市场改良，指通过发现产品的新用途或改变促销方式等来开发新市场、寻找新用户，使产品销量得以扩大。例如小苏打，在作为发酵产品已经进入成熟期的时候，发现了冰箱除味剂这一新用途，从而开发出了新市场，销量进一步扩大。

2.产品改良

产品改良，指通过产品自身的改变来满足顾客的不同需求，从而吸引他们购买其产品。产品整体概念中任何一个变量的改变都可以视为产品改良，如产品品质改进、性能改进、式样改进、包装改进、服务改进等。最近，我们熟知的椰树牌椰汁进行了包装上的改进，从以前独特的审美风格变为了小清新的包装和广告风格，这使得已经进入成熟期的椰树牌椰汁又在年轻人的市场上走红，不仅销量大大增加，还吸引了一批新顾客。

3.其他市场营销组合因素改良

其他市场营销组合因素改良包括改变价格、渠道和促销等。例如以购买折扣、运费补贴、付款延期等方法来降价让利；扩大分销渠道，增设销售网点；调整促销组合，变换广告，加强人员推销，强化公共关系等。"多管"齐下，渗透市场，扩大品牌影响力，以争取更多的顾客。日本曾经有位商人，通过将黑色的"抱娃"放在女模特模型雪白的手腕上这个方法，卖出了全部的堆积货物，甚至一时间掀起了"抱娃热"。

（四）衰退期的营销策略

尽管企业想要努力延长产品的成熟期，但大多数产品最终还是要进入衰退期。衰退阶段的主要特点是：产品销量急剧下降，利润也随之迅速下降，甚至出现亏损；消费者的消费习惯发生改变或持币待购；市场竞争转入激烈的价格竞争，很多竞争者退出市场。此时主要的工作是处理好处于衰退期的产品，确定引入新产品的步骤。主要的选择有：

1.放弃策略

放弃策略即放弃那些迅速衰落的产品，将企业的资源投入到其他有发展前途的产品上来。企业既可以选择完全放弃，也可以部分放弃，但使用该策略时应妥善处理现有顾客的售后服务问题。否则企业停止经营该产品，导致原有用户需要的服务得不到满足，会影响他们对企业的忠诚。进入智能手机时代之后，诺基亚原来生产的手机已经不能满足用户的需求，故无法产生吸引力，也不能为公司创造价值，所以诺基亚放弃了手机业务。

2.维持策略

在产品衰退期，由于部分竞争者的退出，市场会留下一些空缺，这时留在市场上的企业仍然有盈利的机会。具体的策略包括：继续沿用之前的营销策略；将企业资源集中于最有利的细分市场，维持原有产品的集中营销；大幅度削减营销费用，让产品继续衰落，直至完全退出市场。20世纪70年代，黑白电视机在日本已经进入产品生命周期的尾声，但是日立、夏普等黑白电视机厂商通过进入中国市场，根据中国人的消费习惯对产品进行适当调整，成功延长了黑白电视机的生命周期。

3.重新定位

通过产品的重新定位，为产品找到新的目标市场和用途，使衰退期的产品再次焕发新春，从而延长产品的生命周期，甚至使它成为一个新的产品。这种策略成功的关键就在于要正确找到产品的新用途。例如脑白金，它本身只是保健品，进入成熟期后，公司对其进行了重新定位——给长辈送礼必备。这一定位成功地将脑白金变成了一种礼品，也成功地延长了该产品的生命周期。

如果对产品生命周期进行小结的话，可以得到图6-6。

图6-6　产品生命周期小结

第三节　新产品开发

一、新产品的内涵

二维码6-3

新产品开发

案例直通车6-4

成立于2015年的好色派沙拉，是一个专注于主食沙拉的性感生活方式品牌。2016年3月，好色派沙拉成立了性感食物研究所（Sexy Food Lab），让所有有想法的吃货成为他们的研发智囊团。

一般餐企的产品研发流程是：厨师想法—内部测试—上新。而好色派是公开透明的，粉丝可参与上新（如图6-7所示）。

产品研发流程大PK

图6-7　好色派沙拉和一般产品上新流程对比

好色派的新品研发有三方面：一是自己的专业研发团队；二是专业的外援，如米其林等餐厅的大厨；三就是上面提到的社群用户＋自有研发团队。

现在，性感食物研究所经过不断的筛选，已经有150位成员。其中不仅有忠实的粉丝，更有曾经投诉过的顾客，好色派的每一款新品都有这些用户的参与。

资料来源：王艳艳．好色派沙拉：把上新变为一次粉丝互动［EB/OL］．［2017-11-02］．https://baijiahao.baidu.com/s?id=1582913578151975205&wfr=spider&for=pc．有删减．

好色派沙拉获数千万融资，独特的产品定位以及线上线下相结合的商业模式是其成功的原因之一，但是产品创新是其中的重要因素。好色派沙拉的新产品开发方式主要以顾客参与为主，新产品类型则是以改进现有产品为主，那么新产品还有哪些其他的内涵呢？本小节将详细讲述关于新产品开发的奥秘。

市场营销学中新产品的含义与科技研发中的新产品含义不尽相同，市场营销学中的新产品内容十分广泛。市场上出现的前所未有的崭新产品自然是新产品的一种类型，但这种新产品并不会经常出现。这些产品在功能、原材料、结构等方面略有改变，习惯上也称之为新产品。新产品的意义是相对的，只要是产品整体概念中任何一部分的创新、变革或是改动，都可以理解为是一种新产品，因为它能够给顾客带来某种新的利益。

根据新产品对于公司和市场的新颖程度可以将其划分为七种类型。

1.全新产品

全新产品即运用新一代科技革命创造的、整体更新的产品，例如蒸汽机、电话、电灯、飞机、计算机等物品的成功研制及投入使用，都属于全新产品。这类产品的问世往往源于科学技术在某方面所产生的重大突破，而这些新产品的普及会极大地改善人们的生活。但是，它要求消费者必须进行相关知识的学习，改变原有的消费模式。此外，研制全新产品是一件非常困难的事情，需要资金、技术、时间的保证，而且需要承担巨大的投资风险。

2.新产品线

新产品线是公司第一次进入现有市场的新产品，即公司在自己的产品组合中增加新的产品线。"不是所有牛奶都叫特仑苏"，这句耳熟能详的广告词，给消费者心中烙下了特仑苏"优质好牛奶"的印象。然后蒙牛在特仑苏这个巨人的品牌上，推出了特仑苏酸奶。特仑苏的产品结构从牛奶领域延伸到了酸奶领域，扩容了产品家族，更进一步提升了特仑苏的影响力，并以特仑苏牛奶多年积淀下的品牌力实现对新品的市场带动。

3.现行产品线的填补

案例直通车6-5 ■ ■ ■

为了迎接夏日，可口可乐公司推出了一款新产品——雪碧纤维+（如图6-8所示），这不仅仅是一款"零卡路里"无能量饮料，还包含30%的成人日需膳食纤维，每瓶含量相当于2个苹果（7.5g）的膳食纤维。

图6-8　雪碧纤维+

零卡路里的关键词——代糖

代糖是一种食品添加剂，它有糖的甜味，但是没有吃糖所带来的副作用，比如胰岛素波动。常见的代糖有糖精、阿斯巴甜、安赛蜜等，正是因为有了这样的食品添加剂，无糖可乐和各种无糖饮料才得以出现，因为它们本质上只是含气的、带有口味的饮料，比如零度可乐就可以当作是可乐口味的苏打水。雪碧纤维+不含糖，采用的甜味剂是阿斯巴甜。

含成人日需30%膳食纤维的关键词——抗性糊精

膳食纤维一直都为世界卫生组织（WHO）所推荐，建议每日要摄入25克的膳食纤维。由于现代人的饮食结构中往往蔬菜、水果、粗粮等摄入量少，导致人们体内膳食纤维摄入量不足。短期摄入量过少会引起便秘、肠道功能紊乱等问题；而长期摄入量过低则会增加心脑血管疾病、肠道疾病等风险。其实，过少或过量摄入膳食纤维，都会对身体产生不利的影响。当体内摄入过多的膳食纤维（75～80克/天），就会引起腹胀或肠胃胀气，而且还会影响蛋白质的补充，阻碍维生素、矿物质的吸收。

"雪碧纤维+"中所谓的"纤维"来自一种叫作"抗性糊精"的成分，又名难消化糊精，是以淀粉为加工原料，将焙烤糊精中难消化的成分采用工业技术提取、处理并精炼而成的一种新型的低热量葡聚糖，属于低分子水溶性膳食纤维。不仅具有水溶性膳食纤维的特性，还具备调节人体生理功能的重要作用，如降低血糖反应、改善肠道环境，还能让人产生一定的饱腹感。

资料来源：佚名. 号称能减肥的0卡路里"网绿雪碧纤维+"，你喝了吗？[EB/OL]. [2018-05-12]. https://q.mama.cn/topic/49057572.

雪碧纤维+就是一种产品线填补的行为，填补产品线是指公司在已建立的产品线上开发出新的品种、花色、规格等，以扩大产品的目标市场。

4.换代新产品

换代新产品是在原有基础上，部分采用新技术、新材料或新工艺，相较于原有产品，性能显著提高的新产品。换代新产品的技术含量在原有产品的基础上有较大提升，它是新产品开发的重要形式。

5.产品的重新定位

产品的重新定位就是公司对原有产品进行重新定位，以新的市场或细分市场作为目标市场。例如东阿阿胶通过再定位战略，十年时间里，收入增长了六倍，利润增长了四倍。东阿阿胶总裁秦玉峰表示，"再定位战略"是品牌崛起的关键，东阿阿胶在品牌传播上经历了三步走，从"补血圣药"到"滋补三大宝"再到"滋补国宝"的重新定位，一步步拔高了自身价值。

6.产品成本的降低

产品成本的降低是指以更低的成本提供同样性能的原有产品，主要通过采用新技术、新材料等，改进生产工艺或提高生产效率，削减原有的生产成本，但新产品保持原有的功能不变。这种新产品的价值在于它使消费者可以用更少的货币获得同样的商品。

7.仿制新产品

案例直通车6-6 ■■■

耐克的"抄袭"起家史

经典电影《阿甘正传》让耐克的阿甘鞋（Cortez）经久不衰，影片中阿甘穿着该款鞋跑遍了全美，阿甘鞋由此红遍全世界，如图6-9所示。

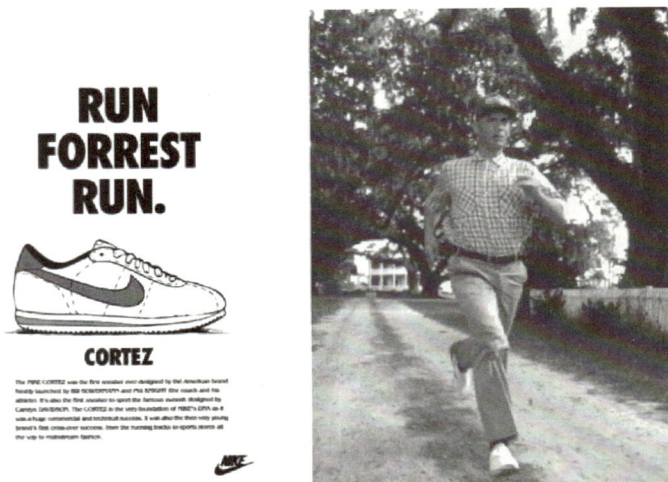

图6-9　阿甘鞋

这双慢跑鞋也是耐克的"开国元勋"，没有这双鞋，耐克不会那么快打入大众市场。

追溯这双鞋的诞生历史，还得喊鬼塚虎（Onitsuka Tiger）一声"前辈"，因为这双鞋对比鬼塚虎的Cortez，只是换了个logo而已。

耐克公司的创始人菲尔·奈特（Phil Knight）在创立耐克之前，机缘巧合地获得去日本的机会，并且与鬼塚虎的几名经理会谈，拿下了鬼塚虎在美国的独家代理权。回到美国后，菲尔·奈特与自己大学的田径教练比尔·鲍尔曼（Bill Bowerman）成立了蓝带体育用品公司（Blue Ribbon Sports，耐克公司的前身），售卖当时声名大噪的鬼塚虎。1964年，比尔·鲍尔曼率队前往日本参加奥运会，彼时，本就希望可以对跑鞋改造与制作的他，开始与鬼塚虎的制作团队交流自己的想法。回到美国后，他便开始开发跑鞋，直到1966年，他开发出了阿甘鞋。但这个时候，由于他们还在代理鬼塚虎，因而鞋子的标志也是鬼塚虎的经典标志。凭借透气的尼龙鞋面、耐磨的外底，再加上准确的定位——世界上最好的长距离跑鞋，这双鞋成了老少咸宜的热门跑鞋。

但在当时，鬼塚虎是以中间商抽成的形式参与，为了赚更多的钱，鬼塚虎提出注资参股的要求，想要获得51%的股份，否则就停止与蓝带体育用品公司的合作。

菲尔·奈特和比尔·鲍尔曼感到十分不服气，于是他们选择硬碰硬，离开鬼塚虎，找到日本日商岩井株式会社（Nissho Iwai Corporation，日商岩井）的资金赞助后创立了现在的耐克公司。随后摇身一变，把阿甘鞋的 Logo 改成了耐克经典的 Swoosh，甚至连广告词也没变，依旧是"最好的长距离跑鞋"。

另一边的鬼塚虎也气不过，一纸诉状把耐克公司告上了法庭，不过最后还是耐克公司赢得了官司，但落下了"抄袭"的恶名。这个"抄袭"还要打上双引号，因为设计者毕竟是耐克的创始人之一，只是后来因利益分割不合才导致出现"抄袭"的恶名。

资料来源：于见. 屡禁不止的国潮品牌抄袭，养肥了谁〔EB/OL〕.〔2021-04-17〕. https：// www.bilibili.com/read/cv10903306. 有删减.

随着市场竞争的加剧以及信息沟通速度的加快，除了前面六种常见的新产品形式外，还衍生出另一种新产品的形式，即仿制新产品。

仿制新产品是指企业对市场上已有的某种畅销产品进行仿制或稍作部分改动，标出新品牌的产品。这类新产品的开发成本较低，投资风险较小，只要有市场需求，就可以借鉴现成的样品和技术来开发本企业的新产品。但是，此类产品要尽量避免陷入产权纠纷中。

二、产品开发的必要性及原则

（一）新产品开发的必要性

1.产品生命周期的现实要求

企业同产品一样也存在着生命周期，如果不开发新产品，当产品走向衰落时，企业也同样走到了生命周期的终点；相反，企业若能不断开发新产品，就可以在原有产品退出市场时，利用新产品占领市场，保证任何时期都有不同的产品处在周期的各个阶段，从而实现企业利润的稳定增长。

2.消费需求的变化

随着社会的发展和人们生活水平的提高，消费者的需求也发生了很大的变化，方便、健康、轻巧、快捷的产品越来越受欢迎。消费结构的加速变化、消费选择的多样化，以及产品生命周期日益缩短，一方面给企业带来了威胁，企业不得不淘汰难以适应消费者需求的产品；另一方面，也给企业提供了开发新产品、适应市场变化的机会。

3.市场竞争的加剧

科学技术的迅速发展推进了许多高科技新型产品的出现，同时也加快了产品更新换代的速度。企业只有不断创新、不断开发新产品，才能稳住市场，占据领先地位。定期推出新产品，可以提高企业在市场上的信誉和地位，提高自身的竞争力，并扩大市场份额。

（二）新产品开发应遵循的原则

1.以市场为导向

企业开发新产品的目的之一是满足消费者尚未被满足的需求，因此，能否适应市场需要是新产品开发成功与否的关键。为此，企业在进行新产品开发前，必须进行深入的市场调研，了解消费者对产品性能、品质及价格等方面的要求。此外，还需要关注新产品未来的市场发展空间，树立以市场为导向的新产品开发观念，并将这一观念贯穿于新产品开发的全过程。

2.选择有特色的产品

有特色的产品是指能为消费者带来独特利益和超值享受的产品。特色可以表现在功能、造型等方面，这些有助于满足消费者的特殊偏好，激发购买欲望。但应注意的是，产品是否有特色是由消费者决定的，而不是企业的研究人员、工程师和营销部门。企业只有在对消费者和竞争者充分了解的基础上，才能开发出有特色的新产品。

3.以企业的资源为依托

企业在进行新产品开发时，要以自身的资源为依托，在企业的能力范围内开发与企业技术水平、市场营销能力相适应的产品。还可以利用企业现有的各种资源，实现企业经营的协同效应，这种协同可以是企业原有的销售能力和销售渠道的营销协同，也可以是利用企业原有技术和生产资源的技术协同。

三、产品开发策略

新产品开发策略是企业在新产品开发的各个方面所作出的决策，主要涉及新产品开发的方向、方式、风险及程序等。

（一）新产品开发的方向

开发新产品的难题之一就是缺乏创意，企业无法明确应该从哪个方向、哪些方面突出其差异性。以消费品为例，根据产品性能的不同，新产品开发可以从多功能、微小化、简易化、多样化及环保化等方面进行考虑，如图6-10所示。

多功能	产品具有多种功能，满足消费者多种需要
微小化	从产品体积方面改进，使产品体积更小、重量更轻
简易化	使产品结构简单、使用方法更易掌握
多样化	从产品形式、规格、包装、颜色等方面使产品呈现多样化
环保化	从节约能源、控制污染等方面使产品节能环保

图6-10 新产品开发的方向选择

（二）新产品开发的方式

新产品开发的方式包括购买、研发、研发与引进技术相结合等（见表6-3）。

表6-3 新产品开发的方式

方式	特点
购买	包括购买专利、技术、特许经营等。这种方式能节省研发费用、赢得时间，也可以快速填补业务空白，缩短和竞争对手的差距
研发	包括企业自行研发、与科研机构联合研发、委托研究机构研发等。通过研发，创造出独具特色的新产品，从而取得技术领先地位和市场优势
研发与引进技术相结合	是指将两种方式结合起来，既重视引进先进技术，也不放弃产品研发。引进关键的、先进的技术，其他则由企业自主研发，这是目前国内企业研发新产品采用较多的一种形式

（三）新产品开发的风险

开发新产品往往蕴含着极大的风险，因为新产品开发的失败率一直很高，失败的原因主要包括：忽视或误解市场调查研究；对市场规模估计过高；产品设计不合理；产品定位错误；没有开展有效的营销活动或对产品的定价过高；没有足够的渠道支持；竞争对手反击激烈等。

（四）新产品开发的程序

开发新产品是一项高风险的工作，必须慎之又慎。为了减少开发成本，提高成功率，必须按照科学的程序来进行开发。开发新产品的程序可以分为八个阶段（如图6-11所示）：构思产生、构思筛选、产品概念、营销规划、商业分析、产品研制、市场试销及正式上市。

图6-11 新产品开发程序

1.构思产生

新产品构思是新产品开发的首要阶段，构思是创造性思维，即对新产品进行设想或创意的过程。缺乏好的构思是许多行业新产品开发的瓶颈，企业可以从内部和外部寻找新产品构思的来源（见表6-4）。

新产品构思的方法主要有两类，即属性分析法和需求分析法，具体见表6-5。

表 6-4　　　　　　　　　　　新产品构思的来源

公司内部	公司外部
研究开发部门 销售人员	顾客 中间商
高层管理部门 企业内部其他部门的员工	竞争对手 企业外部的研究和开发人员 营销调研公司

表 6-5　　　　　　　　　　　新产品构思的方法

属性分析法	需求分析法
➢ 多属性分析 所有能够影响销售、增加市场需求的产品属性及其附加属性，都可以成为创新的构思来源 ➢ 功能分析 只要能够使一种产品具有新的功能或用途，就意味着实现了产品创新 ➢ 功效分析 把被研究产品的所有功效罗列出来，从中发现尚未被发掘的功效和未预计的功效缺损 ➢ 差异分析 研究各种产品属性带给消费者的不同感受，进行这种分析能够发现产品间的差异	➢ 明确需求的类型：特定需求、模糊需求、定制需求、变动需求 ➢ 针对需求进行新产品的构思 ➢ 激发以需求为基础的产品创意

2.构思筛选

不是每个构思都具有开发价值，因此就需要对其进行筛选。根据企业的发展目标和长远利益，结合自身的资源开发能力和实际情况，淘汰不可行的构思，把有限的资金集中于少数有潜力的新产品上来，如可以通过经验筛选法、相对指数评分法、多方案加权平均法等工具来进行筛选。

3.产品概念

新产品的构思经过筛选后，要进一步将其发展成为更具体、更明确的产品概念，即把新产品的构思用有意义的消费术语描述出来，它是构思的具体化。产品概念是用文字、图形、模型等方式，对已经成型的产品构思进行详尽、形象的描述。一个新产品可以形成若干个产品概念，对发展出来的产品概念还需进行进一步的测试，这关系到新产品研发出来后被市场接受的程度。

多种产品概念形成以后，企业要想从众多的产品概念中选出最优的产品概念，就需要进行概念测试，了解顾客的意见。概念测试一般采用概念说明书的方式，标明产品的形状、功能、特性、规格、用途、包装、价格等，印发给部分潜在消费者，常用问题见表6-6。

表6-6	概念测试的常用问题
1.产品概念的描述是否清楚易懂	
2.消费者能否明显发现该产品的突出优点	
3.在同类产品中，消费者是否偏爱本产品	
4.顾客购买这种产品的可能性有多大	
5.顾客是否愿意放弃现有产品而购买这种新产品	
6.本产品能否满足目标顾客的真正需要	
7.在产品的各种性能上，有什么可以改进的地方	
8.谁将购买此类产品	
9.目标顾客对该产品的定价做何反应	

4.营销规划

测试完成以后，必须提出将这种新产品引入市场的初步营销规划。营销规划包括三部分：第一部分是描述目标市场的规模、结构和顾客行为，确定产品的市场定位，预估近期的销售量、市场份额以及利润目标；第二部分是描述产品的计划价格、预算，以及分销和促销策略；第三部分是描述预期的长期销售量、利润目标，以及不同的营销策略组合。

5.商业分析

在确定了最佳产品概念和初步拟定的营销方案后，还要针对这一概念进行商业分析，判断其在商业上的可行性和吸引力。商业分析包括需求分析、成本分析以及盈利分析三部分。

6.产品研制

经过商业分析确认开发价值以后，就可以将新产品交给生产部门研制了，即把产品概念转变为物质产品。在这一阶段，必须研制出新产品的样品，该样品要具备产品概念中阐述的主要特点，还要进行安全测试。

7.市场试销

新产品的样品经过测试并确认安全后，方可小批量投入生产，并将其推向市场进行试销。试销就是将产品投放到有代表性的、小范围的市场上，进行销售试验，据此了解消费者的需求和购买情况，检验产品的质量、包装、价格、广告效果，以确定大批量生产的可能性和具体的营销方案。

8.正式上市

正式上市是新产品开发的最后一个阶段，在试销成功或者某些方面得以改进之后，就可以进入商业化阶段，进行正式的大批量生产，全面推向市场。这时，产品进入市场生命周期的投入期，日后可按市场生命周期策略进行营销。

如果对新产品开发进行小结的话，可以得到图6-12。

新产品开发
- 新产品的内涵
  - 全新产品
  - 新产品线
  - 填补产品线
  - 换代新产品
  - 重新定位
  - 降低成本
  - 仿制新产品
- 产品开发的必要性及原则
  - 必要性
  - 原则
- 产品开发策略
  - 开发方向
  - 开发方式
  - 开发风险
  - 开发程序

图6-12　新产品开发小结

思政小讲堂

　　毛泽东认为，抗日战争的持久战，具体体现在三个阶段之中。第一个阶段，是敌之战略进攻、我之战略防御的时期。第二个阶段，是敌之战略防守、我之准备反攻的时期。第三个阶段，是我之战略反攻、敌之战略退却的时期。这一分析得到了历史的完全验证。

　　这是不是很像产品的生命周期？小米手机就根据市场环境的不同，在不同的时期采用了不同的营销策略，最后取得了胜利。

　　战略退却，是劣势军队在面对优势军队的进攻时，因为无法迅速地击破其进攻，为了保存军力，待机破敌，而采取的一个有计划的战略步骤。战略退却的目的是保存军力，准备反攻，要创造并选择有利于我而不利于敌的若干条件，使敌我力量对比发生变化，再进入反攻阶段。就像小米手机在导入期和成长期时，先静待时机，做好充分准备，不和大品牌正面对抗，先占领小市场，再慢慢渗透进入大市场。

　　战略反攻，是指战胜优势敌人的进攻，依靠在战略退却阶段中所创造的、有利于我不利于敌的、相比敌人开始进攻时发生变化的形势。这种条件和形势具有决定胜负的可能性，这种胜负取决于两军的决战。反攻是一个漫长的过程，是防御战中最精彩、最活跃的阶段，也是防御战的最后阶段。就像小米高调举行发布会，引起媒体和"米粉"们的注意，炒作话题，在万众瞩目中推出新产品，充分利用品牌效应聚集"粉丝"，使自己的手机销售一空。

　　所以在市场中，要根据企业自身所处的阶段和市场环境，具体问题具体分析，以小见大、从整体出发、实事求是，在市场中保持警觉，及时调整自己的战略。

　　资料来源：根据相关资料整理而成.

思考与练习

一、名词解释

1.产品线

2.产品生命周期

3.全新产品

二、单项选择题

1.产品投入市场至退出的过程称为（　　　）。

A.产品生命周期　　　　　　　　B.产品成长期

C.产品成熟期　　　　　　　　　D.产品投入期

2.企业对市场上已有的某种畅销产品稍作部分改动，标出新品牌的产品称为（　　　）。

A.全新产品　　　　B.仿制新产品　　　C.新产品线　　　D.新产品组合

3.新产品导入期的策略是（　　　）。

A.快速渗透　　　　B.调整价格　　　C.产品改良　　　D.重新定位

4.采用维持策略的企业处于（　　　）。

A.导入期　　　　B.成长期　　　　C.成熟期　　　　D.衰退期

随堂测6

三、简答题

1.简述产品生命周期阶段。

2.简述产品各生命周期的营销策略。

3.简述产品组合包括什么。

四、案例分析题

1.现有的电子商务模式有哪些？"互联网+"背景下，案例中提及的O2O模式的发展前景及方向是什么？

2.结合案例，对尚品宅配当前的商业模式进行分析。

3.归纳尚品宅配的竞争优势有哪些关键影响因素。

4.查找资料，总结互联网生态背景下规模定制的实现方式，分析尚品宅配是如何在C2B模式下实现个性化定制的。

5.结合案例，绘制尚品宅配供应链流程图。

6.结合案例，思考并总结尚品宅配的管理经验有哪些值得借鉴之处。结合公司治理的相关知识，对尚品宅配的员工管理进行评价。

C2B+O2O，看尚品宅配如何玩转个性化家居定制？

第七章

有之以为利，无之以为用——品牌管理

事不凝滞，理贵变通。

——《宋史·赵普列传》

学习目标
1.掌握品牌的概念。
2.掌握管理品牌资产的方法。
3.掌握品牌决策的方法。
4.了解品牌维护的方法。

重难点
品牌的内涵；如何选择品牌策略；品牌维护

关键词
品牌资产模型；品牌决策；品牌延伸；品牌传播；品牌危机

框架图

认识品牌　01
1.品牌的概念
2.管理品牌资产

02　品牌策略
1.品牌使用决策
2.品牌延伸策略

品牌传播与维护　03
1.品牌传播
2.品牌危机与维护

　　　　　　　初次启用代言人的知乎新意迭出

知乎在中文互联网世界，算是成熟品牌了。有多大能力，做多大的事情。知乎最近的广告"有问题上知乎"（如图7-1所示）成功激起舆论热议。

图7-1　知乎的广告

1.有智慧的策略

（1）代言人用得够聪明，引爆品牌热度。

知乎宣布首位品牌代言人后，市场的反应很有趣：很多人认为，一向高冷的知乎，并不需要代言人。签约代言人这种大众化品牌打法被视为知乎不顾及核心用户的感受。细细想来，大概有两方面的原因。第一，在6月14日之前，大众印象中的知乎的品牌推广主要以户外、地铁广告为主。第二，7年来，知乎品牌物料的调性内敛、克制，甚至有点认知壁垒。

（2）历来如此，但不代表必须如此。

①知乎近一年的注册用户增长接近8 000万，一年翻了近一倍，意味着知乎到了新的发展节点。从这个角度来看，不论是投放世界杯TVC，还是签约刘昊然，都势在必行。

②三次元破壁二次元，"代言人+品牌"IP联动，用年轻族群爱看的形式建立有效沟通。

知乎有个叫刘看山的品牌IP吉祥物，这位活在二次元的"北极狐"，有自己的知乎账号，能提问感兴趣的话题，靠着知乎市场团队持续新鲜的内容喂养，形成了立体的人设。

知乎出了一组同人漫画，借吉祥物刘看山担心刘昊然来做代言人后自己失业的故事，将三次元的代言人与二次元的吉祥物结拜成为"刘氏兄弟"。

当然，当刘昊然在三次元世界发布代言人出场TVC的时候，作为兄弟，刘看山自然也陪在他的身边，跟他互动，为他撑腰。这种设计十分巧妙，旧元素新组合。所以，做市场不能喜新厌旧，新旧结合往往能玩出新意。

③重视用户参与感，一定设法让用户参与到品牌的活动，建立"共同完成一件事情"的共情感。知乎推出了"#七日助燃计划·全球解锁刘昊然#"活动。用户在

下载或更新知乎App之后，通过完成任务，为"全球解锁刘昊然"贡献一定的燃力值，燃力值上升，就能解锁刘昊然的私家放送视频、签名照片礼包、刘看山周边礼包、知乎App上的刘昊然专属皮肤、专属版本等福利。

2.有整合的传播

开源的联合营销，大范围营造价值感。

一直以来，知乎做品牌有个优势——本身就是优质内容平台，大量的品牌入驻其中，在B端，知乎有明显的话语优势。知乎明显知道自己的优势所在，联合了一众知名品牌发起了声势浩大的联合营销，围绕各家品牌的特性持续生产大量优质内容。这一路联合营销下来，知乎借助平台影响力，引发品牌、用户的参与和互动。而持续推送的形式，更将"换平台以联合品牌，用流量换取声量"的策略玩到了一定程度。来往之间，参与的品牌、用户都感受到了知乎作为问答平台的价值。

资料来源：佚名. 初次启用代言人的知乎新意迭出 [EB/OL]. [2018-07-04]. https://www.sohu.com/a/239316337_618348.

品牌传播过程中，在不同发展阶段，势必需要调整策略和打法，因为品牌需要考量的不仅有自身规划，更有用户、竞品、市场趋势，甚至可预见的、未知的热点等因素。品牌唯有灵活应对，按需策划而不是按惯性，才能不断成长。

摸着石头过河是市场营销的常态，走老路只会无路可走。改变，再改变，哪怕守着的是一棵老树，也能开出新花儿。那么品牌管理都包括什么内容呢？如何才能进行优质的品牌传播呢？

第一节　认识品牌

二维码7-1

品牌内涵

一、品牌的概念

（一）品牌的定义

人类的品牌活动源于远古时代，那时农夫通过在牲畜身上刻下烙印的方法来辨别自己的牲畜。在中国古代，和"品牌"近似的表述有"招牌"等，用于区别不同的"商店"。这就说明，品牌最原始的功能在于"印记"和"识别"，这一功能延续至今。

品牌的现代定义来源于美国市场营销协会，定义为："品牌是一个名称、专有名词、标记、符号、设计，或所有这些元素的组合，用于识别一个供应商或一群供应商的商品与服务，并由此区别于其他竞争者的商品与服务。"上述定义属于狭义的品牌概念。

狭义的品牌概念认为，品牌就是品牌名称、标识、符号、包装，或其他可以识别本公司的产品或服务的一系列有形物的组合。这些有形物又称为"品牌要素"。

狭义的品牌概念道出了品牌的物质载体，虽然它是基本的和必不可少的，但它对企业的指导意义是远远不够的。如果仅仅设计出方便识别的品牌要素而没有对这些要素赋予内涵，那么，品牌仍然不能给顾客留下印象，在市场上无法发挥作用。

广义的品牌是指品牌有形要素在顾客心目中建立起来的品牌意识和品牌联想，以及由此引起的顾客对其产品的感觉、评价和购买等的总和。或者说，品牌就是顾客对产品或服务及其供应商的所有体验和认知的总和。

总之，品牌是通过某些方式将自己与满足同样需求的其他产品或服务区分开的一种产品或服务。从品牌的产品性能角度看，差异可以是功能的、理性的或有形的；从品牌表达信息的角度看，差异也可以符号化、感性和无形。企业管理者要作出许多与品牌有关的决策，其中包括确定品牌名称、品牌标志和商标等。

1.品牌名称

品牌名称（Brand Name）是构成品牌的一个基本且必不可少的元素。它可以反映产品内容，提高品牌认知，强化品牌联想，并最终给品牌带来品牌资产。此外，研究者发现，品牌名称能够影响消费者（尤其是缺乏购买经验的消费者）对耐用品产品质量的判断。

2.品牌标志

品牌标志（Brand Logo）是一种构成品牌的视觉元素，包含文字部分（如华为公司的中文名"华为"，英文名"Huawei"）和非文字部分（通常称为符号，如华为公司的扇形标志），一个品牌可以同时包含两者或只有其中之一。

3.商标

商标（Trade Name）是一种法定的名称，表示拥有者对品牌或品牌中某一部分享有专有权，并从法律上禁止他人使用。

（二）品牌的作用

1.识别功能

品牌有利于经销商进行识别，可以将其经销的全部产品按照品牌进行分类和管理，依据不同的品牌类别采取不同的采购和销售政策，以最佳的方式促进产品销售。

此外，品牌有利于顾客识别、选购商品，由于品牌、商标是区别不同质量水准的商品的标记，因此顾客可以依据品牌购买商品。顾客对于熟悉的品牌，可以减少挑选的时间，对于该品牌推出的新产品尤其如此。

享有盛誉的品牌有助于顾客建立品牌偏好，促进重复购买。

2.保护功能

品牌的重要组成部分是商标，商标一旦注册，便具有法律效力，受到法律的保护，其他任何企业不能使用与此相似的标识，不得模仿、抄袭和假冒，从而使企业的市场形象、社会声誉等受到保护。

3.促销功能

品牌有利于商品的广告宣传和推销工作，是一种直接、有效的广告宣传与推销形式。品牌以简单、醒目、便于记忆的方式表明企业提供的产品或服务，以及企业的某种特性。

设计精美的品牌在广告宣传和商品推销过程中都有助于企业建立产品声誉，吸引顾客重复购买，提高市场占有率，有助于企业不断推出系列新产品进入市场。

4.增值功能

品牌本身就是一种形象的体现，当企业提供产品或服务时进一步赋予品牌更加丰富和深刻的内涵。随着企业品牌声誉的形成，企业的形象逐步得到确立。而良好的形象进一步促进产品与服务的销售，进而提升企业的品牌地位，由此，企业的品牌、形象和产品与服务销售形成了相互促进的关系。

二、管理品牌资产

案例直通车 7-1

星巴克全球扩张计划：品牌成功不在咖啡

星巴克在美国是家喻户晓的品牌，在世界上也早已声名鹊起。

打造品牌不靠广告

在国际知名品牌中，星巴克算得上是后起之秀，在过去30多年中，从一家名不见经传的小企业发展成为市值高达200亿美元的知名大公司。星巴克品牌的迅速成长引起了世人的关注。对此，前星巴克CEO舒尔兹认为，现在创建一个品牌的总体环境和过去已有很大的不同。过去，消费品牌的创建往往是通过大规模的市场开拓和传统广告投放来实现的，宝洁就是靠这种方式做大做强的。但是，星巴克走的是另一条路。星巴克不是一夜成名的公司，曾经挣扎了许多年。有些年份舒尔兹连自己的工资都开不出，哪有钱去做广告。星巴克采取的是直接经营的古老方式，就像一个商人，需要好好照顾自己的顾客。

星巴克在经营中十分重视在社会责任和公司盈利之间找到平衡点。星巴克认为消费者不仅关注产品的性能或服务质量，而且对公司和品牌的历史，以及公司的文化和价值观也感兴趣，比如这个公司是否参与当地的社区公益活动，如何对待它的员工等。星巴克希望让每一个员工感到公司对他们的重视。要想长期在市场上生存并取得成功，企业主管必须与员工和消费者建立一种相互信任的关系，这种关系必须建立在合适的、真实的和真正的商业运作基础上。在美国，星巴克是第一个为所有雇员提供完全医疗保险和股权的公司，包括占员工总数65%的兼职员工。

一个有趣的现象是星巴克创建品牌从来不做广告。这是因为消费者知道星巴克公司不仅经营咖啡店，还有自己的企业文化和价值观。那些真正懂得社会责任，并且尽力在公司盈利和社会责任之间找到平衡点的企业，将是市场上最终和最大的胜出者。星巴克最近收购了一家饮用水公司，收购这家公司的原因就是这个公司将瓶装水销售额中的很大一部分捐献给无法得到洁净水的非洲国家和一些发展中国家。

与消费者建立情感

舒尔兹指出，要建立自己的公司，打造自己的品牌，你所经营的商品或提供的服务必须是你所喜欢的东西，你对它要有热情。你必须要相信自己的梦想，并且多与从事过同类事业的人在一起。当然，你需要雇佣一些比你有经验的人来一起管理公司，因为最好的感觉是当成功被分享的时候，不要害怕比你有经验的人会把你的公司抢走，这些人不仅仅具有更多的经验，不仅仅只希望被雇佣，他们还希望你能看到他们的价值。

星巴克开发中国市场，目标就是要赢得中国消费者的尊敬和认可。这要通过实际行动来赢得，而不是嘴上说说而已。星巴克要建立一个人们可以来享受咖啡、享受优质服务的地方，与消费者建立感情纽带，让消费者知道，星巴克在乎你。

资料来源：佚名. 星巴克全球扩张计划：品牌成功不在咖啡［EB/OL］.［2019-12-04］. https：//wenku.baidu.com/view/0da47c17f38583d049649b6648d7c1c708a10bc8.html.

星巴克的这种价值观造就了星巴克这个品牌，并培养了一大批粉丝，这些粉丝对星巴克品牌极其忠诚，这种忠诚也进一步提升了星巴克的整体"软实力"，同时构成了星巴克基于顾客价值的品牌资产。

（一）品牌资产概念

品牌资产是营销研究和实践领域的一个重要概念，其定义为："与品牌、品牌名称和标志相联系的，能够增加或减少企业所销售产品或提供服务的价值或顾客价值的一系列品牌资产与负债"。用一句简单的话概括就是："向产品或服务赋予的附加价值"。

品牌资产包括五个方面，即品牌忠诚度、品牌认知度、品牌知名度（感知质量）、品牌联想度、其他专有资产（如商标、专利、渠道关系等），这些资产通过多种方式向消费者和企业提供价值。基于顾客的品牌资产是指消费者因拥有的品牌知识不同，对品牌的市场反应也不尽相同。基于顾客的品牌资产具有以下特点：第一，品牌资产来自顾客的不同反应，如果顾客的反应相同，竞争的焦点就集中于价格；第二，这些不同的反应是因顾客对品牌的理解不同导致的，品牌应使顾客产生强烈、良好、独特的品牌联想，由此带来较好的销售绩效；第三，由顾客不同反应构成的品牌资产，在所有与品牌营销相关的感知、偏好和行为中都有所体现。

（二）品牌资产模型

品牌是指消费者对某类产品的认知程度，代表企业或产品的一种视觉和文化的形象，它是存在于消费者心目之中代表企业的东西，它不仅是商品标志，而且是信誉标志，也是对消费者的一种承诺。品牌资产评估就是对消费者如何看待品牌进行评估和确认，因此，消费者才是品牌资产的真正审定者和最终评估者。

大卫·艾克在综合前人理论的基础上，提炼出品牌资产五星模型，即认为品牌资产是由品牌知名度（Brand Awareness）、品牌认知度（Perceived Brand Quality）、品牌联想度（Brand Association）、品牌忠诚度（Brand Loyalty）和其他品牌资产（Specific Assets）五部分所组成，具体如图7-2所示。

图 7-2　品牌资产五星模型

1.功能属性——品牌知名度、品牌认知度

品牌知名度是消费者对一个品牌的记忆程度。在互联网时代，知名度的提升会加速，呈现聚合现象，很多品牌都是一夜成名。特别在技术变化快、产业生命周期短的行业这一现象尤其突出。

品牌认知度是指消费者对某一品牌在品质上的整体印象，不仅包括产品自身的品质，还包括服务的品质，其主要内容包括：①产品功能与特点；②适应性；③可信赖度；④耐用性；⑤外观；⑥价格；⑦渠道；⑧服务。品牌认知度指标可以反映消费者对某一产品功能与特点、适应性、可信赖度、耐用性、外观、价格、渠道、服务等方面的评价，如图 7-3 所示。这种评价为消费者购买产品和服务提供了理由，同时也是产品差异化定位、高价位和品牌延伸的基础。

图 7-3　评价因素

2.社交属性——品牌联想度

在这个信息爆炸、嘈杂纷乱的时代，如何铸就一种品牌信息标识让目标受众念念不忘？如何创造一种"徽记象征"？

品牌联想度是指透过品牌而产生的所有联想，是对产品特征、消费者利益、使用场合、产地、人物、个性等的人格化描述。品牌联想源于企业的品牌传播、口碑效应和消费者的品牌体验。品牌的功能定位在营销界最为普遍，一般满足消费者的显性需求，而品牌联想则深度挖掘顾客的隐性需求。

丰富的品牌联想意味着品牌被消费者接受、认可、喜爱及市场上的差异化和竞争力等，能增强消费者的购买信心，丰富品牌价值和品牌资产。

3.精神属性——品牌忠诚度

（1）品牌忠诚度概述

品牌忠诚度是在购买决策中多次表现出来的对某个品牌有偏向性的（而非随意的）行为反应，也是消费者对某种品牌的心理决策和评估过程。品牌忠诚度反映消费者对品牌的偏爱、选择、尝试购买、重复购买以及承诺购买水平。

品牌忠诚度是品牌资产的核心，如果没有品牌消费者的忠诚，品牌不过是一个几乎没有价值的商标或只是用于区别的符号。从品牌忠诚营销观点看，销售并不是最终目标，它只是消费者建立持久有益的品牌关系的开始，也是建立品牌忠诚，把品牌购买者转化为品牌忠诚者的机会。

品牌忠诚者分为五个级别：忠诚购买者、情感购买者、满意购买者、习惯购买者、无忠诚者，如图7-4所示。

忠诚购买者	→ 忠诚购买者
喜欢该品牌并将其视为朋友	→ 情感购买者
满意购买者具有转移成本	→ 满意购买者
习惯购买者没有理由改变	→ 习惯购买者
无忠诚者对价格敏感，不关心品牌，没有品牌忠诚度	→ 无忠诚者

图7-4　品牌忠诚者分级

（2）互联网时代下提高品牌忠诚度的两种路径

①品牌社区——依赖感。

品牌忠诚本质是一种行为，在品牌活动中是一种结果，而不是原因。在互联网模式下，品牌选择太多，与其说对品牌忠诚，还不如说品牌具有黏性更为贴切。因此，在今天的时代，打造品牌忠诚度，就意味着必须直接与消费者对话，通过打造品牌社区增强用户对品牌的依赖感。

消费者有品牌忠诚度的两个原因：一是品牌依赖度，就是消费者每当选择同类产品和服务时，总会习惯性地依赖于某个品牌；二是更换成本，消费者会对更换成本高的产品产生更强的黏性，更换成本包括直接的购买成本和风险，也包括使用中的更换成本。从某种程度上说，这种现象本质就是一种精神上的惰性依赖。

②粉丝经济——认同感。

当顾客具有品牌忠诚度时，就意味着品牌资产达到了金字塔的顶部，产生了品牌共鸣。品牌共鸣指消费者与品牌之间"同喜同悲"，意味着消费者与品牌之间既有情感联系，又有行动承诺。这种情感联系包括对品牌的依恋，最后达到对品牌至爱的程度。行为承诺则可以体现为重复购买品牌、向他人推荐品牌以及抵制品牌负面信息等。

品牌共鸣在互联网时代下衍生成"粉丝经济"。例如，小米的粉丝对小米手机的狂热追捧，给了小米手机持续发展源源不断的动力。小米的粉丝称雷军为"雷布斯"，这是雷军的个人魅力，小米手机的畅销本质上是粉丝经济的成功，而雷军的成功原因从某个角度讲是培养了"米粉"这个群体。《粉丝力量大》的作者张蔷对粉丝经济的定义为："粉丝经济以情绪资本为核心，以粉丝社区为营销手段，增值情绪资本。粉丝经济以消费者为主角，由消费者主导营销手段，从消费者的情感出发，企业借力使力，达到为品牌与偶像增值情绪资本的目的"。在粉丝经济中，粉丝不单单是对品牌感兴趣，还是对品牌产生一种认同感，这种认同感转化成为情绪资本维系着粉丝经济的有序进行是最终实现品牌增值的关键。

4.价值属性——其他品牌资产

其他品牌资产是指品牌的商标、专利等知识产权。我们知道，品牌的价值更多体现在附加值上面，企业正面、亲和、友善、对社会负责、对未来负责的形象往往能够给品牌带来意想不到的效果。企业往往从内外两个方面塑造品牌形象，一是完善企业文化，二是积极从事公益活动。

（三）品牌资产管理

有效的品牌管理须从长期角度考虑营销决策，在面对营销环境外部变化和企业营销目标与计划的内部变化时，企业必须制定前瞻性战略，以保持和增加基于顾客价值的品牌资产。

1.评估品牌资产

评估品牌资产的方式主要有两种：一种是间接的方式，即通过确认和跟踪顾客的品牌知识评估品牌资产的潜在来源；另一种是直接的方式，即评估品牌知识针对顾客的不同营销方式所引起的反应的实际影响。以上两种常用方式是互补的，可同时进行。鉴于品牌力存在于顾客心中，企业有必要思考品牌力如何影响顾客对企业营销活动的反应。

换句话说，为使品牌资产发挥其有价值的战略性功能和正确引导营销决策，营销者必须充分了解品牌资产的来源，以及它们如何影响品牌的投入和产出，同时跟踪了解各种来源和产出是如何变化的。品牌审计对前者很重要，品牌跟踪则对后者很重要。

品牌审计是以消费者为中心，评估品牌的情况，发现品牌资产的构成，提出品牌资产改进和调整建议的一系列实践活动。营销者打算对重要的战略方向作出调整时，应当进行品牌审计。定期开展品牌审计（如每年一次）有助于营销者随时掌握品牌情况的变化，从而能够前瞻性地、及时地对品牌进行管理。尤其是管理者制订营销计划时，品牌审计报告将是十分有用的背景资料。

品牌跟踪研究是指定期采用常规方式收集顾客的数据，以便从多个主要维度为营销者提供关于品牌和营销计划如何连续运营的基本信息。品牌跟踪研究是了解创造品牌价值的地点、数量和方式的手段，有助于企业的日常决策。

表7-1展示了一些品牌资产的评估方法，可以参考。

表7-1　　　　　　　　　　　　品牌资产评估方法

评估方法要素	评估方法特点	代表性方法
财务要素	品牌资产是公司无形资产的一部分，是会计学意义的概念	成本法 替代成本法 市值法
财务要素和市场要素	品牌资产是品牌未来收益的折现，因此，对传统的财务方法进行调整，加入市场业绩的要素	Interbrand方法（Interbrand公司的品牌评估法）
财务要素和消费者要素	品牌资产是相对于同类无品牌或竞争品牌而言，消费者愿意为某一品牌所付出的额外费用	溢价法 品牌抵补模型（BPTO） 联合分析法（Conjoint Analysis）
消费者要素和市场要素	品牌资产是与消费者的关系程度，着眼于品牌资产的运行机制和真正驱动因素	品牌资产评估模型（Brand Asset Valuator） 品牌资产十要素（Brand Equity Ten） 品牌资产趋势模型（Equity Trend） 品牌资产引擎（Brand Equity Engine）

2.实现品牌增值

作为企业主要的可持续资产，企业应对品牌进行适当的管理，以免品牌贬值。

持续地向顾客传递品牌意义的营销行为能使品牌资产增值，为此，需要认真分析：品牌代表什么样的产品？品牌提供什么样的核心利益？品牌满足什么样的需求？在消费者心中，什么样的品牌联想是强大、吸引人的？例如，妮维雅精心设计和执行其品牌延伸战略，其品牌范围已经从单一的润肤霜扩展为皮肤护理、私人护理，进而在更广阔的领域强化了其"妮维雅能给肌肤最温和的呵护"的品牌承诺。

品牌资产增值要求营销计划保持创新，营销者应引入新产品，开展新营销。持续向顾客传递品牌意义并不代表一成不变，相反需要作出许多战略性的变革，以保持品牌的战略推进方向。在管理品牌资产时，企业应认真考虑如何在提升品牌资产和品牌内涵的营销活动与那些试图借助现有品牌资产收获财务利益的营销活动间作出取舍。在一定程度上，如果不能提升品牌资产，品牌知名度和品牌形象就会在激烈的市场竞争中受到削弱。

3.关注品牌复兴

顾客品味和偏好的变化，新竞争者、新技术的出现或营销环境的任何新变化，都将对品牌的命运造成潜在的影响。我们经常会看到市场上一些曾经杰出和令人敬佩的品牌跌入低谷，甚至逐渐匿迹；但也常常出现这样的局面，营销者重新赋予某个品牌生机，使其得以复兴。

扭转衰退品牌的命运，要么使其回归到最初的样子，恢复其已经失去的品牌资产来源；要么重新建立新的品牌资产来源。首先，转变品牌命运要了解品牌来自哪里，正面联想是否推动了优势或独特性，品牌是否有负面联想。其次，企业要决定，是选择保持原有的定位不变，还是重新定位。如果重新定位，应当如何定位？在某些情况下，原来的定位可能仍然是合适的，而执行的营销计划才是问题的根源，因为它未能成功地传递品牌承诺，因此，"回到原来"的战略仍然有效。

显然，品牌复兴战略是一个连续的统一体，一端是纯粹的"恢复到原来"战略，另一端是纯粹的"再创新"战略，而多数复兴是两种战略的结合。

对品牌的认识进行小结，可以得到图7-5。

图7-5 认识品牌小结

第二节 品牌策略

二维码7-2

品牌行为

一、品牌使用决策

1.品牌化决策

品牌运营首先就是企业要给产品确立一个品牌名称。在当代，品牌的商业作用对企业非常重要，品牌化迅猛发展，已经很少有产品不使用品牌了。像大豆、水果、蔬菜、大米、面和肉制品等过去从不使用品牌的商品，现在也被放在有特色的包装袋中，配以品牌出售，这样做自然是为了获得品牌化的好处。

那么品牌化有哪些好处呢？

品牌化有利于订单处理和对产品的跟踪；保护产品的某些独特特征，以免被竞争者模仿；为吸引忠诚顾客提供了机会；有助于市场细分；有利于树立产品和企业形象。此外，企业产品的品牌化对分销商和消费者同样有利。分销商把品牌作为方便产品经营、识别供应商、把握产品质量和增强消费者偏好的手段；消费者则可以通过品牌来识别和判断同类产品的质量差别，以便进行更高效率的选购。

2.品牌归属决策

企业决定使用品牌以后，就要涉及采用何种品牌，一般有3种选择：第一种是采用本企业的品牌，这种品牌叫制造商品牌、企业品牌、全国性品牌。第二种是中间商品牌，也叫私人品牌，也就是说企业可以决定将其产品大批量地卖给中间商，中间商再用自己的品牌将货物转卖出去。第三种是混合品牌，即一部分产品使用生产者品牌，另一部分使用中间商品牌。

（1）使用制造商品牌

绝大多数制造商都使用自己的品牌，制造商品牌长期以来一直支配着市场。虽然制造商使用自己的品牌要花费一定的费用，但品牌作为企业不可忽视的一笔无形资产，可以为企业带来很大的利益。制造商使用自己的品牌，可以获得品牌带来的全部利益。享有盛誉的制造商可以将品牌租赁给他人使用从而收取一定的特许权使用费。例如，我国青岛啤酒品牌就与多家企业联营共同使用其品牌，使联营企业的产品可以借助青岛啤酒的品牌效应，迅速打开销路，同时青岛啤酒公司也可以收取一定的特许权使用费。

（2）使用中间商品牌

近些年来，中间商品牌发展势头强劲，中间商品牌能够发展主要是因为：①一些资金薄弱、市场经验不足的企业，为集中力量更有效地运用其有限的资源，采用了中间商品牌；②顾客对所需产品没有充分的选购知识，所以顾客在选购时不仅把制造商品牌作为选购的依据，也经常依据中间商品牌在信誉良好的商店购买。

中间商使用自己的品牌有许多好处：①中间商有了自己的品牌不但可以加强对价格的控制能力，还可以在一定程度上影响制造商；②中间商找到一些生产能力过剩、无力创立品牌或不愿自立品牌的厂家，使其使用中间商的品牌制造产品，这样可以减少一些不必要的费用，中间商可以降低产品售价，提高产品的竞争力，同时还能得到较多的利润。

制造商是使用自己的品牌还是中间商的品牌，主要取决于品牌在市场上的声誉。如果一个企业对市场不熟悉或者自己的品牌声誉远不及中间商的品牌声誉，就可以考虑使用中间商品牌，以便集中自己有限的资源做对企业来说更有利的事情。

（3）使用混合品牌

混合品牌有3种使用方式：①制造商部分产品使用自己的品牌，部分产品批量卖给中间商使用中间商品牌，这样既能保持本企业品牌的特色又能扩大销路；②为了进入新市场，企业先使用中间商的品牌，取得一定市场地位后再使用自己的品牌；③两种品牌并用，即一种制造商品牌与一种中间商品牌或另一种制造商品牌同时用于一种产品，制造商究竟应该使用自己的品牌还是中间商的品牌，必须全面地权衡利弊。如果制造商具有良好的市场信誉，拥有较大市场份额，产品技术复杂，有完善的售后服务等条件，大多使用制造商品牌。相反，在制造商资金实力薄弱，市场开拓能力较弱或者在市场上的信誉远不及中间商的情况下，则适宜采用中间商品牌。尤其是新进入某市场的中小企业无力用自己的品牌将产品推向市场，而中间商在这一市场领域中却拥有良好的品牌信誉和完善的销售体系，在这种情况下利用中间商品牌往往是有利的。

3.品牌名称决策

品牌名称决策是指企业对于所生产的不同种类、规格、质量的产品是分别使用不同的品牌名称，还是冠以统一的品牌名称的决策。企业通常有四种品牌名称战略。

（1）个别品牌名称战略

这是指企业的每一种产品分别使用不同的品牌名称。这种战略的优点是：企业不会因某一品牌信誉下降而承担较大的风险；个别品牌为新产品寻求最佳品牌提供了条件；新产品在市场上不畅销时，不会影响原有品牌的信誉；可以发展多种产品线和产品项目，开拓更广阔的市场。这种战略的最大缺点是：增加了产品的促销费用；品牌过于繁多不利于企业打造品牌。宝洁和联合利华都是使用这种品牌战略的代表，每一种产品都有一个单独的品牌名称，宝洁公司仅洗发水就有海飞丝、飘柔、沙宣、伊卡璐等多个品牌。

（2）统一的家族品牌名称战略

这是指企业所生产的全部产品都用统一的家族品牌。这种战略的优点是：建立起一个优质品牌，就像为企业产品撑起一把品牌大伞，可以带动许多产品，并有利于企业树立形象，有利于新产品进入目标市场，因为已有的品牌信誉有利于消除顾客对新产品的不信任感，集中宣传一个品牌可节约大量广告费用，品牌下的各种产品可相互影响，有利于扩大销售规模。例如，佳能在办公室产品、个人消费类产品、工业及其他产品领域均使用佳能这一品牌。这一品牌战略具有一荣俱荣的优势，也存在一损俱损的风险。一旦某种产品出现问题，使用该品牌名称的其他产品也会受到牵连，甚至给整个产品体系带来毁灭性灾难。

（3）分类的家族品牌名称战略

不同类别的产品分别采用不同的品牌名称。这种战略的优点是：当企业生产销售许多种不同类型的产品时，使用多个家族品牌名称，可以将这些不同类型的产品区别开来，避免混淆。或者虽然企业生产、销售同一类型的产品，使用多个家族品牌名称可以区别不同质量水平的产品。例如，海尔集团拥有海尔、卡萨帝和统帅三个家族品牌，其中卡萨帝为海尔的高端家电品牌，致力于为一线城市的高端人群打造艺术家电和嵌入式一体化厨电产品；海尔定位于中端家电品牌；统帅则是海尔的低端家电品牌。这种策略可以把需求上具有显著差异的产品区分开来

（4）企业名称与个别品牌名称并用战略

这种战略又称主副品牌战略，是指在每一种品牌前冠以公司品牌名称，即对产品赋予一主一副两个品牌。采用这种战略的好处是：既可以使新产品享受企业的声誉，也可以使各品牌保持自己的个性和相对独立性。其缺点是需要协调个别品牌的核心价值与公司品牌的核心价值，如果二者存在显著差异，则不适合采用这种品牌命名战略。娃哈哈营养快线使用的就是这种品牌战略，其中娃哈哈是企业品牌，营养快线是具体产品品牌。

4.品牌延伸决策

品牌延伸也称品牌扩展，是指企业利用其成功品牌的声誉来推出改良产品或新

产品。例如，海尔集团成功推出海尔冰箱后，又利用这个品牌成功推出了洗衣机、电视机、空调等新产品。

企业开发出一种新产品后，面临三种品牌选择：创建一个全新的品牌；使用一个已有的品牌；创建一个与已有品牌相关联的品牌。只有第二和第三种情况才属于品牌延伸。海尔推出的卡萨帝不属于品牌延伸，五粮液推出的五粮春、五粮醇则属于品牌延伸。

5.多品牌决策

多品牌决策指企业为同一种产品设计两种或两种以上相互竞争的品牌。宝洁公司曾经推出过一种快乐牌洗涤剂，作为本公司已经销售成功的汰渍牌洗涤剂的竞争产品。当然，这种决策一度使汰渍牌洗涤剂的销售量有所下降，但是快乐牌洗涤剂带来的销售量却远远超出了汰渍牌洗涤剂损失的销售量，宝洁公司的市场占有率大幅度提高。正是发现了多品牌决策的优势，所以宝洁公司在市场营销活动中极为重视多品牌决策，它目前正在生产着8种品牌的洗涤剂。

宝洁公司在品牌决策方面的成功经验，也可以说明这种决策的优势所在。第一，采用多品牌决策可以使企业在零售环节上占有更大的市场空间，从而增加零售企业对自己品牌的依赖性；第二，多品牌决策可以将对企业原有品牌不忠诚的消费者圈回到本企业的产品中，笼络那些喜新厌旧型的消费者；第三，多品牌决策可以给企业内部组织机构以不断刺激，由此会提高企业内部各部门的运作效率；第四，多品牌决策有利于对企业的各个品牌进行个别定位，从而可以获得不同的细分市场。

但多品牌决策同样也有风险存在，它要经常考虑这样一个问题，即由于每一个品牌只能获得一个较小的市场份额，因而企业必须把自己的资源消耗在若干个品牌上面，从而有可能分散企业在品牌管理方面的精力。在这种意义上，多品牌决策只适用于那些大型企业，尤其是那些跨国公司，只有它们才有能力和经济实力建立起比较严密的品牌筛选程序，并在必要的时候剔除那些已经出现疲软趋势的品牌。单从品牌决策的角度来考虑，任何企业都应当力争这样一种境界，即企业的品牌决策必须能够避免自相竞争，必须以吞掉竞争对手的品牌为直接目标。

6.品牌重新定位决策

某一个品牌在市场上的最初定位即使很好，随着时间推移也必须重新定位。这主要是因为以下情况发生了变化：竞争者推出一个品牌，把它定位于本企业的竞争品牌，侵占了本企业的品牌的一部分市场，使本企业的品牌的市场占有率下降，这种情况要求企业进行品牌重新定位；或有些消费者的偏好发生了变化，他们原来喜欢本企业的品牌，现在喜欢其他企业的品牌，因而市场对本企业品牌产品的需求减少，这种市场情况变化也要求企业进行品牌重新定位。总之，当宏观或微观环境发生变化且这种变化与企业品牌相关时，品牌经营者就应当及时考虑是否要对原有品牌定位进行变更。

二、品牌延伸策略

由于企业所拥有的品牌在市场上得到消费者认可度、品牌忠诚度、品牌信誉等资产不同，企业的资源状况、面临的市场环境和竞争态势不同，企业所采取的品牌战略和发展思路也就有所差异，这就决定了品牌延伸策略的选择也具有差异。企业的品牌延伸策略可以分为以下几种：

1.冠名与副品牌延伸策略

冠名是指新产品直接使用原品牌（或主品牌）名称及标志。品牌延伸有直接冠名、间接冠名和副品牌延伸三种策略。

在原品牌具有较为深厚的品牌资产的情况下，冠名与副品牌延伸策略具有沟通优势、管理优势和成本优势，在对消费者的品牌传播上十分有利。

（1）直接冠名、间接冠名延伸策略

直接对新产品冠以原品牌名是最常见的品牌延伸方式，这种策略模式实行的条件是原品牌的内涵与新产品的特性以及买方对新产品的评价标准吻合程度较高。例如，消费者对电器产品的评价标准基本都是产品的质量、企业的技术、服务、声誉等，所以世界范围内很多电器生产企业的产品共用一个品牌，如飞利浦的家用电器、小家电、照明设备等都采用直接冠名的方式。使用这种延伸方式，产品导入市场速度和被消费者认可的速度通常是最快的，也容易形成品牌声势，但容易产生株连效应或品牌稀释。

间接或部分使用原品牌名也比较常见，如麦当劳产品品牌延伸时使用的麦乐鸡、麦香鱼等，都用来自原品牌的一个"麦"字。这种方式大大拓展了品牌延伸的幅度和空间，对原品牌和产品的负面影响较小，当然，原品牌对于产品的市场支持力度也相对较弱。

（2）副品牌延伸策略

副品牌延伸就是在主品牌后面再加上一个副品牌。副品牌延伸策略是近年来比较流行的品牌延伸方式，主品牌涵盖了企业的系列产品，用副品牌来突出产品的个性特点，形成产品的差别化，满足不同消费者的需求。副品牌延伸策略的最大优点是既利用了原品牌的影响力，又能突出新产品的差异特性，实质上是一种发展式的延伸方式。例如，以设计师乔·阿玛尼名字命名的美国服装品牌阿玛尼就有 A/X 阿玛尼、阿玛尼·交流、阿玛尼·简氏，分别流行于美国、亚太地区和欧洲。在产品更新换代很快的今天，副品牌延伸策略给企业的品牌策略提供了更强的灵活性。

2.品牌组合与产品线延伸策略

（1）品牌组合延伸策略

品牌组合是指品牌经营者提供给顾客的一组品牌，它包括所有的品牌线和品牌名目，企业的品牌组合具有一定的宽度、长度、深度和相关度。例如，美国雅芳公司的品牌组合包含三条主要的品牌线：化妆品品牌、珠宝首饰品牌、日常用品品牌。每条品牌线下包括许多独立的品牌，如化妆品品牌可细分为口红品牌、眼影品牌等。

品牌经营者可以从三个方面进行品牌延伸：①增加新的品牌线，以扩大品牌组合的宽度；②延长现有的品牌线，以成为拥有更完整品牌线的企业；③为每一品牌增加更多的品种，以增加其品牌组合的深度。

（2）产品线延伸策略

①水平延伸，即原产品与新产品处于同一档次，如"至本舒颜修护乳液"延伸到"至本多元优效乳液"。这种延伸策略风险最小，可以满足消费者现有消费水平的多种选择，也是最容易成功实施的品牌延伸方式。由于产品处于同一档次，品牌形象和个性定位容易统一，原产品的影响很容易泛化到新产品上去。

②垂直延伸，即原产品与新产品处于不同的档次。垂直延伸又可以具体分为高档品牌向下延伸、低档品牌向上延伸或中档品牌向高档和低档两个方向的双向延伸三种方式。向下延伸：许多企业的品牌最初定位于高端市场，随后向下扩展以占据整个目标市场，将品牌线向下延伸，在市场的低端增加新产品，能填补自身中低档产品的空缺，吸引更多的消费者，提高市场占有率，但容易引起消费者对原有品牌内涵和档次的怀疑，影响原品牌的定位和品牌形象，失去原有的一部分消费者，引起品牌价值的贬损，延伸风险较大。向上延伸：通常定位于市场低端的经营者经营了一段时间之后，由于受到高端市场高利润的吸引，或者为了给消费者更完整的品牌选择，可能会以新产品进入高端市场，但品牌名称、标志等一系列品牌元素都要重新策划，甚至品牌定位、品牌文化等也随之变更。经营者采取向上延伸的策略同样存在一些风险，从低端市场进入高端市场时，要投入大量的资金。消费者对于原处于低端市场的品牌进入高端市场，会对其是否有良好的质量产生怀疑。同时，处于高端市场的品牌不会轻易让别的企业进入，因此会有所反击。双向延伸：适用于那些原来定位于中端的品牌，品牌经营者可以向高端和低端两个方向发展，使品牌线更完整。双向延伸的主要风险是可能模糊原有品牌清晰的定位，给消费者造成"高不成，低不就"的印象。

对品牌策略进行小结，可以得到图7-6。

图7-6　品牌策略小结

第三节　品牌传播与维护

一、品牌传播

（一）品牌传播的概念

品牌传播是指企业以品牌的核心价值为原则，在品牌识别的整体框架下通过传统的广告、公共关系、营销以及互联网条件下的网络社区、沟通互动平台等手段，将企业设计的品牌信息、树立的品牌形象传递给消费者和社会公众，以期获得消费者的认知和认同，并在其心目中确定企业营造的品牌形象。

（二）品牌传播的方式

1.网络传播

（1）传统的网络广告传播

传统的网络广告包括图标广告、对联广告和插入式广告等。①图标广告和插入式广告的设计方式是用一个醒目的图标、旗帜或按钮作为引擎，浏览者点击图标就会弹出详细的广告传播内容或达到广告企业的网站；②对联广告是指在页面左右堆成对联状的广告，不干涉浏览者的视觉焦点；③插入式广告又称弹出广告，会干扰浏览者的正常活动，容易引起反感，目前一些新的浏览器都设置了弹出广告的拦截功能，以便减少浏览者的烦恼。

（2）新型的网络广告传播

新型的网络广告主要包括电子邮件广告和搜索引擎广告。电子邮件广告可以分为两类：一类是新闻信件广告，以提供新闻或信息为主，是信息附加型的电子邮件；另一类是商业电子邮件广告，这类邮件通常被称为垃圾邮件。搜索引擎广告采用新型的付费排名的推广传播方式，是指在关键词或引申关键词的搜索结果中，按照广告商的付费多少排位，付费越多排位越靠前，点击率就越高，获得消费者的机会也越高。搜索引擎广告针对有需求的消费者设计，具有较强的针对性，也可以帮助消费者在比较分析中分清良莠。

2.展览传播

（1）会展平台的品牌传播

会展经济的发展为品牌传播提供了一个全新的渠道，也为品牌与客户提供了一个交互的平台。国际、国内各个行业都定期组织行业内部的产品展览会，如机器人展览会、环保设备展览会等。这些展览会中聚集了大量的同行业生产厂家，是学习体会产品技术、观摩产品设计、把握行业发展趋势的良好机会。展览会吸引了大量的客户，通过展览会设计，可以展示产品，增加互动，宣传品牌，洽谈业务，是提升销售绩效的有效途径，同时也是企业策划传播推广品牌产品的优选平台。

（2）艺术展览的品牌传播

对于高端品牌和奢侈品品牌而言，艺术展览越来越受到品牌管理者的重视。艺术展览将产品用艺术展览的形式呈现在人们眼前，从艺术审美的角度来解读产品的巧妙构思、精湛的技艺和品牌背后的文化内涵，探寻品牌的发展历史和文化的形成过程，把产品拉入艺术的范畴，使品牌在文化中得到升华。目前，很多企业把建设博物馆作为品牌艺术展览的平台，如集葡萄酒庄园的制作工艺、酒藏、品尝等一体化的艺术展览以及汽车博物馆和农作物博物馆等。高端品牌和奢侈品品牌可以通过艺术展览平台，营造一个特有的品牌体验氛围，通过品牌文化体验提高品牌的艺术价值和核心价值。

3.品牌社区传播

（1）品牌社区的内涵

品牌社区是指使用同一品牌的一群消费者聚集联合而成的以该品牌为纽带的社会群体，是建立在成员之间可以互动沟通基础之上的一个复杂的实体，包含自己特定的文化、意识、责任感和行为编码。消费者围绕某一个品牌而建立一套特有的社会关系，这种关系或者由公司倡导，或者由消费者自发形成，在品牌社区中存在一个亚文化，处于其中的成员的个人身份、动机、承诺与商品和消费活动的联系不可分割。品牌社区中的亚文化确定了消费者对某一品牌具有共同的感情和价值观，某一品牌所宣扬的体验价值、形象价值与其自身所拥有的人生观、价值观相契合，从而产生心理上的共鸣和忠诚。

（2）"互联网+"时代的品牌社区

在"互联网+"时代，互联网和移动互联网为社区成员的互动沟通提供了一个方便的平台，互动沟通更方便，内容更随意，沟通的话题传播速度更快、范围更广。

品牌社区通过增强品牌与社区成员之间的关系，增加品牌价值体验，对购买决策和品牌忠诚产生影响。消费者通过加入品牌社区来建立与其他成员的情感联系，分享品牌的各种知识和社会关系。此外，在品牌社区中存在一些核心成员，这些人对品牌有更高的熟悉度和忠诚度，企业需要强化与核心成员的关系，因为核心成员对社区的其他成员拥有非同小可的影响。

二、品牌危机与维护

（一）品牌危机的概念

品牌危机是指由于组织内、外部突发原因造成的始料不及的对品牌形象的损害和品牌价值的降低，以及由此导致的使组织陷入困难和危险的状态。

（二）品牌危机管理

品牌危机管理是指企业在品牌生命周期中，采取恰当的管理活动，以尽可能避免导致品牌价值损失事件的发生，以及在发生品牌危机后尽可能降低品牌价值的损失，包括为了预防品牌危机的发生而采取的防范措施，或者在危机发生后采取有效措施减轻危机所造成的危害，使品牌能尽早从危机中恢复过来，或者让危机在有控制的情况下发生，然后有效善后等。品牌危机管理的最高境界是化危机于无形，也就是采取全方位、全过程的品牌危机管理方式。

现代企业面对的危机，就像死亡一样，已成为不可避免的事情。市场是一个包含无数未知因素的巨大魔盒，企业品牌随着所提供产品或服务的时间和空间跨度的几何级数增长，时空中的参数与变量必将越来越多，潜在风险也必将越来越大。既然危机是不可避免的，那么对于企业来说，关键在于采取什么样的措施来化解危机，使企业摆脱困境，在公众心目中重建企业的形象。那么，危机发生后企业应如何进行处理呢？

1.迅速组成处理危机的应变总部

在危机爆发后，最重要的是不要因为惊慌而乱了阵脚，应该冷静地进行辨识，有计划、有组织地应对危机。因此，迅速成立危机处理的应变总部，担负起协调和指挥工作就是十分必要的。

当品牌遭遇危机时，这个应变总部是处理危机的核心机构，而公关人员则担任决定成败的重要角色。应变总部应该迅速判断是否聘请外部公关专家和其他有关专家来协助指导工作。危机处理不是无经验者的训练场。在困难和压力面前，只有专业的经验丰富的专家才能帮助公司解决危机。另外，负责危机公关的人应当是决策成员，至少拥有接近最高领导人的途径，这样公关人员才有可能在处理危机时及时果断，不致贻误时机，造成更大的损失。

2.搞好内部公关，取得内部公众的理解

无论何种类型的危机都会或多或少地冲击企业内部的员工、股东及员工家属。处理不好内部公众关系，就可能使他们感到岌岌可危，造成人心涣散的局面，从而使已陷入危机的企业雪上加霜。因此，必须搞好内部公关，提高自身凝聚力，使大家能够团结一心，同舟共济，帮助企业渡过难关。为此，一方面，公共关系人员应保持与内部公众的接触，及时将准确的情况公布给大家，了解大家的意见，稳定情绪，激发士气，并将企业所作出的决定告知大家。另一方面，公共关系人员应充分利用"意见领袖"的正向作用去影响、带动员工向着有利于企业的方面发展。

3.迅速收回不合格产品

由于产品质量问题所造成的危机是最常见的危机，一旦出现这类危机，应不惜一切代价迅速收回市场上所有的不合格产品，并利用大众传媒告知社会公众退回这些不合格产品的方法。如果放任这些产品继续流通，就有可能使危机涉及的范围进一步扩大，使公众和媒体群起而攻之，最终造成不可收拾的结果。

4.设立一个专门负责的发言人

发言人一般由处理危机事件的最高负责人担任，其职责是全权向外界全面解释各种事件，代表决策层的意见。对外传播信息应只有这一个输出口，不要多种声音讲话，否则容易在公众中引起理解上的混乱，不知哪一个才是事实，最终导致公众不再信任该企业的任何解释，使已经受损的企业品牌形象跌入谷底。再者，发言人讲话态度一定要诚恳、和气，向公众充分表明企业的诚意。

5.主动与新闻界沟通

成也萧何，败也萧何，新闻界既是公众之一，又是联系公众和企业的桥梁。由于新闻界的特殊地位，其影响范围广泛，对公众舆论导向的作用极大。危机事件发生之后，新闻界必然有人来采访，在强大的社会舆论和可能产生的舆论压力面前，在新闻媒介高度的注视下，主动与新闻界沟通，让新闻界知道事件的真相，才是解决危机的最好办法。企业应广泛联系新闻界，特别是与企业保持友好关系的媒体，利用新闻传播，增强组织的透明度，增强企业与公众之间的沟通与交流，消除事件的负面影响。另外，还要注意沟通的连续性。不但在危机处理过程中要不间断地与新闻界保持联系，在危机解决以后，仍然要保持这种联系，及时通过新闻界向公众展现企业品牌的新形象、新举措，在公众心目中重塑品牌形象。

6.查清事实，公布造成危机的原因

查清事实是解决危机的关键。危机发生后，各种传言会使企业陷入一个充满猜疑、不满和缺乏信任的不良环境中。面对此情此景，唯有以事实为依据，以查清事实为突破口，才能迎来转机。

一般来说，使企业品牌面临危机的情况主要有三种，即自身行为不当、突发事件和失实报道。三种不同的危机有不同的处理方法。只有首先通过调查研究，弄清事情的来龙去脉，才能在以后事件的处理中做到有的放矢。查清事实之后，企业应该尽快坦诚地向公众和新闻界公布造成危机的原因。美国专司企业危机咨询业务的考林·夏恩指出："如果工作中出现过失，你只是面临一个问题，但如果你试图掩盖它，那所面临的问题就是两个了。而且，一旦事实真相被披露，谎言可能会比原先的错误更令你困扰。"因此，无论什么样的危机，企业都应该接受既定事实，及时地向有关人士和公众开放必要的信息传播通道。如果是自己的责任，应当勇于向社会承认；如果是别人故意陷害或者是报道失实，则应该通过各种手段使真相大白，最主要的是要随时向新闻界澄清无事实根据的小道消息及流言蜚语。

7.危机中谣言的处理

在危机中，常常会产生许多谣言。谣言的出现或传播更增加了组织解决危机的难度，有时甚至会成为解决危机的最主要障碍。因此，如何对付谣言是危机处理中的重点。要有效地制止或遏制谣言的产生和传播，首先要了解促成谣言的各种因素，接着就应该采取积极的行动，分析谣言的意图、产生的原因、来源、传播的范围、影响的程度及发展的趋势等，在分析时要注意客观、慎重，尽可能减少主观臆断。在发布正面真实的资料时，不要提到谣言本身，提及谣言本身会使谣言得到重复传播，有助于谣言的扩散，加深谣言内容对人们的影响。

为了消除谣言已经在公众中产生的不良影响，应该与受谣言影响的人或受损害的人对话，向他们陈述事实，表示企业对此事的关心和辟谣的决心。还可以利用社会上有地位、有身份、有影响力的人士，借助他们的权威来帮助企业对付、解决困难的局面。

对品牌传播与维护进行小结，可以得到图7-7。

图7-7　品牌传播与维护小结

思政小讲堂

孙子兵法曰："故善战者，求之于势，不责于人，故能择人而任势。任势者，其战人也，如转木石。木石之性，安则静，危则动，方则止，圆则行。故善战人之势，如转圆石于千仞之山者，势也。"

意思就是：善于带兵打仗的人，总是努力创造有利的态势，而不对部属求全责备，所以能够选择人才去利用和创造有利的态势。善于利用态势的人指挥军队作战，就如同滚动木头、石头一般。木头和石头的特性是，置放在平坦安稳之处是静止的，置放在险峻陡峭之处就是滚动的。方的容易静止，圆的滚动灵活。所以，善于指挥作战的人所创造的有利态势，就像将圆石从万丈高山上推滚下来那样，这就是所谓的"势"。

什么叫势？孙子做了一个形象的比喻："善战人之势，如转圆石于千仞之山"。也就是说，"善战人之势"就像把一块圆形的石头置于高高的山顶上，并且再用劲去转动它，由于"木石之性，安则静，危则动，方则止，圆则行"，这块置于高山之巅的转动着的随时可能滚下来的圆石产生的能量，就要比方形的石头，放于半山腰、山脚下，也不转动它要大得多。可见，势是力量在战场上所处空间位置的不同所形成的不同态势、气势和冲击力。

势即影响力和控制力。势强则人力难抗。势强则影响面广，控制力强，办事成本低。对于势，需要识势和用势。

用势分借势、造势和消势。借势简单易行而收益颇丰，故应用广泛。扯虎皮拉大旗，狐假虎威即是经典案例。造势则成本相对较高。势因人而成，离不开对人心的利用。人心虽繁，不离喜恶。利用种种手段，放大内心的好感和厌恶，驱使人往利于我方聚集。人一多，就容易形成从众心理。于是像滚雪球一样越滚越大，由此势成。

所以，懂"势"才能成"事"，企业要善于审时度势，学会借势、造势，据此建立自己的品牌。品牌是代表企业或产品的一种视觉感性和文化形象，它是存在于消费者心目之中代表企业的东西，它不仅是商品标志，而且是信誉标志，是对消费者的一种承诺。品牌资产评估就是对消费者如何看待品牌进行评估和确认，由此可以说，消费者才是品牌资产的真正审定者和最终评估者，企业要借势造势来引流，吸引消费者，增强粉丝黏性，建立品牌忠诚，打造自己的品牌。

思考与练习

一、名词解释

1.品牌资产

2.品牌化

3.品牌危机

二、单项选择题

1.在相同的产品类型中引入其他品牌，其品牌战略是（　　　　）。

A.品牌延伸　　　　B.多品牌　　　　　C.新品牌　　　　　D.产品线扩展

2.在现有产品类别中增加新的产品项目，并以同样的品牌名称推出是（　　　　）。

A.品牌延伸　　　　B.多品牌　　　　　C.新品牌　　　　D.产品线扩展

3.品牌中可以用语言称呼、表达的部分是（　　　　）。

A.品牌　　　　　B.商标　　　　　C.品牌标识　　　　D.品牌名称

4.制造商品牌又称（　　　　）。

A.全国品牌　　　　B.分销商品牌　　　C.商店品牌　　　　D.私人品牌

随堂测7

三、简答题

1.简述品牌资产五星模型。

2.简述品牌延伸的策略。

3.简述品牌危机管理。

四、案例分析题

1.在互联网的冲击下，传统药企是否应该寻求宣传渠道的创新？

2.若马应龙选择通过新媒体进行产品信息的宣传，应该以什么样的形式作为切入点更易被人接受？

3.在互联网信息时代，各种新事物的出现使得消费者很难保持对企业和品牌的忠诚度，马应龙应该如何强化用户黏性？

4.当马应龙药业在线上取得了客户关注度之后，该如何实现商业模式的O2O闭环？

5.当马应龙建成自己的O2O体系之后，未来该如何完善？

马应龙：医药
企业如何借力
新媒体营销

兵以计为本，故多算胜少算。

——《汉书·赵充国传》

学习目标　1.从经济学和心理学视角了解价格的含义。
　　　　　　2.了解定价的影响因素及程序。
　　　　　　3.比较几种定价方法，掌握成本导向定价法、需求导向定价法和
　　　　　　　　竞争导向定价法。
　　　　　　4.了解互联网定价策略。

重难点　　1.区别成本导向定价法、需求导向定价法和竞争导向定价法
　　　　　　2.理解价格策略背后所运用的消费心理

关键词　　成本导向定价法；需求导向定价法；竞争导向定价法；差别定价；
　　　　　　招徕定价；动态定价；尾数定价

框架图

理解价格　　01
1.经济学理论视角
2.心理学理论视角

02　定价的影响因素、方法及程序
1.定价的影响因素
2.定价的方法及程序

价格策略　　03
1.价格策略的概念
　及影响因素
2.互联网定价的产
　生原因
3.传统定价策略 VS
　互联网定价策略

案例导入　　　　　　　　　　小米的高性价比之路

我们知道，小米手机的成功，有个关键点就是极致性价比。小米1发布的时候，大部分安卓手机厂商主力产品的起售价仍然在3 000元以上，而小米则直接将其降到了1 999元。

此后，从小米1一直到小米5，虽然搭载的高通骁龙8系移动平台会变，配备的相机参数会变，存储参数会变，但是小米数字系列的起售价一直都维持在1 999元。正是凭借这一点，小米获得了众多"米粉"，一路成长起来。

不过，2017年发布的小米6不再坚持1 999元的起售价，而是上调到了2 299元，2018年进一步上调至2 699元，2019年则到了2 999元。小米数字系列的起售价一步步上调，一方面是因为中国手机市场的销售均价一直都在上升，另一方面也是更重要的原因，则是红米手机异军突起，成为小米手机中的主力。据统计，红米手机一度占到了小米手机整体销量的70%以上。2019年年初，红米Redmi品牌宣布独立，并且明确了承担早年小米数字系列"极致性价比"的责任和定位。

Redmi发布的K系列、Note系列、数字系列均忠实地执行了极致性价比策略，一方面将一些原来用于旗舰机的配置"下放"到Redmi手机上，另一方面仍然坚持同等配置最低价的定价策略。在从2019年开始的5G手机大战中，Redmi发布的第一款5G手机Redmi K30将起售价设为1 999元，是当时市场上唯一售价低于2 000元的5G手机。

既然Redmi已经扛起了"极致性价比"的大旗，小米数字系列也就能够放飞自我，打造更符合市场需求的中高端机型了。因此，我们看到2020年2月23日推出的小米10，不再仅仅依靠"首发高通最新骁龙8系移动平台"这个卖点，同样也在拍照、屏幕等消费者看重的领域下了很大功夫，就是为了能够在中高端市场立足。而作为2020年上半年"最能打"的5G主力机型之一，小米10当然也必须要考虑竞争对手们的竞品情况，其定价重点对标另外两款手机：一个是起售价为3 699元的荣耀V30 PRO，另一个是2020年3月发布的华为P40。对小米10来说，不再主打"极致性价比"，并不意味着不讲"性价比"，以目前小米在国内市场的整体品牌形象和影响力来看，我们相信务实的雷军不会"一步登天"，因此小米10定价3 999元起。作为性能强劲、拍照功能强大的手机，小米10依然卖着白菜价，该定价使得小米10发售仅仅两个月，销量便突破100万台，由此可见小米高性价比策略的成功。

资料来源：冀勇庆. 小米10如何定价？[EB/OL]. [2020-02-13]. https://baijiahao.baidu.com/s?id=1658349927781209604.

定价是一门学问，关于小米10的定价，首先要保证其能够在中高端市场立足，即必须给消费者足够强的价格暗示，将起售价定在3 000元以上更为合理，因为3 000元可以看作中低端与中高端市场的分水岭。其次，小米还必须在小米10低配版与Redmi K系列高配版之间留下足够的价差，从而将自身两大品牌之间的冲突降到最低，防止出现"自己人打自己"的现象。

小米的极致性价比策略使其在竞争激烈的手机市场中脱颖而出，这个故事告诉我们，价格永远是消费者考虑的关键因素。定价关乎成败，这是商界的不二法则。

第一节　理解价格

价格是商品同货币交换比例的指数，或者说，价格是价值的货币表现。价格是商品的交换价值，在经济学及营销学中，价格是一项以货币为表现形式，为商品、服务及资产所订立的价值数字。微观经济学认为，资源在需求者和供给者之间重新分配的过程中，价格是重要的变量之一。

价格形成的质的基础是凝结在商品中的一般人类劳动，这是商品价格的实体；价格形成的量的基础是由生产商品的必要劳动时间所决定的价值量。

一、经济学理论视角

从经济学理论视角来看，价格指的是市场价格，是消费者在购买产品时所需支付的那个数字。经济学上的价格是由供需关系来决定的，需求曲线和供给曲线的交点形成均衡点（如图 8-1 所示），该点的价格称为均衡价格。此时，产品的边际收入等于边际成本，达到利润最大化。

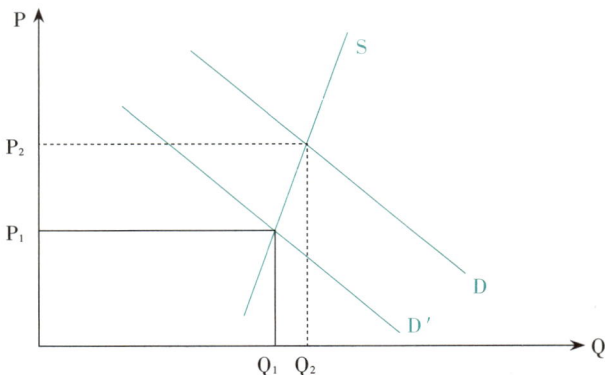

图 8-1　供给曲线[1]和需求曲线[2]

如图 8-1 所示，供给曲线与需求曲线的相交点是均衡点。当需求数量 D 上升（则需求曲线沿着坐标轴 Q 的正向移动），而供给数量 S 不变时，均衡价格和均衡交易量（即均衡数量）均会上升，见图示；反之亦然。

---

[1]　供给曲线是表示商品的价格和供给量之间函数关系的曲线。
[2]　需求曲线是表示商品的价格和需求量之间函数关系的曲线，是指其他条件相同时，在每一价格水平上买主愿意购买的商品量的曲线。

二、心理学理论视角

案例直通车 8-1

心理学上的"不寻常"价格

关于价格方面的研究，众多心理学家曾做过许多有趣的实验，来解释一些看似不太寻常的消费行为。

实验一：某自动售卖机上的 10 元零食本来打 7 折销售，后来变成概率折扣：你购买时 70% 的可能性原价购买，30% 的可能性退回全款（免费）。结果自动售卖机销量增加了 3 倍。

这是因为根据"前景理论"，当面对远小于购买力的利益时，我们倾向于增加风险。这也能够解释为什么有些商家选择采取抽奖等概率折扣而非固定折扣的形式来吸引消费者，满足消费者对"风险"的渴望。

实验二：首先假设这 2 种情境：

1.你某天因不小心剐蹭，修车花了 1 000 元，心情不好，回到办公室，发现抽奖中了 200 元。

2.你某天因不小心剐蹭，修车花了 800 元。

这两种情境下，你觉得哪种情境你会心情更好？

实验结果证明，绝大部分人都会选择第二种。可是，明明从经济学视角来看，两种情形的损失绝对值是无异的，为什么却能给人带来不同的感受呢？

这是因为我们往往会为收益和损失设置不同的"心理账户"，并且往往用不同的方法来看待不同的"心理账户"，我们对损失的感知痛苦会远大于对收益的感知快乐。

经济学视角只能解释消费者对价格感知的理性部分，对于非理性部分，我们需要从心理学视角来进行考量。

价格是影响消费者购买行为的最具刺激性因素。由于消费者自身的个性心理和对价格的知觉判断，消费者在购买过程中会形成对价格刺激的各种心理反应——习惯心理、敏感心理、倾向心理和感受性等，比如对某一品牌的习惯性购买或倾向性，以及对价格变动的敏感程度或感受等。

当冲破价格的经济学范畴，价格就不只是标签上的一个数字。产品的价格和实际成本并没有必然联系，而是同消费者所设想的成本存在关联，而这种关联受到多方面因素的影响。因此对定价者来说，最大的成功就是引发消费者的价格幻觉，而对消费者来说，最大的成功就是察觉到定价者给自己设置的价格幻觉陷阱。

价格心理学家认为，货币价值判断跟重量（或者亮度、音量、热度、冷度或气味的强度）等感官判断有相似之处。研究感官知觉的学科，叫作心理物理学。早在 19 世纪，心理物理学家就发现，人们对相对差异非常敏感，对绝对数值却不怎么敏感。当你手上有两个外形一模一样的手提箱，一个 5 千克，一个 10 千克，你很轻易就可以判断出哪个重，但是如果让你估计你手上的手提箱重量是多少，恐怕对你来说就很难。

消费者价格的感知与对重量的感知有相似之处，"任意连贯性"理论认为，消费者其实并不知道什么东西应该值多少钱。消费者的敏感点主要是相对差异，哪个产品更便宜，哪个产品更物美价廉，而非产品的绝对价格。因此，如果能抓住消费者的心理来给产品定价，往往能有效地提升价格甚至是增加盈利，而不会超出消费者的接受范围，甚至能让消费者在买到产品后更愉悦，而不是因为低廉的价格怀疑产品的质量。

科特勒说："营销不是卖产品，是卖价格。"金焕民说："销售是通过价格把产品卖出去，营销是通过产品把价格卖出去。"换言之，营销的灵魂就是怎么卖价格，并不是通过价格去销售产品，而是把价格销售出去。

第二节　定价的影响因素、方法及程序

一、定价的影响因素

不知道你们有没有发现，普普通通的一件黑色T恤，每一个品牌的售价却不尽相同。优衣库卖7.9美元，GAP卖14.9美元，而阿玛尼却能卖到249美元。为什么同样一件黑色T恤，却有三个不同的价格呢？

可见，产品定价不只是由成本决定的，而是受到很多因素的影响，如定价目标、市场需求状况、国家法律法规等。其中成本、需求和竞争是三个最主要的因素（如图8-2所示），成本决定了产品的最低定价，市场的需求状况决定了产品的最高定价，而竞争者的价格水平则最终决定了产品能定多高的价格。

图8-2 价格影响因素

（一）成本

案例直通车8-2

海底捞、西贝的涨价风波

由于原材料成本、人力成本以及营销成本等成本费用的上升，2019年9月，海底捞宣布从国庆开始取消大学生6.9折优惠，整体折扣上调。随后，西贝莜面村也于年末对部分地区菜品价格上调1~10元不等。受疫情和成本上涨影响，2020年4月始海底捞再次上调价格，整体价格上调6%。

　　然而，此番涨价却引发消费者强烈不满，进行舆论声讨、抵制，导致海底捞、西贝先后发布道歉声明，并恢复原价，西贝董事长还宣布赠送消费者50元优惠券希望以此平息消费者的怒火。

　　资料来源：根据现有公开资料整理.

　　海底捞和西贝的涨价反映出，一种产品的最低定价受到产品成本的限制。只有这样，才能抵消生产成本和经营费用，否则企业就无法经营。

　　产品成本是企业在生产经营过程中各种费用的总和，是价格构成的基本因素和制定价格的基础。它不仅是企业定价的依据，同时也是制定产品价格的最低界限。价格只有高于成本，企业才能弥补生产过程中的耗费，获得一定的利润。价格低于产品成本，不仅无法补偿生产经营中的耗费，而且还会导致不正当竞争的发生，影响企业的生存与发展。

　　成本的分类方法很多。在管理决策中常把成本分为变动成本和固定成本。变动成本是指企业在可变投入要素上的支出，其总量是随着产量的变化而变化的，如生产工人的工资、直接材料费用和直接营销费用等。固定成本是指企业在固定投入要素上的支出，不受产量变化的影响，如折旧费、房租、借款利息和管理费用等。将成本划分为变动成本和固定成本，有利于企业根据不同的定价目标选用不同的定价方法。

（二）需求

　　我们都知道"薄利多销，厚利少销"，即如果其他因素保持不变，消费者对某一商品的需求量往往与这一商品价格变化的方向相反，如果商品的价格下跌，消费者的需求量就会上升，而商品的价格上涨，需求量就会下降，所以市场的需求状况往往决定了产品的最高定价。

　　我们通常用需求价格弹性来反映需求要素对价格的影响。需求价格弹性在经济学中一般用来衡量需求的数量随商品的价格的变动而变动的情况，反应需求对价格的敏感程度，以需求变动的百分比与价格变动的百分比的比值来表示。在正常情况下，市场需求的变动方向和价格的变动方向相反。提高价格，市场需求减少；降低价格，市场需求增加。

$$需求价格弹性 = \frac{需求量变动的百分比}{价格变动的百分比} = \frac{\Delta C}{\Delta P}$$

　　产品价格是由市场上的需求和供给决定的。需求受产品价格、消费者的购买力、消费偏好、消费观念、生活方式和价格预期等因素影响。在其他因素不变的情况下，需求量随着价格的上升而减少，随着价格的下降而增加，两者之间呈现一种负相关关系。这样，需求强度、需求层次、需求价格弹性等对价格的制定也有重要的影响。对于需求强度大、需求层次高、需求价格弹性小的产品，价格可以定高一些；反之，较低的价格则更利于企业获得较高的利润。此外，企业还要结合产品供给状况进行综合分析。在卖方市场条件下，生产者拥有市场主动权，采取高价策略能提高企业的利润；而在买方市场条件下，消费者具有充分的选择权，企业产品的价格应有市场竞争力，以保持和扩大市场份额，实现其营销目标。

企业通过分析市场需求情况，判断产品需求价格弹性大小，可有针对性地采取价格策略。对需求价格弹性大的产品采取降价策略会产生明显效果，但对需求价格弹性小的产品则不适用。

（三）竞争

根据市场上企业的数量和规模大小、产品的差异化程度以及新企业进入市场的可能性等，市场可分为完全竞争市场、垄断竞争市场、寡头垄断市场以及完全垄断市场四种结构类型。

现实生活中很少有完全竞争市场存在，在这种市场环境中，企业并不是价格的制定者，价格完全由供需关系决定。

在垄断竞争市场中，存在一些商业巨头和一些小竞争者，在这样的环境中，企业根据有差异性的产品、不同的渠道，制定适合自己的价格。产品的差异化程度高、竞争优势明显的企业，其价格可高于其他竞争者。

寡头垄断市场是介于完全垄断市场和垄断竞争市场之间的一种市场模式，指某种产品的绝大部分由少数几家大企业控制的市场。在这种市场环境中，价格由这几个寡头企业共同控制，企业在定价时应充分考虑竞争者的反应从而采取相应的对策。

在完全垄断的条件下，一个行业中只有一个卖家，没有其他企业与之竞争，这个卖家完全控制了市场价格，它可以在国家法律允许的范围内随意定价。

二、定价的方法及程序

（一）定价的方法

定价方法是企业为了在目标市场上实现定价目标，而给产品制定一个基本价格或浮动范围的方法。影响产品价格的因素很多，企业在制定价格时主要考虑产品成本、市场需求和竞争情况，产品成本规定了价格的最低基数，而竞争者价格和替代品价格则提供了企业在制定其价格时必须考虑的参照系。在实际定价过程中，企业往往根据对价格产生重要影响的一个或几个因素来选定定价方法，常用的定价方法主要包括成本导向定价法、需求导向定价法和竞争导向定价法。

1.成本导向定价法

成本是产品价值的基础部分，它决定着产品价格最低界限。如果价格低于成本，企业便无利可图，但是价格过高又会降低对消费者的吸引力。产品的成本可以分两种，即固定成本和变动成本。在产出水平一定的情况下，产品的总成本等于固定成本和变动成本之和。因此，企业在制定定价战略时，必须考虑不同成本的变动趋势。成本导向定价法就是以产品单位成本为基本依据，再加上预期利润来确定价格的定价方法，是企业最常用、最基本的定价方法。成本导向定价法又分为成本加成定价法、目标收益定价法、盈亏平衡定价法等几种具体的定价方法。

（1）成本加成定价法

成本加成定价法是一种最简单的定价方法，就是在单位产品成本的基础上，加上一定比例的预期利润作为产品的售价。售价与成本之间的差额即为利润。由于利润的多少是按成本的一定比例计算的，因此这种方法被称为成本加成定价法。它的计算公式为：

单位产品价格=单位产品成本×（1+加成率）

这种方法的优点是计算方便，因为确定成本要比确定需求容易得多，定价时着眼于成本，企业可以简化定价工作，也不必经常依据需求情况而进行调整。在市场环境诸因素基本稳定的情况下，采用这种方法可保证企业获得正常的利润，从而可以保障企业经营的正常进行。

（2）目标收益定价法

目标收益定价法又称目标利润定价法，它是在成本的基础上，按照目标收益率的高低计算售价的方法。目标收益定价法一般适用于在市场上具有一定影响力的企业、市场占有率较高或具有垄断性质的企业。这种方法的优点是可以保证企业既定目标利润的实现。目标收益定价法的缺点是只从卖方的利益出发，没有考虑竞争因素和市场需求的情况。其计算的步骤如下：

①确定目标收益率。目标收益率可表现为投资收益率、成本利润率、销售利润率、资金利润率等多种不同的形式。

②确定目标利润。根据所选择的目标收益率表现形式来确定目标利润。

③计算售价。

售价=（总成本+目标利润）÷预计销售量

（3）盈亏平衡定价法

盈亏平衡定价法也叫保本定价法，指在销量既定的条件下，企业产品的价格必须达到一定的水平才能做到盈亏平衡、收支相抵，即根据盈亏平衡点原理进行定价。盈亏平衡点又称保本点，是指一定价格水平下，企业的销售收入刚好与同期发生的费用额相等，收支相抵、不盈不亏时的销售量，或在一定销售量前提下，使收支相抵的价格，其计算公式为：

$$盈亏平衡点价格 = \frac{总固定成本}{单位售价 - 单位变动成本}$$

根据盈亏平衡定价法确定的价格，是企业的保本价格。低于此价格企业会亏损，高于此价格企业则有盈利。实际售价高出保本价格越多，企业盈利越多。因此，盈亏平衡定价法常作为对企业各种定价方案进行比较和选择的依据。

2.需求导向定价法

需求导向定价法就是指企业在定价时不再以成本为基础，而是以市场需求、消费者对产品价值的理解和接受程度为依据的一种定价方法。就是说，相同的商品因消费者需求和认知的差别，可以是不同的价格。在产品供过于求时，企业运用需求导向法定价，效果会更好。需求导向定价法主要有认知价值定价法和需求差异定价法。

（1）认知价值定价法

认知价值定价法是以消费者对商品价值的感受及理解程度为定价的基本依据的定价方法。与卖方的成本导向定价法相比，该方法更侧重考虑买方的价值判断。因为消费者购买商品时总会在同类商品之间进行比较，选购那些既能满足其消费需要，又符合其支付标准的商品。消费者对商品价值的理解不同，会形成不同的价格限度。如果价格刚好定在这一限度内，消费者就会顺利购买，即根据消费者对产品价值的认知和可接受程度来制定价格。总的来说，就是消费者觉得你的产品值多少钱，你就定价多少。一旦价格超过了消费者能够接受的阈值，消费者就不会产生购买行为。

（2）需求差异定价法

需求差异定价法，又称差别定价法，是指根据销售的时间、地点及消费对象的不同而产生的需求差异，对相同的产品制定不同价格的定价方法。在需求差异定价法中，同一产品的价格差异并不是因为产品成本的不同而引起的，而主要是由消费者需求的差异所决定的。其好处是可以使企业定价最大限度地符合市场需求，促进商品销售，有利于企业获取最佳的经济效益，即以不同时间、地点、产品及不同消费者的消费需求强度差异为定价的基本依据，针对每种差异决定在基础价格上是加价还是减价。

这种需求差异主要体现在时间、地点、消费对象三个方面。

①时间差异。

"时间就是金钱"在这点上彻底体现出来了，新手机上市，如果你是品牌的忠实追随者，那你必须付高价才能立即得到它，反之，你可以慢慢等待，等价位降到你的目标价位的时候再出手。有些地方高峰电价和低谷电价不一样，机票的价格和距起飞时间多少成反比，旅游景区的淡旺季门票差异等，这些都是时间差异化的定价方法。

②地点差异。

新开的一家超市附近没有竞争对手和有竞争对手时的定价策略是完全不一样的，一瓶同样的啤酒在超市和酒吧的价格大相径庭，演唱会前排的价格高于后排的价格等，这都是地点差异化的定价方法。

③消费对象差异。

消费对象的定价差异更多体现在会员顾客和非会员顾客的价格差异上，以及女性相对于男性对价格敏感的差异上。未来随着科技的进步会逐渐发展到个体的定价差异上。例如，零售商根据你购买或维修冰箱的数据，发现你的冰箱到了要更换的时候，就会送你一张200元的冰箱代金券，这样你的价格就和其他人不一样了。

3.竞争导向定价法

竞争导向定价是企业为了应付市场竞争的需要而采取的特殊定价方法。它是以竞争者的价格为基础，根据竞争双方的力量等情况，制定比竞争者价格低、高或相同的价格，以达到增加利润、扩大销售量或提高市场占有率等目标的定价方法。竞争导向定价法主要有随行就市定价法和密封投标定价法。

（1）随行就市定价法

随行就市定价法又称"流行价格定价法"，是指在一个竞争比较激烈的行业或部门中，某个企业根据市场竞争格局，跟随行业或部门中主要竞争者的价格，或各企业的平均价格，或市场上一般采用的价格，来确定自己的产品价格的定价方法。这种定价方法应用相当普遍，适用于除完全垄断以外的其他类型的市场结构。

由此可以看出，随行就市定价法就是企业使自己的商品价格与同行的平均价格水平保持一致。一般来说，在基于产品成本预测比较困难，竞争对手不确定，以及企业希望得到一种公平的报酬和不愿打乱市场现有正常秩序的情况下，这种定价方法较为行之有效。在竞争激烈而产品需求弹性较小或供需基本平衡的市场上，这是一种比较稳妥的定价方法。

（2）密封投标定价法

在国内外，许多大宗商品、原材料、成套设备和建筑工程项目的买卖和承包以及出售小型企业等，往往采用发包人招标，承包人投标的方式来选择承包者，确定最终承包价格。一般来说，招标方只有一个，处于相对垄断地位，而投标方有多个，处于相互竞争地位。标的物的价格由参与投标的各个企业在相互独立的条件下确定。在买方招标的情况下，所有投标者中报价最低的投标者通常中标，它的报价就是承包价格。这样一种竞争性的定价方法就称为密封投标定价法，其主要用于招标投标交易方式。

在招标投标交易方式下，投标价格是企业能否中标的关键性因素。高价格固然能带来较高的利润，但中标机会相对减少；反之，价格低，虽然中标机会大，但其机会成本高，利润少。那么，企业应该怎样确定投标价格，就成了企业考虑的重难点问题。

（二）定价的程序

企业商品价格的制定需要全面考虑，一般可以分为五个步骤，即确定定价目标、测定需求价格弹性、估算成本、分析竞争对手、选择定价方法。

1.确定定价目标

企业价格的制定是一项有计划、有步骤的活动，是实现企业营销目标和总体战略的具体工作。企业的定价目标不是唯一的或单一的，而是由几个定价目标共同组成的，企业须考虑清楚，哪些是主要定价目标，哪些是次要定价目标。因为企业提供给市场的是一个产品组合，各种产品的性质、所处生命周期阶段等均不相同，所以，定价目标也不同。有些公司希望达到一定投资报酬率，有些公司希望能够打击竞争对手，有些公司希望能够保持市场份额。

2.测定需求价格弹性

市场需求、成本费用、竞争产品价格对企业定价有着重要的影响，而需求又受到价格和收入变动的影响，因价格和收入等因素而引起的需求的相应变动率，就叫作需求弹性。需求弹性分为需求收入弹性、需求价格弹性和需求交叉弹性。我们主要测定影响最大的需求价格弹性。

案例直通车8-3

Uber[1]的弹性定价

当暴雨侵袭，上下班的人要想打个车那简直比登天还难。但如果想打到车那也不是不可能，就看你是否愿意加价了。下雨天打车价格比平常涨了三四倍，看看Uber是怎么解释的。

还记得开头的供需曲线模型吗？需求量明显会受到价格波动的影响，当价格升高后，需求量相应减少。反之若价格降低，需求量会立即增加。

利用价格杠杆进行调节，使得供需关系达到一个动态平衡，这也是Uber在用车高峰期的溢价逻辑。

Uber官网对溢价机制给出了这样的解释：当许多人同时预约车辆，Uber平台上的车辆无法满足大量的需求时，将提升费率来确保您用车的需要。溢价的原因有多种，如大雨、大型活动、假期等，都会导致暂时的费用溢价。

也就是说，价高者得，有强烈出行需求并愿意为之支付更高价格的乘客打到车的概率，肯定是高于那些只会埋怨又不肯掏钱的乘客。人们慢慢适应这样的规定，在资源相对稀缺的情况之下，溢价是可以接受的。

此前一项研究表明，与晴天相比，雨天在路上跑的出租车减少了7.1%，专车亦是如此。原因在于，虽然雨天用车需求增加了，司机们驾车遇到拥堵、积水的风险却提高了。单位时间的载客收入明显减少，出车接单的动力减少。如放任不管，便会陷入"天气越糟糕，越打不到车"的恶性循环。

为了满足需求，维持运力，Uber平台只能祭出杀手锏——那就是远高于正常水平的超高倍溢价。不满由此而生，绝大多数人会被暴雨耽误既定的行程，暴雨也放大了他们的抱怨情绪。他们会想当然地认为，这是专车平台坐地起价、趁火打劫。

凭什么下雨天打车就不能涨价呢？其实暴雨溢价只是遵循最基本的经济规律，没什么比涨价更能抑制打车需求，鼓动司机冒险出车，从而有效调整供求平衡，让更多亟需用车的人打到车，也令司机挣到更多的钱。放到任何一个正常健全的市场机制下，暴雨溢价都是必然出现的价格调控现象。

那么问题来了，如何在暴雨天打到车？加钱。

资料来源：佚名. Uber、滴滴：雨天打车涨价数倍和经济学原理有关 [EB/OL]. [2016-07-22]. http://www.xitongzhijia.net/news/20160722/78582.html.

理论上说，产品价格是由价值决定并受市场上供需关系影响的。Uber摒弃了传统的相对固定的差别定价模式，而采用这种实时差别的动态定价，是一种能实时

---

① Uber（Uber Technologies，Inc.）中文译作"优步"，是一家美国硅谷的科技公司。

反映和控制市场供需变化的智能调价机制，突破了因为信息不对称导致的供需关系上的时间滞后。

价格会影响市场需求，在正常情况下，市场需求会按照和价格相反的方向变动。价格上升，市场需求会减少；价格降低，市场需求会增加。需求的价格弹性（见表8-1）反映需求对价格的敏感程度，在以下条件下，需求可能缺乏弹性：①市场上没有替代品或没有竞争者；②购买者对较高价格不在意；③购买者改变购买习惯较慢，也不积极寻找更便宜的东西；④购买者认为产品质量有所提高，或认为存在通货膨胀等，价格较高是应该的。而在不同的需求价格弹性下，涨价或降价对商品产生的影响也不同（见表8-2）。

表8-1　　　　　　　　　商品的需求价格弹性

$E_d = 0$	完全无弹性
$E_d = \infty$	富无限弹性
$E_d = 1$	单位弹性（单一弹性）
$0 < E_d < 1$	缺乏弹性
$E_d > 1$	富有弹性

表8-2　　　　　不同需求价格弹性条件下涨价、降价产生的影响

	$E_d > 1$	$E_d = 1$	$E_d < 1$
降价的影响	增加销售收入	销售收入不变	减少销售收入
涨价的影响	减少销售收入	销售收入不变	增加销售收入
企业的策略	适当降价	以非价格竞争为主	适当涨价

3.估算成本

产品从原材料到成品要经过一系列复杂的过程，在这个过程中必定要耗费一定的资金和劳动，这种在产品的生产经营中所产生的实际耗费的货币表现就是成本。它是产品价值的基础，也是制定产品价格的最低经济界限，是维持简单再生产和经营活动的基本前提。产品的价格必须能够补偿产品生产、分销和促销的所有支出，并能补偿企业为产品承担风险所付出的代价。低成本的企业能设定较低的价格，从而取得较高的销售量和利润额。企业想扩大销售或增加利润，就必须降低成本，从而降低价格，提高产品在市场上的竞争力。如果企业生产和销售产品的成本大于竞争对手，那么企业将不得不设定较高的价格或减少利润，导致自己处于劣势地位。

因此，企业在制定商品价格时，要进行成本估算，任何企业都不能例外。企业希望制定一个合理的产品价格，它不仅能弥补生产、分销和促销成本，还可以为其付出的努力和承受的风险提供适当的回报。

4.分析竞争对手

案例直通车 8-4

摩拜单车与ofo单车谁是老大？共享单车开启补贴大战！

曾几何时，共享单车摩拜与ofo的补贴大战一度成为人们的饭后谈资。ofo单车给出的优惠是充值20元送5元，充值50元送20元，充值100元送100元，甚至还有周末免费骑行活动。摩拜单车给出的优惠是充值20元送10元，充值50元送30元，充值100元送110元，这明显是针对ofo单车制定的优惠补贴政策。

共享单车从2015年年底兴起，2016年火爆，到了2017年势必是你死我活的竞争局面。与打车软件一样，用户对于使用共享单车没有绝对的忠诚度，在找车难的情况下，遇到什么车就骑什么车。摩拜单车与ofo单车在押金这个环节就开始竞争，ofo单车的押金是99元，宣传语是"别人家押金299，我们只要99，注册认证就可以免费试骑"，这个"别人家"就是指摩拜单车。摩拜单车装有GPS定位装置，找车相对方便，但是成本相对高一些。

摩拜单车与ofo单车在融资环节也竞争激烈，你融几百万美元，我就融几千万美元，你融一个亿人民币，我就融一个亿美元，双方在2016年均已经完成C轮融资，都是上亿美元的融资。投资方也都有滴滴出行、腾讯、小米、美团等知名的互联网企业，甚至富士康也加入到这场战争，站队摩拜单车，入股投资为其设计生产。几年前几乎都要被市场抛弃的自行车，现在一下子成为资本追逐的对象，两家公司也在押金、补贴优惠、融资规模、投放城市与单车数量等方面进行着较量。

资料来源：搜狐网. 摩拜单车与ofo单车谁是老大？共享单车开启补贴大战！[EB/OL].[2017-03-28]. https://www.sohu.com/a/130719029_544338.

从ofo单车和摩拜单车的补贴大战可以看出，竞争对手因素对定价的影响主要表现为竞争价格对产品价格水平的约束。同类产品的竞争最直接表现为价格竞争。如果企业采取高价格、高利润的战略，就会引来竞争；而低价格、低利润的战略可以阻止竞争对手进入市场或者把竞争对手赶出市场。在竞争激烈的市场上，企业应认真分析竞争对手的价格策略，密切关注其价格动向并及时作出反应。

当今企业处在一个超竞争的环境中，市场环境瞬息万变，谁能掌握市场的先机，谁能及时把握竞争对手的动态，谁就能在竞争中掌握主动。所以对竞争对手进行分析就显得尤其重要。对竞争对手的分析主要包括三个步骤：分析企业竞争地位、协调企业的定价方向、估计竞争企业的反应。

（1）分析企业竞争地位

竞争地位是指企业在目标市场中所占据的位置，它是企业规划竞争战略的重要依据。企业竞争地位并不是一成不变的，今天的市场主宰者不一定是明天的行业老大，因此，市场主宰者会竭力维护自己的领导地位，其他竞争者则会拼命往前赶，努力改变自己的地位。正是这种激烈的市场竞争，促使企业争创竞争优势，占据市场有利位置，从而推动行业和社会的发展。企业在目标市场中的竞争地位主要根据其所拥有的竞争优势和劣势确定，对竞争优势和劣势进行衡量和评价后，根据评价结果评估自己在市场中的竞争地位。根据阿瑟·D.利特尔咨询公司的观点，一个公司在其目标市场中有六种竞争地位（见表8-3）。

表8-3　　　　　　　　　　　　　企业竞争地位的类型

类型	公司状况及未来发展
主宰型	控制整个目标市场，可以选择多种竞争战略
强壮型	可以单独行动，能稳定其长期地位
优势型	在一定的战略中能利用较多的力量，并有较多机会改善其竞争地位
防守型	经营状况较好，能持续经营，但发展机会不多
虚弱型	经营状况不佳，但仍有机会改善其不利地位
难以生存型	经营状况差，而且没有机会改变其被淘汰的命运

（2）协调企业的定价方向

不同行业的不同产品，其需求价格弹性不同，产品定价方法也不同。一般对于需求价格弹性大的产品会定低价，而需求价格弹性小的产品则会定高价，毕竟价格对销售影响不大，多赚一分是一分。所以，企业要结合自身产品的需求价格弹性，协调自己的定价方向。

（3）估计竞争企业的反应

企业参与市场竞争，不仅要了解谁是自己的顾客，而且还要弄清谁是自己的竞争对手。企业必须密切关注竞争企业反应的变化，了解自己的竞争地位及彼此的优劣势，只有知己知彼，方能百战不殆。

企业要准确判断竞争对手的价格战略定位，在此基础上预测竞争对手未来的战略，准确评价竞争对手对本企业价格战略的反应，并以此来对自身作出调整。

5.选择定价方法

明确消费者的需求水平、成本函数和竞争者的价格后，企业就可以制定价格了。企业应选择一个将这三个因素中的一种或多种包含在内的定价方法。由上节可知一共有三大类定价方法：成本导向定价法、需求导向定价法、竞争导向定价法。具体定价方法介绍不再赘述，企业可以根据自身条件选择适合的定价方法。选择好定价方法之后，就大致可以确定最后价格了。

总之，每个企业都要正确地分析自己所处的外部竞争环境，深入了解竞争者所提供的产品质量和价格，以便制定科学的战略，采取适当的竞争手段和竞争方式，不断提高企业的竞争实力。

第三节　价格策略

一、价格策略的概念及影响因素

（一）价格策略的概念

价格策略是指企业在充分考虑影响企业定价的内外部因素的基础上，为达到企业预定的定价目标而采取的策略。企业定价的目标是促进销售，获取利润。这要求企业既要考虑成本的补偿，又要考虑消费者对价格的接受能力，使价格策略具有买卖双方双向决策的特征。

（二）价格策略的影响因素

1.定价目标

定价目标指企业通过特定水平的价格的制定或调整所要达到的预期目的。是为了维持生存，当期利润最大化，市场占有率最大化，还是产品质量最优化，走高端路线？不同的定价目标所对应的价格区间是不同的。

2.成本因素

产品的最低定价受到产品成本的限制，只有高于成本，才能弥补生产成本和经营费用，否则企业就无法经营。产品成本、进货成本、销售成本、储运成本、租赁成本、人力成本等直接决定产品定价的最低界限。

3.消费者因素

消费者因素即消费观念问题。不同类型的消费者具有不同的消费习惯和行为，或是价格敏感型，或是偏好高端型，或是追求性价比型，他们所表现出来的不同的消费行为会对企业价格策略的选择造成影响。

制定科学合理的定价策略，不但要求企业对成本进行核算、分析、控制和预测，而且要求企业根据市场结构、市场供求情况、消费者心理及竞争状况等因素作出判断与选择，价格策略选择得是否恰当，是影响企业定价目标能否达成的重要因素。

4.竞争者因素

产品的最高价格取决于市场需求，产品的最低价格取决于成本费用，在这个幅度内，企业的定价取决于竞争对手的价格水平。如果竞争对手定价比你低，产品比你好，那么你就很难在市场上生存下去，特别是在当前信息透明的时代，消费者想要比价是轻而易举的事情。

二、互联网定价的产生原因

1.互联网技术与移动终端的飞速发展

随着智能终端的大量普及，消费者与厂商可以实现跨时点的交易。所谓跨时点，就是指交易的时间不受上下班、昼夜、节假日的影响，交易的地点也不受消费者和卖方所处地理位置的影响。随着移动互联网的发展，这种趋势更加明显，消费者在公交车上、旅游中、工作中都可以实时了解商品的价格、促销信息，通过移动终端下单购物，实现购物的意愿，并不需要跑到商店去选，动动手指就够了。

2.新时代消费者有了新的需求

互联网让消费者与商家直接接触，消费者面对的不再是没有生命和感情的产品，而是活生生的人，消费者需要更多地与商家进行沟通和互动，商家也需要通过与消费者的互动抓住他们的注意力。再者，众多购物平台的出现也让消费者眼花缭乱，为了吸引消费者的注意力，购物平台各种活动层出不穷。价格信息在获取方式上的新变化，使得互联网背景下的定价策略与传统定价策略相比发生了巨大的变化。

三、传统定价策略VS互联网定价策略

（一）互联网定价策略之"有权"

传统的促销定价和差别定价考虑更多的是时间和地域的限制，而互联网和大数据技术则让这两种定价策略能够跨越空间和整合时间，给予消费者充分的议价权利，即互联网定价策略之"有权"。

二维码 8-1

定价策略之
"有权"

1.传统促销定价VS互联网下的打折促销

促销定价是指企业为了实现其促销目标（增加销售量或减少库存等），暂时将其产品价格定得低于目标价格的策略，如"满减"定价、套餐组合定价、秒杀定价、批量同价、买一送一、批次降价和加量不加价等。

那么，在互联网时代下促销定价的新表现是什么呢？下面请看一个案例。

案例直通车 8-5 ▪▪▪▪

"双十一"

每到年末，各大电商平台都会推出各种促销活动以求得流量和销售额，最为典型、影响力最大的就是"双十一"。各大电商巨头"双十一"前后都会铆足了劲儿各出奇招，比谁降价降得狠，比谁花样玩得多。据统计，2020年"双十一"天猫当日销售额高达 4 982 亿元人民币，开场半小时就以 3 723 亿元轻松超过 2019 年全天的成交额 2 684 亿元。

除了"双十一"当天的狂欢，各电商如天猫还开启了"双十一"预售，从 10 月 20 日就开始，将"双十一"狂欢战线拉长到近一个月，有效地吸引消费者长期在线，留住老客户的同时最大可能地通过各种关系营销吸引新客户，也为"双十一"当天锁住流量。

预售的一大好处是提前带动市场氛围，这有利于各电商巩固其流量聚集平台的优势，提升广告收入。另外，预售可以加强"双十一"的号召力，这是平台流量聚集能力和广告转化效率的最好体现。

而不退定金的举措也很大程度地促进了消费者的最终付款决策，利用放长线钓大鱼的营销手段达到利益最大化。同时，预售可以持续创造话题热度，反复刺激、唤醒消费者潜在需求。

资料来源：根据现有公开资料整理．

相比传统购物方式，现今的网络购物突破时空限制，扩展了消费者的购物空间，挖掘出了更多潜在消费群。网络销售 24 小时不打烊，当实体店铺打烊时，正是网店的夜晚黄金时间。同样是促销定价，超市在扯破嗓子吆喝"甩卖！甩卖！大甩卖！"时能吸引的顾客仅局限于周边居民，而像淘宝、京东这样的大电商平台做个活动整个中国都跟着疯狂，每年的"双十一大促"俨然已经成为全民的电商购物狂欢日，不分地域，不限场地，充分享受跨网比价带来的刺激。

2.传统差别定价 VS 弹性定价

（1）差别定价的定义

差别定价，也叫价格歧视，是指企业按照两种或两种以上不反映成本费用的有差异的价格销售某种产品或劳务，主要包括以下四种形式（如图 8-3 所示）：

图 8-3　差别定价的四种形式

①顾客差别定价——企业按照不同的价格把同一种产品或劳务卖给不同的顾客，如会员享受折扣，而普通顾客只能原价购买。

②产品形式差别定价——企业对不同型号或形式的产品分别制定不同的价格，如对同一款手机的不同颜色制定不同的价格。

③产品位置差别定价——企业对于处在不同位置的产品或服务分别制定不同的价格，如演唱会对于内外场所制定的变动幅度较大的门票价格。

④销售时间差别定价——企业对于不同季节、不同时期甚至不同时点的产品或服务分别制定不同的价格，如航空公司、酒店在淡旺季制定不同价格，电影院对下午场、晚上场以及周末场制定不同价格。

（2）差别定价的消费心理——折中效应

为什么许多网店里虽然陈列了价格从高到低的众多商品，但往往销售冠军或者爆款既不是那些价格最低者，也不会是最高价者，而是居于中间价位的？

这个现象就是"折中效应"，是指当人们在偏好不确定的情况下做选择时，往往更喜欢中间的选项，因为中间的选项看起来更安全，不至于犯下严重的决策错误，即消费者的决策具有非理性倾向，会随着情境的变化而变化，在一个选项集合里新增加一个极端选项后，会使原来的选择方案成为折中选项，那么即使折中选项在选项集合中不存在绝对优势，它也会更具吸引力，被选择的概率增大。

传统经济学原理告诉我们，在封闭的市场里，有A产品和B产品在竞争，A产品和B产品都有一定的市场份额，这时，加入任何一个C产品，A产品和B产品的市场份额都会因为新的竞争对手C产品的加入而下降。然而，折中效应却提出，即使新加入的C产品并没有被占优（C产品并不是任何产品的"托"），也可能导致B产品被选择的概率大大增加，因为C产品的加入使得B产品成为折中的选项，从而选择B产品显得更加安全。

折中效应还体现在餐馆的菜单上。我们发现很多饭店往往前几页的东西非常贵，常常是几百元甚至几千元的奢侈菜品，但是你继续往下翻，看到中间几页时，心里的石头稍稍落地了。你会看到不少虽然价格很高但是可以接受的菜，如98元的羊排、80多元的烧鹅等。你再往后翻翻往往会发现二三十元的家常菜。其实这也是折中效应，如果请客吃饭，大多数顾客都会选择点八九十元的菜，不太贵又不失面子。

（3）差别定价的互联网进化

随着互联网技术的飞速发展，新时代的差别定价是什么样的呢？我们来看下面的案例。

案例直通车8-6

卖多少才合适？动态定价的崛起

为了预定那趟航班你等了24小时，结果却发现票价一下子涨了100英镑。你一直等到黑色星期五才买那件皮夹克，果然那衣服降价了。今天的消费者对网上的价格有起伏已经习以为常，不仅仅只是在销售的时候，就算一天之中变动几次都已经没有不适感。任何在互联网上预定过假期出行的人都会熟悉这个概念。这就是所谓的动态定价：无论是早上新鲜出炉的牛角面包、一台便宜的电视，还是"高峰"期的Uber，供需关系的最轻微变动都可能会引发商品或者服务的价格起伏。全球最大的在线零售商Amazon就会每天都对无数商品的价格进行调整。

美国领先的动态售票公司Digonex的CEO Greg Loewen说："5年之内，动态定价将成为旅游景区的常见做法。电影等很多其他行业也一样。"

财经和个人财务作家Simon Read说："如果你迫切想要购买一件商品但是只剩下最后一件了，那么当动态定价机制发挥作用时，你很可能要花大价钱。"但是动态定价也可能对消费者有好处，他解释道，"事实上，零售商希望可以以它们能够得到的任何价格来做买卖。如果你想利用好动态定价，那就得知道什么时候零售商着急卖掉东西。在实体店里，这意味着没人逛的时候——早上或者百货商店关门需要清理货架的时候。" Read说："如果你在网上购物，那就要在购买前先研究一下商品的正常价格是多少，这样才不会成为冤大头。逛网店的时候先把东西放进购物车而不是马上就买也是一个好主意。过了一两天之后，你经常会收到一封邮件告诉你，商品的价格又降了不少。"

资料来源：佚名.卖多少才合适？动态定价与个性化定价的崛起.[EB/OL].[2017-12-05].
https://baijiahao.baidu.com/s?id=15859113320528810781.

理论上说，产品价格是由价值决定，并受市场上供需关系影响的，而差别定价模式采用这种实时差别的动态定价就很好地拓展了这一定价模式，是一种能实时反映和控制市场供需变化的智能调价机制，解决了因为信息不对称导致的供需关系上的时间滞后问题。传统的差别定价给人一种"墨守成规"的既视感，而这种新的弹性定价让供需双方摒弃中间渠道直接议价，用我们看不见的那双手给了消费者和商家最大的议价权利和最灵活的变价机制。

（二）互联网定价策略之"有利"

二维码8-2

定价策略之"有利"

传统的招徕定价以"低价甩卖、清仓"等字眼刺激消费者的眼球，等消费者进店，本以为会节省一笔钱，却常常花出了更多的钱。而互联网环境下竞争白热化，因此产品的增值性远超实体店，价格优惠更具落定性，而不是单纯地做字面功夫，即"有利"。

其实，无论是传统的招徕定价，还是互联网时代下诞生的"免费+增值"模式，其核心思想都在于《三十六计》中的第十七计——"抛砖引玉"。公元前700年，屈瑕曾在楚王攻打绞国时提议诱敌之法："攻城不下，不如利而诱之"。而"抛砖引玉"就是这样一种诱敌的计谋，"砖"就是诱饵，是吸引敌人的手段，"玉"就是想要达到的目的。

招徕定价是利用消费者心理活动规律，促进商品销售的方法，它遵循"抛砖引玉"的逻辑，通过部分商品的低价，在消费者心中进行感觉迁移，形成所有商品都不贵的错觉，吸引消费者购买其他商品，达到"声东击西"的目的，给标志性商品贴上低价就是价格暗示。研究显示，顾客会通过参照标志性商品的价格，形成对企业价格水平的整体印象，并在这种印象的指导下购买他们不太熟悉价格的其他商品。招徕定价通过部分商品的价格变化引起其他商品销售量的变化。

招徕定价以低价商品（对比产品）为"砖"，引来更多消费者购买正常商品为"玉"。同理，"免费+增值"模式也是如出一辙，以免费产品或服务为"砖"，吸引更多用户来购买增值产品或服务为"玉"，为企业实现更大的盈利。先用"低价""免费"把消费者吸引过来，然后再"一网打尽"。传统的招徕定价一般包括高价招徕法与低价招徕法两种方式。

（1）高价招徕法的消费心理——对比效应

什么是高价招徕法？就是在目标商品的旁边放上一个价格更高、质量更差的商品来对目标商品进行"衬托"，为目标商品增加销量。因为相比之下，目标商品显得物美价廉。这就是高价招徕法，其背后的心理学原理是对比效应。常言道，不怕不识货，就怕货比货，适当地为原产品找一个靠谱的"托"，能够有效增加消费者对原产品的购买。

在传统经济学原理中，在封闭的市场里，有A产品和B产品在竞争，A产品质量更好，但是B产品的价格更低，这时，A产品和B产品都可以占据一定的市场份额。这时，如果增加一种新产品C，经济学家认为A产品和B产品的市场份额都会因为新产品的进入而下降。

但是，从心理学视角的"对比效应"来看，情况却并非如此。如果新加入的C产品在各方面都不如B产品，这时C产品就成了烘托B产品的一个"托"，B产品的市场份额不仅不会下降，反而会上升。这就是"对比效应"。

消费者们的选择并不像传统的经济学分析的那样，只是单纯地、客观地分析各个产品的价格和质量属性来进行独立的判断。真实情况是，消费者们的决策常常受到决策情景的影响，"对比效应"就是典型的一种。

（2）低价招徕法的消费心理——框架效应

案例直通车8-7 ■■■

框架效应

在美国一个繁华的街道岔路口有两家加油站，离得不远，但是生意差很多。

第一家在自己家的广告牌上写着：付现打折。刷卡6元/升；现金5元/升。

另一家在加油泵上贴了一张很小的告示，注明：刷卡需要额外收费。现金5元/升；刷卡6元/升。告示很小，因为店主知道人们不喜欢附加费。

我们可以看到，除了表达方式上的差异，两家加油站的油价其实没有任何不同。但是人们看到这两种不同的表达后却会产生不同的主观反映，你会倾向于选择哪个加油站？

大多数人和你一样，都选择了前者。

■■■

著名心理学家丹尼尔·卡尼曼把这种现象称为框架效应：同一个问题的两种逻辑意义相似的说法会导致不同的决策判断，当消费者认为某一价格带来的是"收益"而非"损失"时，他们就会降低对价格的敏感度。因此，企业在进行招徕定价时，可以降低个别产品的价格以增强消费者对"收益"的感知，从而增加对其他正常价格商品的购买率。

"低价"总是最有效的诱惑手段，看到这样的信息大多数消费者可能都会走进门店逛一逛。虽然低价出售的商品减少了商家的利润，但是由于店内人流量的大幅增加，带动了其他商品的销售，让消费者心甘情愿掏了更多的钱，典型例子就是沃尔玛奉行的"天天低价"策略，用几款降价商品来带动其他商品的销量。由于成本的存在，实体商品无法做到每天都使用低价招徕策略。

而在互联网时代，有的企业却可以把招徕定价做到"天天都是免费日"，实现互联网的"免费+增值"模式。

"免费+增值"模式是由"免费"和"增值"这两个词组合而成的，其核心就是在免费提供一个产品或服务的基础版本的同时，客户可通过追加付费来获得产品或服务的高级版本。在这个模式下，发布免费版本的目的是让企业建立起一个庞大的初始客户群，并希望以此为基础，在将来吸引更多的初始客户跳转到付费的高级版本，而转化率（即付费用户和非付费用户的比例）就是衡量企业绩效的关键指标。鉴于绝大多数人都使用产品的免费版本，因此需要有付费客户来进行交叉补贴，它遵循的原则是：提供基础产品的成本要足够低，理想的状况是成本为0。在许多情况下，这是确保"免费"用户能得到支持且商业模式有可能为公司带来盈利的唯一途径。

比较典型的"免费+增值"模式是各种云端储存，如百度云会为你免费提供有限的储存空间，而如果你觉得不够用的话，那么你就需要支付一定的费用来扩展储存容量。腾讯就深谙免费之外的收费之道。从前，在QQ还没被微信取代的时候，多少人为了一身漂亮的QQ秀开通红钻，多少人为了更快升级开通QQ会员，又多少人为了把QQ空间打扮得更好看而成为黄钻贵族。我们可以看到，虽然使用QQ是免费的，但它推出了五花八门的增值服务，如果你想提高使用体验，那就需要付费。

还有一个典型案例就是游戏，你可以免费玩游戏，可以体验基本功能，但你要是想要有更好的体验，那你就得充值。除了游戏外，在互联网时代还出现了新的变种玩法，比如建立免费的阅读创作平台，像现在比较火的七猫免费小说、番茄免费小说等，这些小说平台就像雨后春笋一样冒了出来，其套路无外乎就是，一部精彩的小说给你免费看一部分，当你看到欲罢不能、百爪挠心一定要继续看下去的时候，不好意思，就要开始收费了。

免费模式的成功就在于它是二段收费，赚钱并不是凭借免费的软件，而是通过某个功能集聚大量有黏性的人群。在互联网时代，流量就是价值，它可以创造新的需求，比如广告植入和产品推荐，也能够成为它的盈利手段。

"免费+增值"模式利用"免费"吸引消费者，在使用的过程中企业不断优化免费产品或服务的质量和性能，从而留住消费者，提高留存率和转化率。消费者使用得越久，在这个"店铺"中逗留的时间也就越长，使用增值服务的可能性也会越大。

从传统零售企业到互联网企业，招徕定价的思想一直都在被实践，而互联网企业的招徕定价策略胜在：招徕产品价格更低，更能吸引消费者；持续时间更久，不限于某个促销期间，消费者更易留存，具有增值性。当然，"免费+增值"模式像是一把武士刀，"除非你是一名使它的高手，否则你就可能砍断自己的手臂"。

（三）互联网定价策略之"有趣"

二维码8-3

定价策略之"有趣"

1.传统尾数定价的消费心理

如果你去商场超市购物注意一下，就会发现一个有趣的现象，商品定价经常出现9.99元、3.98元、12.99元这样的价格；另外，在同一个商场内，商品价格会每隔一段时间上下浮动，上调价格或下调价格，例如，商品原价7.15元，下调价格到5.98元，消费者一看，感觉好像七元多减到五元多，减价了两元钱，而仔细计算发现只下调了一元多。这些价格究竟隐藏着什么"小秘密"？

9.99元和10元有什么区别？客观地讲，区别不大。

现在这个时代，一分钱是买不到什么东西的。但是研究数据表明，大多数消费者在购买商品时，尤其购买一般日用消费品时，更乐于接受尾数定价策略，而且用尾数"9"来标价会更让消费者觉得便宜。它们价格相差很小，但是似乎看起来更划算一些。为什么尾数定价让人觉得更便宜？

（1）实惠性：归类效应

尾数定价符合消费者心理，即从左边开始读取信息，先入为主。这是"归类效应"在起作用。我们倾向于对事物进行分类，从而简化这个世界。价格定位399元容易让我们把商品分类到"300多元钱的东西"，而定价400元容易让我们把商品分类到"400多元钱的东西"。我们大脑容量有限，导致我们不得不通过大量分类来简化事物。400元和399元虽然只差了1元，但是让我们自动归到了不同的类别中，从而引起不同感受。对人们来说，简单归类可以造成巨大差异。

（2）精确性：锚定效应

尾数定价策略给我们一种这种产品已经被打过折的感觉，消费者会觉得这样的价格经过了精确计算，更容易产生信任感，这是一种隐性的锚定效应。

传统的尾数定价策略是指在确定零售价格时，利用消费者求廉的心理，制定非整数价格，以零头数结尾，使消费者在心理上有一种便宜的感觉，或者是价格尾数取吉利数，从而激起消费者的购买欲望，促进商品销售。而互联网环境下，互联网传播效应大，参与人数多，娱乐性更强，人多更热闹，尾数定价等定价策略变得"有趣"。

2.尾数定价的互联网进化

（1）表现形式：限购、秒杀

案例直通车8-8

一元限时秒杀

每次参加网上的准点一元秒杀活动都很心累，但为什么还是乐此不疲？

"秒杀"这个原本是指网络游戏中瞬间杀死敌人的词语，变成了炙手可热的互联网营销关键词。实际上，这是互联网时代所催生的一种新型尾数定价方式，简单地说就是商家的限时大甩卖，它与线下商场超市的促销有两个不同之处：一是限时精确，这个"时间"是以秒来计算的，这基于互联网和移动终端的实时随地等特殊性质；二是极致低价，如一元钱的葡萄酒、一元钱的笔记本电脑，甚至是一元钱的汽车，噱头大，参与者数量众多，不受时间地域的限制。2009年淘宝网开创"秒杀"活动，此后"秒杀"活动经久不衰，始终保持着热度，网友们并没有因为抢到概率很低而放弃。

淘宝在各个整点设置"一元限时秒杀"活动，通常情况下，商品一秒内就会被抢完。由于所有参与秒杀的商品都是以不可思议的低价呈现，因此全国各地数百万计的顾客一到"秒杀"时段就会守在电脑、手机前，不断点击和刷新，进行抢拍，时间稍纵即逝，参与"秒杀"的商品就会拍完下架。消费者之所以热衷于"秒杀"，除了产品超值，最重要的是游戏的乐趣。想想看，20多个产品，可能有几十万人在秒，自己秒到了是很有成就感的，在论坛里甚至有这样秒杀成瘾的买家：换了台1万多元的电脑，花钱加了带宽，把支付密码改短，天天在键盘上练指法，以保证瞬间输完密码。

资料来源：根据现有公开资料整理。

实体店中的尾数定价每时每刻的"化整为零"逐渐让消费者产生了视觉疲劳，无感且无力，而且消费者越来越精明，不再那么"好骗"，比价能力越来越强，随时都能拿起手机看看是不是网上更便宜。而互联网上的"限时一元秒杀"活动则将"尾数定价"真正做到极致，没有多余的数字，消费者一目了然，逐渐演变成了一场全员竞赛，比手速、网速和运气，参与感强、刺激性大，还公平公开，娱乐性大大增加，迎合了互联网消费环境下的消费者的偏好，消费者自然是"买并快乐着"。

（2）消费心理

①一元秒杀：付出感。

提问：一元秒杀与免费哪个效果更好？如"1元吃大餐""1元看电影""1元买水果"，其实1元，基本就等于免费了。那它和真的免费送，对用户心理会有什么不同影响吗？

A.剔除无价值用户。

一件明明不需要的东西，免费的情况下，消费者就会想，反正是送的，自己不会有什么经济上的损失，一般会选择买。如果不买，会让人觉得失去了一次占便宜的机会，反而成了一种"损失"。所以即使你不需要这种商品，但它免费了，你内心欲望一定是"买"。但是，如果收费一元，那个东西对自己来说一无是处，大多数人会选择观望和思考。如果思索后发现自己还是有用到的可能，就会选择付费购买，并感觉自己买到真正的便宜的东西。如果你发现东西没有实用性，还不如花一元钱买个馒头来得实在，就不会购买。通过一元的价格，可以过滤掉大一部分只想占便宜的人。

B.促进用户体验。

花一元钱买了张电影票或者抵用券，有事用不了了，你可能会想办法协调时间或送给朋友，总之价值会得以体现。免费的东西，可能放在那儿，慢慢就淡忘了，去不了就浪费了。用户付出一元的代价试用产品，企业就获得了一个稳定可靠的渠道，效率比传统营销方式要高得多。而免费可能一大批人涌入，导致次序混乱、声音嘈杂，甚至造成不必要的纷争。真实用户参与这个活动时，会感觉体验差，让品牌口碑、资金都受到损失，导致品牌营销的失败。

②限购：稀缺感。

为什么很多商品明明货源充足，却让你抢购并且标明倒计时，如"距离优惠结束还剩4小时"。即使4小时后商家又重置时间，变成距离优惠结束还剩24小时。

这是因为比起收益带来的快乐，消费者们更在意损失带来的不快乐。通过抢购和限时优惠营造的"稀缺感"，让消费者们觉得如果不参与这个促销，就失去了一次机会。而这种"失去感"激励他们迅速下单购买。

当消费者感知某个机会稀缺的时候，就会增加购买可能。例如，"双十一"就是营造稀缺的节日（限时+限量的折扣抢购），大家聚集在同一天，也是在消费"稀缺感"。这个时候，消费者会对任何稀缺的、稍纵即逝的信息更加敏感，如果能够营造这种感觉，就会比平时更能瞬间抓住他们的注意力。

总结来看，互联网定价策略是在传统定价策略下的更新迭代（见表8-4）。

表8-4　　　　　　　　　传统定价策略VS互联网定价策略

	传统定价策略	互联网定价策略	互联网思维
有权	促销定价	团购、预付	空间性
	差别定价	弹性定价	实时性
有利	招徕定价	"免费+增值"模式	增值性
有趣	尾数定价	一元秒杀	娱乐性

思政小讲堂

在中华上下五千年的历史长河中，从商品交换出现伊始，古代经济思想就开始萌芽、发展，其中有不少对价格及价格策略的论述。早在千年前，古人已玩转价格游戏。

古代商圣范蠡就是其中一个传奇人物。

第一，他强调买卖中要坚持"贵出贱取"的原则。他认为，商品价格涨到最高点时，一定要果断出手，否则便会从最贵的极点反转，由贵而贱，就不值钱了；而商品价格跌落到最低点时，就变成了珠玉，很值得买进，因为价格上升的机会就来了。所以他说："贵取如粪土，贱取如珠玉"。

第二，他提出了"逐十一之利"的经营策略，即强调要薄利多销，强调经商不能只求暴利而不顾公平原则。商人能坚持"义"字当头，便能长久发展，如果一味追求暴利，那么，经营是不可能长久的。

第三，他提出"三八价格，农末俱利"的经营原则。他认为："夫粜，二十病农，九十病末，末病则财不出，农病则草不辟矣。上不过八十，下不减三十，则农末俱利。"这说的是，如果商人利益受损，他们就不会去经营粮食；如果农民利益受损，他们就不会去种田，如果二者利益同时受损，便会影响国家财政收入。所以，最好的办法就是由政府将粮食价格控制在八十和三十之间，让农民和商人同时能获利，避免"谷贱伤农、谷贵伤末"。他很重视商品价格调整对于生产与流通的作用，强调要处理好粮食价格与其他商品价格的关系，只有调整好价格，才能使商品市场健康发展。

思考与练习

一、名词解释

1. 需求的价格弹性
2. 寡头垄断市场
3. 盈亏平衡点
4. 招徕定价

二、单项选择题

1. 随行就市法是（　　）市场的惯用定价方法。

A.完全竞争　　　　B.完全垄断　　　　C.垄断竞争　　　　D.异质产品

2. 某服装店售货员把相同的服装以800元卖给顾客A，以600元卖给顾客B，该服装店的定价属于（　　）。

A.顾客差别定价　　　　　　　　B.产品形式差别定价

C.产品部位差别定价　　　　　　D.销售时间差别定价

3. 企业利用消费者具有仰慕名牌商品或名店声望所产生的某种心理，对质量不易鉴别的商品定价最适宜采用（　　）。

A.尾数定价　　　　B.招徕定价　　　　C.声望定价　　　　D.反向定价

4. 按照单位成本加上一定百分比的加成来制定产品销售价格的定价方法称为（　　）定价法。

A.成本加成　　　　B.目标　　　　C.认知价值　　　　D.诊断

5. 招徕定价是指（　　）利用部分顾客求廉的心理，特意将某几种商品的价格定得较低以吸引顾客。

A.生产者　　　　B.竞争者　　　　C.批发商　　　　D.零售商

三、简答题

1. 影响企业定价的主要因素有哪些？
2. 企业的定价目标有哪些？
3. 什么叫差别定价法？差别定价法有哪些形式？
4. 认知价值定价法是指什么？运用时应注意什么？

四、案例分析题

1. 你如何看待企业间的价格战，对企业、消费者乃至整个行业而言，它的利弊是什么？
2. 你认为除了价格战之外，企业还能采取什么策略来进行竞争？

随堂测8

网约车大战：滴滴、快的、优步的"烧钱"游戏

第九章

宾主尽欢，欲罢不能——渠道控制

其途之所出，四通而八达，游士之所凑也。

——《子华子·晏子问党》

学习目标　1.了解渠道的概念。
2.了解渠道的几种类型。
3.了解营销渠道的发展历程。
4.掌握营销渠道的五种模式。

重难点　1.了解渠道的变迁历程
2.区分五种营销渠道模式

关键词　渠道；直接分销渠道；间接分销渠道；单渠道模式；多渠道模式；
跨渠道模式；全渠道；新零售

框架图

认识渠道　　01
1.渠道的概念
2.渠道的类型

02　营销渠道的发展
1.单渠道模式
2.多渠道模式
3.跨渠道模式
4.互联网时代下的
营销渠道——全
渠道阶段
5.新零售

　　　　　　　　解读娃哈哈营销渠道的"非常"之处

　　娃哈哈的渠道管理能力和创新能力一直为业界推崇，在备受关注的背后，又有怎样的奥秘呢？

　　娃哈哈产品遍布中国大部分省市，占据了饮料市场较大的市场份额。其营销渠道结构为总部—各省区分公司—特约一级批发商—特约二级批发商—二级批发商—三级批发商—零售终端。其中，与集团直接发展业务关系最密切的特约一级批发商目前便有2 000多个。

　　这么多的经销商，要如何管理呢？娃哈哈的创新之处就在于建立了联销体模式。

　　1996年前后，保健品、饮料市场竞争开始变得激烈，许多企业开始仿效娃哈哈的模式进行渠道重心下沉，向农贸市场、专业市场、区县级市场进军。当时市场秩序混乱，造成了多头经销、冲货严重，甚至市场暂时滞销的情况。娃哈哈为了有效把控商家，推出了非常有名的联销体模式，逐级保障利润空间，让经销商为企业织网，这便是联销体模式的核心内容。如此庞大的商业模式，该如何操作？

　　①制定保证金制度，捆绑利益。

　　经销商必须向娃哈哈按年度缴纳一定金额保证金，在经营过程中采取一进一结的方式，作为回报，娃哈哈给予更多优惠政策。

　　②销售区域责任制。

　　娃哈哈根据商家的能力，明确经销商销售区域，对区域内的铺货率、价格、促销活动等细节进行明确规定，对无法达成目标的商家实行动态淘汰。

　　③价差体系设计。

　　企业有效控制市场的关键就在于各级经销商、批发商、终端零售商之间的利润控制。娃哈哈对每一级的经销商限定了价格，以保障体系内全部成员的利益。越是配合企业制度的经销商，在新品供货、广告费用上会获得越多的支持。

　　④3个月退换货制度。

　　娃哈哈对于新品推广在合同中有明确规定：新品推出后，3个月内，如果经销商已经尽力开拓市场了，但没有取得预定的销售目标，那么娃哈哈负责收回或者换货，并补偿经销商开拓市场的损失。

　　⑤内部销售人员责任制。

　　娃哈哈给每个经销商委派一名销售人员，帮助管理销售网络，并与经销商一起研究分析市场，制定本区域内行之有效的促销方式。销售人员必须对经销商开拓市场的业绩负责；经销商必须对销售人员进行监督，每个月向总部反馈销售人员的情况。

　　⑥专业的市场督导制度。

　　娃哈哈设立独立的督导部门，专门负责对市场商家和分公司进行市场督导与维护，从而确保了联销体制度的正常运转。

娃哈哈独特的联销体渠道管理模式是其得以维持行业领先地位的重要原因之一。

资料来源：佚名. 直接经销商超 2 000 家 解读娃哈哈营销渠道的"非常"之处［EB/OL］. ［2017-08-03］. https://www.sohu.com/a/161979628_777120.

我们通过娃哈哈的例子可以看到，渠道策略对企业的发展具有重要作用。渠道策略的制定对于产品相关信息能否准确及时地扩散到目标市场，价格能否被目标市场的顾客所接受等方面都具有重要的影响，有时甚至是关键因素。因此，渠道策略与产品策略、价格策略、促销策略一样关乎企业能否成功地将产品打入市场，扩大销售，使企业顺利实现经济目标，获得发展。本章着重阐述和分析渠道的概念和类型，以及我国营销渠道的发展历程。

第一节　认识渠道

一、渠道的概念

二维码9-1

渠道的含义与构成

渠道这个概念其实很有意思，做一个比较粗浅的解释，就是"消费者在哪里能够看到和买到你的商品"。

用书面的话来说，它是指产品或服务转移所经过的路径，由参与产品或服务转移活动以使产品或服务便于使用或消费的所有组织构成。换言之，它是指产品或服务从生产者向消费者转移过程中所经过的、由中间环节所联结而成的路径。所有产品或服务在到达消费者之前，都要经过它自己的营销渠道。一般来说，渠道所涉及的主要参与者有生产制造商、批发商、零售商、其他中间商、消费者或用户等成员性参与者，以及运输公司、仓储公司、物流公司、银行、广告代理机构等非成员性参与者。

营销渠道是制造商的产品流向消费者的渠道，其目标就是使企业生产经营的产品或服务顺利地被使用或消费，其具体的任务是把产品或服务从生产者那里转移到消费者或用户手里，使消费者或用户能在适当的时间、适当的地点买到能满足自己需求的产品或服务。

制造商是销售渠道的起点，最终消费者是销售渠道的终点，其间便是职能不同的中间机构。在此组合中各方的关系稳定，各自的权利、责任和义务都由相应的协议规定。制造商的管理水平和控制力度对该产品市场占有率的提高有至关重要的作用。为此，企业要制定自己的营销渠道战略。企业有没有合理的、完善的营销渠道战略将直接关系到企业的兴衰成败。

二、渠道的类型

二维码9-2

渠道的类型

渠道最基本的分类是以生产企业是否自己销售商品为划分标准，可分为直接分销渠道和间接分销渠道。生产企业自己直接将商品销售给消费者，不经过中间环节，为直接分销渠道。如果生产企业的商品是经过中间环节，利用中间商销售给消费者的，则为间接分销渠道，具体如图9-1所示。

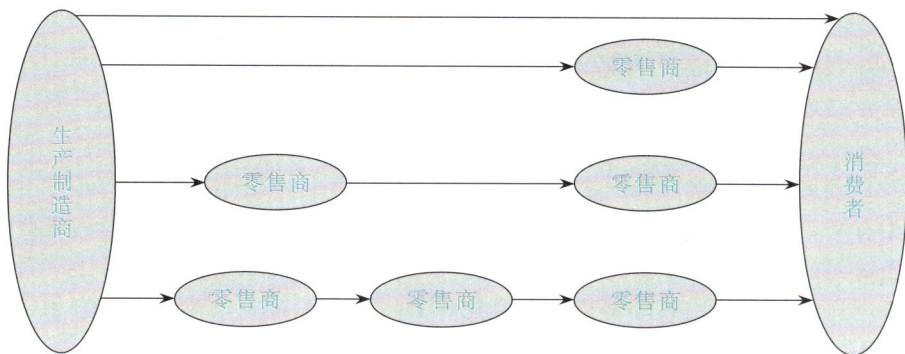

图9-1　渠道的类型

（一）直接分销渠道

戴尔的直接分销渠道策略

尽管迈克·戴尔被誉为华尔街的赚钱机器，但他从来不被认为是一名技术先锋，其成功大半归结为其给计算机行业带来翻天覆地变化的销售方式：越过零售商，将产品直接销售给终端用户。正如戴尔所言："远离顾客无异于自取灭亡。还有许多这样的人——他们以为他们的顾客就是经销商！"

戴尔最爱说的一句话就是："两点之间，线段最短。"戴尔公司为何能独领风骚？其经验可归纳为五点：（1）为客户提供"量体裁衣"式服务；（2）采用零库存运行模式；（3）速度最快，应用最新的零件技术，快速组装；（4）销售渠道最短，消费者可通过免费直拨电话定制；（5）网络销售，80%的新客户都是通过这一渠道获得的。

资料来源：根据现有公开资料整理.

戴尔这种直销模式就是企业直接将产品提供给消费者，省略了中间商的中介作用，销售及时，回款快，有利于提高资金使用效率；不经过中间商，费用支出较易控制，有利于降低销售成本，提高产品竞争力；还有利于提供售后服务，在用户中建立良好声誉，稳定目标市场占有率；直接同消费者见面，信息反馈迅速，真实可靠，便于企业及时改进产品，提高服务质量。

1.直接分销渠道的主要形式

直接分销渠道是生产者把商品直接出售给最终消费者的渠道，也就是说生产与流通两种职能都是生产者承担的，其主要形式有：

（1）接受用户订货

企业和重点用户签订合同或协议书，按合同生产和销售商品。

（2）设店零售

有的企业专门设立零售商店或分销机构销售商品，有的企业在生产现场设立门市部销售商品。

（3）上门推销

企业派推销员对消费者或用户个别访问，推销商品。

（4）利用通信、电子手段销售

企业办理邮购业务，接受电视、电话购买，推行网上购物。

2.直接分销的优缺点

（1）直接分销的优点

①有利于供需双方信息沟通，可以按需生产，更好地满足目标顾客的需要。由于是面对面的销售，用户可更好地掌握商品的性能、特点和使用方法；生产者能直接了解用户的需求、购买等特点及其变化趋势，进而了解竞争对手的优势和劣势及其营销环境的变化，为按需生产创造条件。

②可以降低产品在流通过程中的损耗。由于去掉了商品流转的中间环节，减少了销售损失，有时也能加快商品的流转。

③可以使购销双方在营销上相对稳定。一般来说，利用直销渠道进行商品交换，在数量、时间、价格、质量、服务等方面都按合同规定履行，购销双方的关系以法律的形式于一定时期内固定下来，使双方把精力都用于其他方面的战略性谋划。

④可以在销售过程中直接进行促销。例如，企业派员直销，不仅促进了用户订货，同时也扩大了企业和产品在市场中的影响，还能开发新用户。

（2）直接分销的缺点

①产品和目标顾客方面。对于绝大多数生活资料商品，其购买呈小型化、多样化和重复性。生产者若凭自己的力量去广设销售网点，往往力不从心，甚至事与愿违，很难使产品在短期内广泛分销，很难迅速占领或巩固市场。

②在商业协作伙伴方面。商业企业在销售方面比生产企业经验丰富，这些中间商最了解顾客的需求和购买习惯，在商品流转中起着不可缺少的桥梁作用。而生产企业自销产品就拆除了这一桥梁，需要自己去进行市场调查，包揽中间商所承担的人、财、物等费用，自己铺设渠道会大大增加企业的成本，也会加重生产者的工作负荷，分散生产者的精力。更重要的是，生产者将失去中间商在销售方面的协作，给产品价值的实现增加新的困难，难以及时满足目标顾客的需求。

③在生产者与生产者之间。当生产者仅以直接分销渠道销售商品，致使目标顾客的需求得不到及时满足时，同行生产者就可能趁势进入目标市场，夺走目标顾客和商品协作伙伴。

（二）间接分销渠道

案例直通车9-2

中间商的重要性

日本大阪的谷寿糖果公司主营西点、蛋糕、饼干的制造，是关西最大的糖果公司，在日本也是一流的。很多食品糖果店曾经对该公司表示，有意购买其产品，然而董事长细谷清从来不随便应允。他不随便签约，这是尽量避免和业绩欠佳的商店扯上关系。他的经营理念是：产品绝对不给业绩不佳的商店销售。他只给各条街上生意最旺、信誉最佳、名气最大的商店销售公司的糖果，因此他成功了。最好的产品给最好的商店销售，它的结果当然是极佳的了。

美国连锁百货店大王贝尼伊在国内拥有1 600多家连锁商店，曾经有人问他："你成功的秘诀是什么？"贝尼伊回答说："商品价廉物美、店员服务精神良好等固然都是重要的因素，但最重要的是与信誉最好、销量最多的店铺合作。"

资料来源：根据现有公开资料整理.

所谓间接分销渠道，就是指生产者利用中间商将商品供应给消费者或用户，中间商介入交换活动。由以上两个案例，我们可以看出中间商是多么的重要。中间商的合法经营资格、目标市场、地理位置、销售策略、销售能力、销售服务水平、储运能力、财务状况、企业形象和管理水平等都会给生产者带来影响。企业形象与中间商的形象息息相关，如果中间商的形象、服务不佳，那么企业形象也会受到殃及；如果中间商的业绩不佳、信誉不好，企业销量也会受到拖累。所以，企业在选择中间商时应慎重。

1.间接分销渠道的主要形式

间接分销渠道的中间环节可能只有一个，也可能有若干个。一个中间环节有时不止一个中间商，因此，参与商品销售的中间商的数量在某些情况下会大于中间环节的数量。大多数商品在从生产领域向消费领域转移的过程中都要经过中间环节，间接分销渠道是商品流通特别是消费品流通的主要渠道。承担流通职能的中间商主要有零售商、批发商和代理商。由于生产企业选用中间商的类型不同，选用的数量不同，形成了多种形式的间接分销渠道，主要形式有：

（1）生产者→零售商→消费者

由生产者把商品出售给零售商，再由零售商转卖给消费者，中间经过一道中间环节。

（2）生产者→代理商→零售商→消费者

生产者通过代理商行和经纪人等代理商把商品卖给零售商，零售商再将商品销售给消费者。

（3）生产者→批发商→零售商→消费者

生产者把商品出售给批发商，批发商转卖给零售商，再由零售商转卖给消费者，中间经过两道以上的中间环节。

（4）生产者→代理商→批发商→零售商→消费者

这是在第三种形式的生产者和批发商之间加入了代理商，生产者经由代理商将商品销售给批发商。

2.间接分销渠道的优缺点

（1）间接分销渠道的优点

①有助于产品广泛分销。

中间商在商品流转的起点同生产者相连，在其终点与消费者相连，有利于调节生产者与消费者在品种、数量、时间与空间等方面的矛盾，既有利于满足生产者目标顾客的需求，也有利于生产者产品价值的实现，更能使产品广泛地分销，巩固已有的目标市场，开辟新的市场。

②能缓解生产者人、财、物等力量的不足。

中间商订购了生产者的产品并交付了款项，就使生产者提前实现了产品的价值，开始新的资金循环和生产过程。此外，中间商还承担销售过程中的仓储、运输等费用，也承担着其他方面的人力和物力，这就弥补了生产者在营销中的力量不足。

③间接促销。

消费者往往是货比数家后才购买产品，而一位中间商通常经销众多厂家的同类产品，中间商对同类产品的不同介绍和宣传，对产品的销售影响甚大。此外，实力较强的中间商还能支付一定的广告宣传费用，具有一定的售后服务能力。所以，生产者若能取得与中间商的良好协作，就可以促进产品的销售，并从中间商那里及时获取市场信息。

④有利于企业之间的专业化协作。

现代机器大工业生产的日益社会化和科学技术的突飞猛进，使专业化分工日益精细，企业只有广泛地进行专业化协作，才能更好地迎接新技术、新材料的挑战，才能经受住市场的严峻考验，才能大批量、高效率地进行生产。中间商是专业化协作发展的产物，生产者产销合一，既难以有效地组织商品的流通，又使生产精力有所分散。有了中间商的协作，生产者可以从烦琐的销售业务中解脱出来，集中力量进行生产，专心致志地从事技术研究和技术革新，促进生产企业之间的专业化协作，以提高生产经营的效率。

（2）间接分销渠道的缺点

①可能出现"需求滞后差"。

中间商订购了产品，并不意味着产品就从中间商手中销售出去了，有可能销售受阻。对某一生产者而言，一旦其多数中间商的销售受阻，就会形成"需求滞后差"，即需求在时间或空间上滞后于供给。但生产规模既定，人员、机器、资金等照常运转，生产难以快速减少。如果需求继续减少，就会导致产品的供给持续大于需求。若多数商品出现类似情况，便会造成市场疲软。

②可能加重消费者的负担，导致抵触情绪。

流通环节增加了储存或运输中的商品损耗，如果都转嫁到价格中，就会增加消费者的负担。此外，若中间商服务工作欠佳，可能导致顾客对商品产生抵触情绪，甚至引起购买的转移。

③不便于直接沟通信息。

如果与中间商协作不好，生产企业就难以从中间商的销售中了解和掌握消费者对产品的意见、竞争者产品的情况、企业与竞争对手的优势和劣势、目标市场状况的变化趋势等。在当今风云变幻、信息爆炸的市场中，企业信息不灵，生产经营必然会迷失方向，也难以保持较高的营销效益。

第二节　营销渠道的发展

营销渠道中最具代表性的就属零售渠道了。随着消费行为的变化，消费者不再局限于单一渠道，而是根据自身消费的需要交替使用多种渠道。那么我国的零售行业这些年经历了怎样的转变？面对新的市场环境又创新出了怎样的新模式？我们来看看渠道变迁的五个阶段（如图9-2所示）。

二维码9-3

经销商管理

图9-2　营销渠道发展的五个阶段

一、单渠道模式

案例直通车9-3 ■ ■ ■

星巴克聚焦线下实体店

星巴克成立于1971年，是世界领先的特种咖啡的零售商和品牌拥有者。截至2020年，公司已在全球82个市场拥有超过32 000家咖啡店，拥有员工超过400 000人，长期以来，星巴克一直致力于向顾客提供最优质的咖啡和服务，营造独特的"星巴克体验"，让全球各地的星巴克店成为人们除了工作场所和生活居所之外温馨舒适的"第三生活空间"。

"宁直不弯"——坚持直营路线。30多年来，星巴克对外宣称其政策一直都是：坚持走公司直营店，在全世界都不要加盟店。星巴克合资或授权的公司在当地发展星巴克咖啡店的时候，"顽固"地拒绝个人加盟，当地的所有星巴克咖啡店一定是星巴克合资或授权的当地公司的直营店。星巴克为自己的直营路线给出的理由是：品牌背后是人在经营，星巴克严格要求自己的经营者认同公司的理念，认同品牌，强调动作、纪律、品质的一致性；而加盟者都是投资客，他们只把加盟品牌看作赚钱的途径，可以说，他们唯一的目的就是赚钱，而非经营品牌。

"溯本追源"——店铺是最好的广告。据了解，星巴克从未在大众媒体上花过一分钱的广告费。但是，星巴克非常善于营销。星巴克认为，在服务业，最重要的营销渠道是店铺本身，而不是广告。如果店里的产品与服务不够好，做再多的广告吸引客人来，也只是让他们看到负面的形象。

"闹中取静"——科学地选址。仅仅几年时间，星巴克在中国从一个无名小卒成长为一位耀眼的明星，并迅速演变为一种流行时尚的符号。在都市的地铁沿线、闹市区、写字楼大堂、大商场或饭店的一隅，在人潮汹涌的地方，那墨绿色商标上的神秘女子总是静静地对你展开笑颜。星巴克全球市场计划经理帕特里克·欧·汉根说："星巴克使用了一个叫作Atlas的内部绘图和商务智能平台，来决定在哪开设新门店。"

资料来源：根据现有公开资料整理.

星巴克在成立之后的短短20多年时间内就成为世界上最具价值的品牌之一，并一直保持至今。为什么星巴克的产品品质一直是受人尊重的？从渠道角度来说，是因为星巴克始终坚持单渠道发展，注重产品品质和直营门店的服务标准。

单渠道策略（如图9-3所示）就是指通过一条渠道（零售店、网店、社交商店等）完成销售的全部功能。

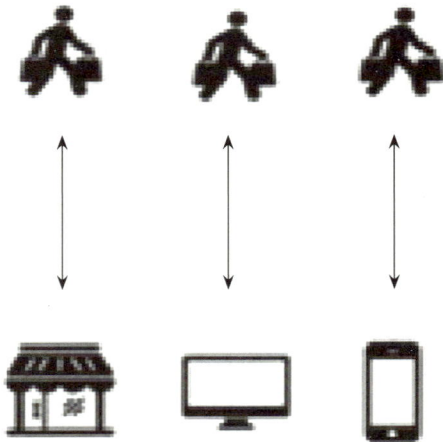

图9-3　单渠道策略

从学术角度看，单渠道策略是渠道宽度问题，它是指选择一条渠道，将产品和服务从某一销售者手中转移到顾客或者消费者手中的行为。单渠道策略通常被认为是窄渠道策略，无论这一条渠道是实体店，是邮购，还是网店。

上面案例中的星巴克是聚焦于线下实体店的单渠道发展，而单渠道策略并不局限于线下。以下案例中的韩都衣舍是一个单纯基于线上渠道的品牌，可以让我们更好地理解移动互联网时代的单渠道策略。

案例直通车9-4

<h3 align="center">韩都衣舍专心做线上</h3>

韩都衣舍从韩国代购起家，目标为做一个渠道品牌。在发展的过程中，由于发现了代购的致命弱点——等待时间过长、经常容易断货缺货、无法退换货、性价比

不高等，韩都衣舍团队就开始将选中的款式交给代工厂，转型为互联网自有品牌，开始新商业模式的探索。团队选择了淘宝平台，这是因为中国的互联网拥有广阔的发展空间，并且电子商务企业可以利用社交媒体创造的信任度来吸引潜在顾客，对不稳定的顾客增加黏性，还能有效改善并提高自己的品牌形象。

近年来，O2O已经成了企业转型常态。线下厂商纷纷转战线上，而线上电商也开始线下布局时，韩都衣舍的CEO赵迎光坚决地否认："韩都衣舍始终专注于线上，不会涉足线下开实体店，因为实体店的人流量和互联网每天上百万的访问量是无法相比的。"韩都衣舍的流量稳居天猫商城第一位，被称为流量之王。

面对越来越多的电商竞争者，如何提升自己的价值和品牌？

目前服装行业的库存问题是难以解决的突出问题之一，直接干扰资金周转、新品设计供应、宣传拓展等方面的工作。所以韩都衣舍独创地提出了以产品小组制为核心的单品全程运营体系和快速反应的柔性供应链体系两大前卫的理念。

单品全程运营体系是指每一款产品的设计、生产、销售都以"产品小组"为核心，企划、摄影、生产、营销、客服、物流等相关业务环节配合，全程数据化、精细化运营管理，"多款少量，以销定产"，最大程度地发挥互联网的优势，建立"款式多，更新快，性价比高"的竞争优势。这还有效地解决了服装行业最为头痛的库存问题，保证以极高的性价比给顾客提供更多的商品选择。

柔性供应链体系则是营销企划、产品企划和生产企划相互配合，给产品小组提供全方位的决策依据，解决互联网品牌"款式更多，更新更快，性价比更高"的要求与生产供应链的"流水线计划生产"之间的矛盾，在保证产品品质和生产成本可控的前提下，实现"多款多批次小批量生产"的供应体系。

资料来源：根据现有公开资料整理.

实际上韩都衣舍打造的就是一种垂直化电商的渠道模式。垂直化电商就是将产品细分到某一特定商品品类，然后遵循"自创品牌-自主设计-自己生产（或外包）-网上直销"的渠道流程。这种商业模式借助互联网跳过多个中间商环节，以实现最高性价比，将优化流程获取的额外利润与顾客分享，并通过社交媒体的密集宣传和沟通，不断加强顾客忠诚度，在线上打造独有的品牌形象。

单渠道模式，从定义上讲，就是用一条渠道将产品和服务从某一销售者手中转移到顾客或者消费者手中的行为。从技术上来说，单渠道时代就是"实体店铺"时代或是"网店"时代，为少数的客户提供服务。不管是星巴克坚持实体店直营，还是韩都衣舍始终坚持线上销售都是成功的。

和任何事物一样，单渠道策略也有利有弊。单渠道策略的优势是能够低成本、方便快捷地进行部署，易于检测，让有竞争优势的品牌垄断市场，利润最大化。谈及劣势，单渠道策略严重地限制了潜在消费者的规模和多样性。除少数专业性比较强的产品或者贵重耐用消费品，单渠道并不是一个可行的策略，此外由于只有一个合作伙伴，合作关系一旦恶化，生产者将蒙受较大的损失。

二、多渠道模式

亚马逊的地面实体书店

在当当高调宣布未来要开 1 000 家实体书店，在淘宝于广州开了首家淘宝体验厅，在京东的首家综合服务中心正式投入运营之后，电商巨头亚马逊也宣布未来它将在美国开设 300 到 400 家实体书店，各大电商们开始纷纷布局线下，实现多渠道运营，完成线上线下的相互整合。亚马逊的地面实体书店是如何发展起来的呢？

（1）选址恰当

①锁定目标顾客。

亚马逊书店地处已有 60 多年历史的大学村购物中心内，毗邻世界著名学府华盛顿大学，该地也是华盛顿大学 4 万多学子日常购物、课后休闲最便利的去处。数据显示，18～29 岁的青年人是全美阅读率最高的人群，达到 80%，所以亚马逊这家以数据分析见长的电子商务公司选择在此地开书店可以说是经过严格论证、细心挑选的。

②构造文化情境。

大学村购物中心不是高耸的现代化商城，而是由星罗棋布的欧洲风格建筑群所组成的生活体验式购物中心。这里每一座建筑、每一条街道、每一处花坛摆设都透出了一股精致、文雅之气，与美国其他购物中心在建筑、布设透出的那种单调、乏味截然不同。此种感觉在美国少有体会，仿佛置身于某欧洲历史小镇一般。

（2）产品体验好

①同质同价。

进门的过廊边立着一块巨大的黄底黑字的提示牌，注明"店内价格与 Amazon.com 完全相同"，这让每一位即将入店的读书客顿感轻松亲切。作为图书零售巨头，亚马逊网站的价格一向是最划算的，而在这里既能体会到实体书店的购物体验，又能享受到网络低价，简直就是每一位爱书人的理想之所。

②同步线上。

每本书下方固定着一块黑色小牌，上面写着该书的获奖信息和网友评价，以及在 Amazon.com 上的好评星级和关注者的数量，小牌上还有条形码，扫码即可获知该书的最新网上价格，如果要买的书太多或其他原因不想自己提回家，扫码后网上下单快递送到家也是非常不错的选择。

③及时更新。

亚马逊线上商店的图书约有 5 500 万种，而线下实体店只能放置 6 000 多种，那么这 6 000 多种图书是如何从书海中遴选出来的呢？答案是按照 Amazon.com 中读者点评和网站预订书单，并借助亚马逊强大的大数据分析系统综合得出每一本书的热度排名，只有评分在 4 星及以上的图书才有资格上架书店，并且书架上的书每周三次部分替换，保证读者每次造访都有新发现。这可真是亚马逊做事处处皆数据的典型表现。

④全线产品。

书店最中间的区域是电子产品展示与服务区，这里展示着各类由亚马逊生产的电子产品，包括Kindle阅读器、Kindle Fire平板电脑、Kindle Fire手机、Kindle Fire TV、亚马逊Echo音箱以及相关附属产品。

资料来源：根据现有公开资料整理.

电商的崛起无疑对实体经济产生了冲击，而以线上图书销售起家的电商大亨却开起了实体书店，为什么？

美国统计局报告显示，94%的零售业销售是在实体店内产生的，仅6%是来自网购。78%的消费者更喜欢在实体店内购物，而且他们花在实体店的时间是网上购物时间的6倍。亚马逊开实体店说明，消费者依然偏爱能够触摸、感知到产品的购物体验，尤其是那些高科技以及高价产品。未来，单纯依靠线上的低价竞争或强调功能性的实体店将越来越没有竞争力，唯有通过线上提供高性价比产品，线下打造一流体验的多渠道发展才能脱颖而出。

多渠道策略（如图9-4所示）是指通过两条及以上独立完整的零售渠道完成销售的全部功能，每条渠道完成渠道的全部而非部分功能，一般把实体店加网店的分销视为多渠道。从技术的层面来看，多渠道是多个单渠道的组合，每条渠道相互之间并没有统一的操作标准和规范，同时，每条渠道通常面对不同类型的客户。例如，汽车厂商对团购的出租汽车公司采取直销渠道方式，对零散顾客采取4S店销售的渠道方式，每条渠道都完成销售的所有功能，其相互间不进行交叉。

图9-4　多渠道策略

案例直通车9-6

三只松鼠实体店

说到"三只松鼠"，很多人都很熟悉，2012年6月在天猫上线，100天不到，成为中国网络坚果销量排名第一的商家。不到5年的时间，"三只松鼠"从默默无闻变为了世人皆知的零食品牌，稳居休闲零食行业的龙头地位。

安徽三只松鼠电子商务有限公司是中国第一家定位于纯互联网食品品牌的企业，也是目前中国销售规模最大的食品电商企业。三只松鼠最初是由5名创始人组建，以坚果、干果、茶叶等食品的研发、分装及B2C品牌销售为主的现代化新型企业。

渠道是三只松鼠发展迅速的关键。三只松鼠从三线城市、一线城市白领区、大学城、人口密集度高的地方进行尝试，基于无店铺O2O模式进行探索，既要解决顾客场景化、实时性购物的需求，又要把成本降到最低。目前，三只松鼠网络渠道全面覆盖天猫、淘宝、京东、1号会员店、QQ网购、美团、唯品会、聚美优品等各类渠道，并已建成华南、华北、华东、西南四大物流中心，可实现日处理10万订单，并实现全国60%区域次日送达的物流服务。

如今，在线上风生水起的"三只松鼠"又开始了线下征程，进一步开拓新的线下营销渠道。其首家实体店"三只松鼠Feeding Store投食店"，于2016年9月正式开业，地点位于芜湖市弋江区金鹰新城市广场内，营业面积300多平方米。用户可到店内品尝"水+轻食"，店内的坚果零食与线上店铺同款同价。此外，店内还将贩售松鼠玩偶、抱枕等门店特供限量周边。

三只松鼠创始人章燎原称将在未来不断调整模式，店铺铺满中国的三四线城市，目前三只松鼠的直营店已达近200家，而联盟小店已突破1 000家。

资料来源：搜狐网．"三只松鼠"首家实体店月底开业［EB/OL］．［2016-09-06］. https: // www.sohu.com/a/113657616_119705.

现在你是否对亚马逊和三只松鼠开实体店的行为有了自己的理解？从范围和规模的层面来看，多渠道是单渠道质的提升，它帮助品牌开发市场，使其在营销活动中能够触达到更广泛、更多样化的受众，并可以在不同渠道利用不同的营销活动策略抓取潜在的消费者需求。多渠道模式销售地区广，销售量大，且中间商数量较多，更有利于生产者进行选择。但是，由于销售点数量较多且销售点间关系复杂，渠道情况变化较大，存在产销关系难以协调的弱点，如果这些多样的渠道不能流通以及实现连接，必然会导致运营效果低下，效果分析不清晰。

三、跨渠道模式

案例直通车9-7

"双十一"的线上线下店铺融合

2017年天猫"双十一"期间，线上线下打通的店铺超过100万家，包括苏宁、银泰、TCL、优衣库、索菲亚、GAP、Bestseller、B&Q等国内外数千知名品牌，近10万家门店将全面实现电子化。其中，苏宁所有门店将打通与"双十一"的售后服务，提供以旧换新等服务。银泰也将承接网上订单，提供店内取货，并开设"淘品牌"专柜，为消费者创造触摸和尝试线上品牌的机会。

同时，不仅传统商业品牌主动"触网"，线上品牌也开始尝试走到线下。据统计，目前入驻银泰的淘品牌已达近40个。2018年年初银泰下沙工厂店开业，吸引淘品牌不断入驻，4天内就吸引了20万顾客涌进店里。而另一家近500平方米的淘品牌集合店也将正式亮相，该集合店与天猫自动同价，货品、价格、仓储、物流、结算实现线上线下完全融合。该淘品牌集合店负责人金萃介绍，包括茵曼、七格格、鹿与飞鸟、日着、迷阵等十几个淘品牌已经入驻该集合店，涉及服饰、家具、家居生活用品等多个领域。2018年"双十一"期间，服装品牌伊芙丽首次打通全渠道，有500多门店参与线上下单线下发货，仅在武林银泰店就有50%左右货品参与线上线下同款同价。国际知名服饰品牌Gap在中国的经营模式采取实体店与电商并重的方式，将电商与实体店放在同等重要位置。继2018年6月Gap在天猫推出了门店发货服务后，"双十一"期间，Gap继续门店发货和线下扫码购同步。

资料来源：根据现有公开资料整理.

移动互联网时代的你似乎已经对每年"双十一"天猫的各式店铺促销视而不见，更未曾细想过其渠道策略。事实上，接下来我们要讲到的跨渠道策略在我们的身边已经很常见，相信通过下面内容的学习，你可以对这个案例中提到的渠道策略有更深的理解。

多渠道已经把我们引向了一个新阶段，而为了解决由于其渠道的相互独立所带来的问题，跨渠道策略孕育而生。跨渠道策略（如图9-5所示）是在多种渠道环境下的一种整合战略，通过多条零售渠道组合完成销售的全部功能，每条渠道仅完成渠道的部分而非全部功能。一般来说，跨渠道是"实体店铺+虚拟店铺+移动商店"的结合。消费者可以在多个不同的渠道上完成同一购物过程的不同阶段。

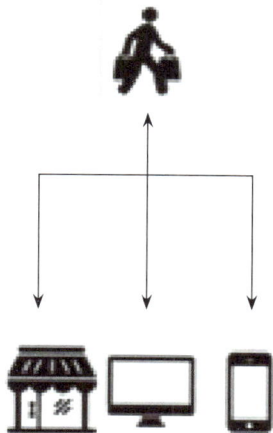

图9-5　跨渠道策略

企业实施跨渠道整合战略后，顾客可以通过其门户网站了解产品信息，到实体店进行有形商品的体验以确定产品的选择，然后在虚拟店付款，使用后在网络平台给出产品评价，如出现问题则可以拿到实体店铺进行维修或退换。企业通过对不同渠道和各个顾客接触点的充分整合，使顾客能在成本最优的情况下得到无缝衔接的购物体验。

　　你是不是觉得跨渠道策略与多渠道策略有点相似？这里必须提到多渠道策略和跨渠道策略的区别：多渠道策略表现为多渠道零售的组合，每条渠道完成渠道的全部而非部分功能；跨渠道策略则表现为多渠道零售整合，整合意味着每条渠道完成渠道的部分而非全部功能。例如，利用电话与顾客进行商品介绍，通过实体店完成交易，通过呼叫中心进行售后服务等。

　　在跨渠道阶段，最具代表性的模式即时下很热门的O2O。O2O是Online to Offline的缩写，又称离线商务模式，是指线上营销和线上购买带动线下经营和线下消费。O2O通过打折、提供信息、服务预订等方式，把线下商店的消息推送给互联网用户，从而将他们转换为自己的线下客户，这就特别适合必须到店消费的商品和服务，如餐饮、健身、电影、演出、美容美发等。

　　在O2O来临之前，大家都在热捧纯电商模式，但是随着天猫、京东的崛起，以及一大批跟随者的死去，人们逐渐又闻到了时代变革的气息。当BAT纷纷布局线下，O2O也被提上了日程，加上互联网媒体以及广大自媒体人的摇旗呐喊，许多在传统电商时代受挫的互联网人也纷纷加入了O2O创业浪潮。

　　你认为O2O是为线上渠道增加一个线下实体店，还是为实体店开设一个线上购买渠道？实际上，O2O不是渠道替代，而是整合。我们来看看零食品牌良品铺子是如何拥抱互联网的。

案例直通车9-8

良品铺子的O2O模式

　　两周百万粉、客单价提升50%、会员消费频次翻番的营销奇迹，良品铺子不是通过拉新，而是通过深入挖掘现有消费群实现的。

1. "吸粉"

　　在2014年，良品铺子在全国1 300家门店开展了"中秋扫码满立减"活动后，8月下旬至9月上旬，良品铺子微信服务号达成百万粉丝量，最高峰时一天增粉20万。当时，整个微信平台超过百万粉丝的服务号不过20多个，而且大部分是招行、宝洁这样的巨头企业的服务号。

2. "留粉"

　　以优惠换粉丝只是第一步，留住粉丝则是第二步。

　　良品铺子的系统设置完备，不仅有会员中心（绑定会员信息、查看会员积分、兑换会员礼物）和微购物平台（实现手机下单支付、微社区），还有各种让人欲罢不能的红包游戏，旨在让粉丝留下来。

3. "维粉"

　　良品铺子充分利用线上、线下优势，提高用户体验，维护粉丝。

　　（1）线下为线上提供"配送"服务

　　借助线下门店的地理位置优势，为线上提供快捷配送服务，让消费者有更好、更快的物流体验。

（2）线上为线下提供"数据"服务

①门店数字化。

借助线上大数据分析的优势，对线下门店进行数字化体验升级，让消费者在门店的购物过程中拥有线下的触感体验和情感体验，同时也能享受方便搜索、易于比较、评论可见的数字体验，通过线上数据的分析，获知消费者的行为特征、商品喜好，更有针对性地为消费者提供服务，提升消费者的愉悦感。

②顾客标签化。

通过标签化管理，良品铺子对这一百万粉丝做了精准营销。首先，每个良品铺子的门店都有一个独立二维码，进店消费者扫描该二维码关注服务号，即带有该门店标签。门店推出新促销活动，更换店内海报时（店铺二维码就在海报上），即用邮件通知系统运营方海报主题更换，店铺二维码的品类标签也会随之更改。打个比方，昨天A门店促销海报是肉类零食，"扫码买满100元肉类零食即减10元"，那当天进店扫码关注的粉丝就会被打上"肉类零食"偏好标签；今天A店促销海报更换为"坚果类"，系统收到通知后就会将该店铺的二维码改为"坚果类"偏好标签。

每个门店店员还有属于自己的二维码，可以点对点地维护客户，以客户为中心，记录客户的所有数据，标识客户的身份，研究分析客户的行为习惯、消费心理、消费需求，在和客户接触的每个触点上都为其提供个性化的服务，甚至单独根据客户需求为其制订促销方案，比如某熟客长期不来，为唤醒消费，就给他推送偏好品类的优惠。有了二维码的订单追踪，导购的工作热情被极大激发。

资料来源：根据现有公开资料整理.

从这个案例中可以看出，良品铺子的O2O闭环不仅切实提高了销售额，还实现了对线下店铺的系统管理。换句话说，反向O2O回归了零售的本质，将重点放在消费者研究身上，其实质就是用O2O的手段优化对消费者数据的采集、分类和应用。不管是实体零售还是电子商务，都要致力于为客户提供良好的用户体验，并努力提升运营效率，真正做到"优质低价"。实体零售需要借助互联网等工具手段去提升供应链的效率，提升营销和渠道的效率，电子商务企业也需要通过设立线下体验店去优化用户体验。

如果说多渠道的出现是一次质的飞跃，那么跨渠道的诞生使得企业对受众的有效触达不再遥不可及。飞速发展的数据链接技术为跨设备、跨渠道营销提供了基础，帮助品牌通过最适合的渠道与客户进行沟通。而且，跨渠道战略最深远的影响是它可以帮助品牌在不同的渠道同时和消费者进行沟通，这些技术和技巧开创了市场营销活动和渠道效果评估的新时代。

四、互联网时代下营销渠道——全渠道阶段

由于信息技术进入社交网络和移动网络时代，"全渠道"这个词汇成为新的热

词，成熟的电商早已经不满足单一的线上销售，它们拥有强大的流量，相对于普通的实体店来说，它们已经不缺乏前期的品牌宣传。全渠道（如图9-6所示）是指企业采取尽可能多的零售渠道类型进行组合和整合销售的行为，以满足顾客在任何时间任何地点所产生的购物、娱乐、社交的综合体验需求，这些渠道类型包括有形店铺（实体店铺服务网点）和无形店铺（上门直销、直邮、电话购物、电视商场、网店、手机商店），以及信息媒体（网站、呼叫中心、社交媒体、Email、微博、微信）等。在今天，几乎一种媒体就是一种零售渠道。

图9-6　全渠道模式图

（一）全渠道形成的原因——SoLoMo[1] 消费群成消费主力

案例直通车9-9

江小白——抓住SoLoMo消费群体特征

（1）社交化——对于利用互动性很强的社交媒体，江小白的微博营销显示出三个鲜明的特点。首先，长于文案植入，将有意思的话题与江小白的产品联系在一起。譬如，利用在微博上流传甚广的《来自星星的你》里"都叫兽"与张律师PK植物大战僵尸的PS图，植入江小白语录：两双筷子两瓶酒，两两相对好朋友。其次，对应自己的品牌形象，将微博的运营完全拟人化。在所有的热点事件发生时发声，表明自己的态度。从最早的钓鱼岛争端抵制日货，到昆明恐怖主义袭击提醒大家远离恐怖分子。最后，组织线下活动，并与线上形成互动，以增强粉丝黏性。比如，"寻找江小白"要求粉丝将在生活中遇到的江小白拍下来，回传至互联网。

（2）个性化——卖萌包装，定制语录瓶。"我是江小白，生活很简单""每个吃货都有一个勤奋的胃和一张劳模的嘴"……很多文艺范儿的年轻人表示，对于白酒"致青春"的做法，确实没有抵抗能力。这也让它顺利地在竞争激烈的白酒行业，获得了青年人市场的青睐。下一个二十年将是现在的青年人的主场。

资料来源：漩涡.江小白品牌为何能运作成功，背后有哪些不为人知的秘密？[EB/OL].[2017-09-06]. https：//www.sohu.com/a/190192712_661836.

---

① SoLoMo由"Social"（社交的）、"Local"（本地的）、"Mobile"（移动的）三个单词的开头两个字母组合而成，连起来就是"社交本地移动"，即社交加本地化加移动。它代表着未来互联网发展的趋势。

随着时代的不断变迁，"80后""90后"已经成为主流消费群体，他们追求个性、自由，上述案例中的江小白也正是抓住了SoLoMo消费群体这些特征进行营销。那么，SoLoMo消费群体的行为具体有哪些独特之处呢？

首先，消费者是社交化的消费者。消费者开始自发组织起来，关注、分享、参与甚至主导整个购物过程。社交化彻底解决了过去买家和卖家的信息不对称，消费者开始更多倾向于听取各种社交圈子好友的意见，而不是商家提供的产品广告与信息，市场主权真正回归消费者。

其次，消费者是基于本地化产品和服务的消费者。LBS①可以将线上消费者带到线下，线下消费者带到线上，并提供大量基于本地的产品与服务。基于LBS这样的技术，消费者能够准确找到附近的商家，商家也能够找到周围的消费者，并及时发布最新动态与优惠信息，做到精准营销。

再次，消费者开始成为移动消费者。日益增长的移动消费者数量对零售商来说无疑是一个巨大的机会，零售商开始进入O2M时代。

最后，消费者成为个性化消费者。消费需求和零售渠道的完美契合是零售企业成功的关键。

在全渠道模式中，消费者成为主体，供应商、零售商、生产商都以消费者体验为重中之重。当消费者变得全天候、全渠道以及个性化时，只有全渠道零售才能契合SoLoMo消费群这三大特征。

（二）全渠道的三大特征：全程、全面、全线

案例直通车9-10 ■■■

爱林至善是如何靠全渠道，一年内干掉资历十几年的兄弟门店的？

瞄准高端时尚奢侈品市场，在线下实体门店已有160多家的情况下，爱林至善仍选择开设高端体验店，面向全国销售国内外高端服饰、饰品等原装进口商品及服务。它还计划打通ERP、App以及跨境电商平台，为顾客提供优质方便的购物通道，实现线上线下O2O商业闭环。

在爱林至善的市场扩张中，实现O2O是最重要的一环。尽管定价普遍高于市场价，但为了实现全渠道销售，2016年5月其特别新开了升级版的跨境保税仁恒体验店，经过一年的运营，其业绩在所有门店当中竟然是榜首。而近期刚刚开业的另一家升级版体验店——苏宁店，业绩增速也很可观。

那么，爱林至善这家拥有二十多年历史的品牌商，这2家升级版体验店是如何靠全渠道打败自己的老大哥的？

（1）高档品牌门面颜值即生产

无论你如何吐槽，这是个看脸的时代。爱林至善升级版体验店的高端、高颜值设计是提高消费者进店率的一大原因。门店装潢极为重视视觉效果，简洁大气，精

---

① LBS（基于位置服务）是通过电信移动运营商的无线通信网络（如GSM网、CDMA网）或外部定位方式（如GPS）获取移动终端用户的位置信息（地理坐标或大地坐标），在地理信息系统（外语缩写：GIS，外语全称：Geographic Information System）平台的支持下，为用户提供相应服务的一种增值业务。

致高端，符合其只卖精品的定位。线上商城风格与门店统一，简约直观。此外，为了方便消费者的不同搜索习惯，支持以地区、产品类别为划分标准的不同筛选方法。

（2）PC+App+门店 实现全渠道销售

白天可通过PC商城查看高清大图下单，碎片时间可通过手机App、微商城随时下单，App商城不仅具有售货功能，还是一个信息发布的窗口，导购可通过App与消费者进行互动，建立门店与消费者的强关系。

爱林至善仁恒店与苏宁店拥有PC、App和门店三大销售渠道，并且三者数据相互打通，大大提升了门店的经营效率。

（3）O2O线上线下一体化 玩转会员营销

爱林至善的顾客营销方法非常创新。仁恒店与苏宁店拥有自己的门店App，支持积分兑换、满额换购、满额赠送等活动。消费者不论在门店购买还是在线购买，都能获取积分。

体验店的导购都是专业买手出身，国内外精品产品信息了然于胸，可针对顾客问题进行专业解析。导购通过App标记自己的顾客行为，借助App的会员数据统计和运营的功能，对消费者进行更为精细化的标签管理，识别顾客购物喜好，进行精准、贴合的产品和活动推荐，给予消费者更为新颖的交互方式，增强购物时的愉悦感和参与度，加深消费者对品牌的印象，提高复购的可能。

（4）发展线下导购 让市场无处不在

为了拓展市场，让市场不受门店位置的限制，爱林至善大力发展兼职导购拓展品牌市场，以每单赚取佣金的方式招募兼职导购。爱林至善与又一城合作推出的门店App，拥有顾客端、导购端、商家端、PC管理端，导购或者兼职导购通过导购端与顾客联系，数据将汇总至PC管理端，不管导购是否离职，顾客数据都掌握在门店手中。

资料来源：佚名. 奢侈品新零售是如何靠全渠道，一年内干掉资历十几年的兄弟门店的？[EB/OL]. [2017-09-06]. https://m.sohu.com/a/190242661_819354?strategyid=00014.

爱林至善的全渠道营销方式告诉我们，随着互联网时代的到来，线下的"场"都在逐渐转移到线上，淘宝、天猫已经成为线下"百货商场"的缩影。在当下以消费者为中心的零售时代，品牌商需要掌握更为前沿的技术手段，运用创新的科技，实现全渠道销售，让品牌以更完美的姿态触达消费者，赢得市场。

为了契合当代SoLoMo消费群行为特征，全渠道应该满足全程、全面、全线的特点。

全程，一个消费者从接触一个品牌到最后购买的过程中，全程会有五个关键环节：搜寻、比较、下单、体验、分享，企业必须在这些关键节点保持与消费者全程零距离接触。

全面，企业可以跟踪和积累消费者的购物全过程的数据，在这个过程中与消费者及时互动，掌握消费者在购买过程中的决策变化，给消费者个性化建议，提升消费者购物体验。

全线，渠道的发展经历了单渠道阶段、多渠道阶段、跨渠道阶段，到达了渠道全线覆盖的线上线下全渠道阶段。这个全线覆盖就包括实体渠道、电子商务渠道、移动商务渠道的线上与线下的融合。

五、新零售

（一）新零售概念的提出

随着实体零售企业纷纷开拓线上渠道，电商企业则纷纷开拓线下渠道，一个非常明显的趋势是：零售活动不断超越和打破原有边界，向线上线下及物流融合发展。进入2016年，O2O概念渐渐失去了光环，很多学者及业内人士深深地意识到，原有的一些零售概念已经无法准确描述当下的零售，其内涵应该更丰富，外延也更宽广。

于是，"新零售"概念在国内兴起了。它的起源是马云2016年10月在杭州·云栖大会上提出的："纯电商的时代很快就会结束，未来的十年、二十年，没有电子商务这一说，只有新零售这一说。线上线下和物流必须结合在一起，才能诞生真正的新零售。"

一石激起千层浪，"新零售"很快成为一个业界新词被广为传播，很多企业家、学者和媒体对之热议不断。与此相对应的是，国家相关管理层也早就在酝酿与零售业转型相关的政策。2017年3月"两会"期间，一些代表委员也提出不少零售业转型的议案或提案，李克强总理也在报告中提到了结合实体零售和电子商务推动消费需求，其实质就是号召新零售相关企业结合线上线下，用互联网的新思维来推动实体零售转型升级，强化用户体验，改善消费环境和物流现状，提高零售业的运营效率。

虽然目前对新零售的概念尚无统一的标准的规范性概念，但被业界广泛认可的一点是，新零售区别于传统零售，旨在推动线上线下以及多方跨界的融合，其基础和前提是供应链的重构与物流方案的不断升级。因此可以说，新零售既包括全渠道但又超越全渠道，它打破所有边界而无所不在。

（二）新零售的含义

自新零售概念出现后，相关人士都在解析、布局。然而，什么是新零售？新零售相比传统零售有什么不同？新零售能带来哪些产业机会？一时间众说纷纭。阿里说，新零售是人、货、场的重构，京东则认为，零售的改变其实是背后零售基础设施的改变。

抛开这些花哨的定义不说，我们可以肯定的是，零售业走到了时代的新阶段，正在经历着一场巨大的变革。新零售是应用互联网新技术、新思维，对传统零售方式加以改良和创新，将产品或服务出售给最终消费者的所有活动，它不仅仅是线上线下联动和物流的简单融合，还融入云计算[①]、大数据等创新技术，打破了过去所

---

① 云计算（Cloud Computing）是基于互联网的相关服务的增加、使用和交付模式，通常涉及通过互联网来提供动态易扩展且经常是虚拟化的资源。

有的边界，以一种全新的面貌与消费者接触，使消费者随时都可以在最短时间内买到自己所需要的商品。

新零售的核心是提升用户体验，主要模式有三种：一是线上线下与物流结合的同时，实现商品与物流渠道整合；二是提供更广范围内的体验式消费服务，实现消费场景化；三是营造包括零售企业内部员工及上下游合作伙伴的新零售平台，即打造全渠道产业生态链。新零售只有与新制造、新金融、新技术和新资源等相结合，才能实现良性发展。

（三）新零售的特点

1.供应链更优化

案例直通车9-11

菜鸟裹裹——大数据驱动的智能物流系统

2017年9月，天猫聚划算率先开启了阳澄湖大闸蟹抢购活动，短短1分钟内卖出了14万只鲜活大闸蟹，拿下全国销量第一。大量订单的背后，离不开阿里巴巴大数据驱动的智能物流系统的支撑运转，天猫的高效物流成为中国生鲜新零售行业的新航标。

资料来源：根据现有公开资料整理.

数据化的物流信息整合能力、立体式智能化的仓储条件、标准化的品控管理，这正是菜鸟裹裹在阿里新零售布局中发挥作用的原因。

在新零售的时代下，供应链管理的本质其实并未发生改变，还是要集成和协同链条上的各个环节，如供应商、销售渠道、仓库、门店，使消费者需要的商品以准确的数量，在最短的时间之内被送到消费者手中，从而实现在保证服务水平的同时使整个系统的成本最低。

2.实体零售的终端场景革命

案例直通车9-12

盒马鲜生——新零售场景化销售

着重打造新零售场景化销售的盒马鲜生创始人侯毅曾指出，盒马模式的核心就是依据新消费环境，重构新消费价值观。基于当前消费者的需求特点，盒马鲜生重新设计了一套包含"新鲜一刻""所想即所得""一站式购物模式""让吃变得快乐，让做饭变成一种娱乐"四个组成部分的消费价值观，并贯彻进店。通过构造价值观，盒马鲜生让对这份价值观认同的消费者更加依赖自己提供的服务，增强了留客能力。

资料来源：佚名.新零售解读：重构实体经济［EB/OL］.［2017-12-05］.https://www.sohu.com/a/208499432_398759.

对于零售综合体来说，盒马鲜生所选中的餐饮业是新零售的一个重要突破点，因为新零售业态下的餐饮不但是最直接的体验中心，更是最直接的流量中心。除了专注于"吃"场景的盒马鲜生，永辉"超级物种"、世纪联华"鲸选未来店"、上品折扣"上品+"等新销售空间也都集中了多元场景，餐饮、科技、家居、书店等无一缺席。

传统实体零售通过建设漂亮时尚的商场、购物中心，以丰富的商品、礼貌的服务以及环境空间、灯光、美陈布置等，给予顾客良好的体验。但是，这样的场景几十年来已经过度"商业化"，体验雷同，对消费者来说日渐缺乏吸引力。

新零售下的场景革命，应该以"娱乐、互动、体验"为主诉求，将商业环境融入娱乐、艺术、人文的主题，为商业嫁接更多跨界的元素，给予消费者人性化的关怀、多元化的体验，形成新的商业空间和氛围。

3.重构商家与消费者关系

案例直通车 9-13 ■■■

掌贝——新零售时代帮助商家重构消费者关系的代表

店铺营销专家掌贝是新零售时代帮助商家重构消费者关系的代表，它致力于为中国线下 6 000 万商户提供智能化的店铺营销服务，通过收集店铺顾客大数据，现已打造了新客营销和老客营销两大智能营销平台。前者帮助商户连接陌生潜在顾客，通过本地消费大数据精准营销完成新客引流，后者则帮商户汇集和运营店铺自有顾客数据，自动化营销店铺顾客，实现老客回流。

资料来源：佚名. 新零售解读：重构实体经济［EB/OL］.［2017-12-05］. https：//www.sohu.com/a/208499432_398759.

■■■

我们可以看到，像味千拉面、广州酒家、庆丰包子铺、炳胜这些借由掌贝重构消费者关系的品牌，在竞争激烈的线下零售市场里，都有着出色的表现。

零售的根本是一切行为都以消费者需求为导向，打破技术和渠道等壁垒，创造最好的品牌体验。不管零售业的生态怎么变，这一根本出发点不会变，所以在新零售时代，当每个消费者都和自己的智能手机深深绑定在一起时，我们面临着商家和消费者关系重构的重大考验。

如何重构这种商家与消费者之间的关系呢？核心就在于数据。谁能将顾客的所有支付偏好、消费路径、消费习惯、会员信息、储值信息等数据全部收集，并利用大数据整合能力，将数据进一步分析、整理，谁就能做到运营、营销、服务体验等方面的优化升级。

从零售到新零售，不是仅多了一个"新"字，而是多了新的销售场景、新的商家与消费者关系、新的供应链流程。产业带来变革的同时，消费者也将从新零售中获益，享受更高效的服务、更优质的产品。关注效率和消费者体验的商家，才能真正乘着新零售的东风尽情翱翔。

我们以一张表来总结上述营销渠道的变迁过程（见表9-1）。

表9-1 营销渠道的变迁

模式	特点	例子
单渠道模式	通过一条渠道（零售店、网店、社交商店等）完成销售的全部功能，属于窄渠道策略	星巴克、韩都衣舍
多渠道模式	通过两条及以上独立完整的零售渠道完成销售的全部功能，每条渠道完成渠道的全部而非部分功能，其相互间不进行交叉，多渠道即多个单渠道的组合	亚马逊、三只松鼠
跨渠道模式	通过多条零售渠道组合完成销售的全部功能，每条渠道仅完成渠道的部分而非全部功能，如"实体店铺+虚拟店铺+移动商店"模式。消费者可以在多个不同的渠道上完成同一购物过程的不同阶段	良品铺子
全渠道阶段	企业采取尽可能多的零售渠道类型进行组合和整合销售的行为，以满足顾客在任何时间、任何地点所产生的购物、娱乐、社交的综合体验需求，包括有形店铺、无形店铺、信息媒体	江小白、爱林至善
新零售	旨在推动线上线下以及多方跨界的融合，融入云计算、大数据等技术，包括全渠道但又超越全渠道，以一种全新的面貌与消费者接触，使消费者随时在最短时间内买到自己所需要的商品	菜鸟裹裹、盒马鲜生、掌贝

思政小讲堂

1927年9月19日，准备进攻长沙的秋收起义部队，抵达湖南省浏阳市文家市镇。在当日晚间一场紧张而激烈的军事会议里，诞生了中共历史上最伟大的战略之一——农村包围城市。伟大的军事家毛泽东当时说过一句著名的话："农村包围城市，武装夺取政权。"

当然，毛主席不会知道的是，改革开放后，中国一代又一代的企业家，在政治军事之外的商业领域，也将"农村包围城市"作为逆袭铁律，深入贯彻到企业的渠道选择中。

拼多多的黄峥就是其中成功的典范之一。以低价拼货模式销售的拼多多，从早期定位于三四五线等低线城市，到如今"8亿人都在用"，它一跃成为近年来最炙手可热的独角兽，不得不说它所奉行的"农村包围城市"战略给它带来了巨大的助力——全面打通三四五线城市的渠道，以人数众多的中底层普罗大众去影响全国人民，从而实现全国范围内的渠道通路。这种被一线城市用户"嗤之以鼻"的渠道选择，在三四线以下城市大获成功。同样，任正非早期靠下乡打破外企垄断，打造了属于中国企业的渠道，从农村开始，慢慢辐射城市，逐渐完善自身的渠道建设。

综观当前很多成功企业的发展历程，不少本质上都是"农村包围城市"战略选择的胜利。而"道路决定命运"，可见企业的渠道策略最终会对企业的发展产生决定性的影响，关乎企业的前途和命运。商界有云"得渠道者得天下"，只有出色的渠道策略才能使企业在激烈的市场竞争中脱颖而出。因为，渠道不仅是产品流动的通路，更是一种营销策略，一种"赢销"的技巧，无论在过去、现在还是未来，它都是市场竞争的焦点。

毛主席曾说过，"前途是光明的，道路是曲折的"，在企业的经营中也是一样，渠道的选择、建设从来都不是一件易事，但只要顺应时代，顺应潮流，找到了正确的方向，选择了对的道路，企业的未来一定会是光明的。

思考与练习

一、名词解释

1. 营销渠道
2. 间接分销渠道
3. 单渠道模式
4. 全渠道
5. 新零售

二、单项选择题

1. 邮购销售、上门推销、前店后厂等形式，都是企业采取（　　）进行销售的具体表现。

A.间接渠道　　　　B.双重渠道　　　　C.直接渠道　　　　D.宽渠道

随堂测9

2. 企业不通过流通领域的中间环节，采用产销合一的经营方式，直接将商品卖给消费者的渠道策略是（　　）。

A.直接渠道　　　　B.间接渠道　　　　C.宽渠道　　　　D.窄渠道

3. 消费者规模巨大但是分布分散、购买量小、购买频率高、介入度不高的产品，一般采取（　　）。

A.零渠道　　　　B.一级渠道　　　　C.多级渠道　　　　D.窄渠道

4. 新零售的本质是（　　）。

A.渠道一体化　　　　　　　　B.对人、货、场三者关系的重构

C.经营数字化　　　　　　　　D.以消费者体验为中心

三、简答题

1. 渠道的类型有哪些？其各自的具体形式包含哪些？
2. 简述中间商的基本类型及其作用。

3.新零售的三个特点是什么？

四、案例分析题

1.通过对渠道模式的相关理论的理解，分析东风商用车渠道模式存在怎样的问题与不足。

2.结合东风商用车渠道发展背景，分析东风商用车渠道模式在变革中可能会遇到怎样的困难与挑战。

3.如你是东风商用车公司的 CEO，面临公司渠道模式的变革，下一步你将会怎样实施东风商用车渠道模式的变革，请给出你的实施方案。

4.东风商用车公司为更好地应对竞争者和市场带来的冲击，还应该做哪些方面的工作？

东风商用车的营销渠道模式变革

第十章

法有定论，兵无常形——促销策略

凡战者，以正合，以奇胜。故善出奇者，无穷如天地，不竭如江海。

——《孙子兵法·兵势篇》

学习目标
1.掌握促销的概念及其作用。
2.了解基本的促销策略。
3.了解新时代下的促销模式即新媒体营销。

重难点
1.掌握不同促销策略的使用方法
2.掌握新媒体营销的不同促销手段

关键词
促销；促销策略；广告；销售促进；人员推广；公关；新媒体营销；体验营销；社群营销；大数据营销

框架图

认识促销 01
1.促销的概念
2.促销的作用

02 促销策略
1.广告
2.公共关系
3.人员推广
4.销售促进

新媒体营销策略 03
1.什么是新媒体营销
2.连接：流量池+产品
3.体验：游戏化营销
   与内容营销
4.社群：社交裂变与
   社群运营
5.数据：大数据营销

　　　　　　　　OPPO三招打造现象级营销

不得不承认，现在已经是个不折不扣的"酒香也怕巷子深"的年代。好产品发不出声音，劣币驱逐良币，这样的案例并不少见。当然，专注做产品，依旧是重中之重，但不会营销，不重视营销，就极可能遭遇好产品无人问津的窘境，于用户于企业，都是极大的损失。

表面上，OPPO的营销无外乎明星、综艺等娱乐手段，其实它真正在做的，是寻求与用户的有效沟通。为此，它甚至会自己创建途径，使用户与之产生共鸣。

有人说，OPPO的营销是铺天盖地的。其实，这不是因为它营销多，而是它营销的属性让它获得了更多的流量以及曝光机会。毕竟，占据互联网主流的是年轻人，而他们正是OPPO所定位的消费者群体。

为了吸引年轻人，OPPO的营销大体上兵分三路。

1. 强大的明星家族

与其他品牌简单地请明星做代言人不同，OPPO的营销重新定义了"代言人"这个概念：请多位当红明星，例如杨洋、迪丽热巴、杨幂、王俊凯、陈伟霆、周杰伦、李易峰等组成OPPO明星家族。无一例外，这些人不仅是明星，而且都是当下最受年轻人喜爱的当红明星。这种做法，在手机行业还属首次。

2. 冠名现象级综艺

OPPO冠名或赞助的综艺节目，无不是各卫视的王牌综艺。《演员的诞生》《中国新歌声第二季》《亲爱的客栈》概莫如是。不难发现，OPPO冠名的这些综艺有个共同点——青少年是主要的收视群体。这几年，我们见证了很多款现象级综艺的诞生，也见证了它们对品牌知名度、品牌形象带来的提升。例如，抖音就借了《中国有嘻哈》的东风，彻底在短视频领域爆发，形成了与快手分庭抗礼的局面。

因为在这个时代，娱乐是最容易爆的热点。一旦引爆，品牌得到的就是全国性、高频次的曝光，届时将吸引更多潜在用户。

3. 新品发布会

与一般枯燥无味的发布会不同，OPPO曾联合浙江卫视举办了一场年中盛典暨新品发布会，以科技跨界娱乐的形式，吸引来众多重量级明星助阵。这样的跨界营销，使原本普通的手机新品发布会具有全民性营销性质，成为随时能引爆热搜的超级话题，同时使粉丝与潜在用户都能不同程度地得到回馈，产生共鸣、认同。

OPPO很会玩跨界，而且不仅仅是娱乐跨界。它不是要借潮流的光，它是要变成潮流。于是，它的手机发布会成了最潮流的发布会。甚至，OPPO还和法国娇兰跨界合作，成为业内首家跨界美妆的品牌。接着，OPPO又与独立设计师跨界合作设计潮T恤、卫衣。

有时，OPPO的营销令人感觉纷繁复杂，甚至不合逻辑。实际上，它的一切营销都在围绕着目标用户，着眼点永远是用户目光所汇聚的地方。它的本质是要与用户有效沟通，使营销资源最大化利用。

资料来源：根据现有公开资料整理.

OPPO 的营销简单、专注，而且高效，因为它只做用户乐于见到的营销。OPPO 的消费者群体以年轻人为主，所以它的营销也就紧紧围绕着年轻人的喜好展开。而当红明星的粉丝群与品牌的目标用户产生了极大的重合。而且明星粉丝们的自主传播常常能深入到传统营销无能为力的亲密型社交媒体和线下社交关系，从而放大产品影响。明星传播品牌优质内容很容易引发粉丝共鸣、转发，令明星和品牌都获得积极且有效的曝光。这种模式，也使得 OPPO 的品牌形象愈加丰满、亲切，拉近了与年轻人的距离。在线上，微博是 OPPO 营销的主战场，因为那里是明星、KOL、综艺讨论的聚集地，也意味着年轻人的所在。

OPPO 的成功大家是有目共睹的，OPPO R9s 曾占据 3% 的市场份额，超越 iPhone 7 Plus 成为年度最畅销机型。其中，有几分归功于手机质量，又有几分得益于营销，我们自然无从得知，但其以用户为核心的营销方式，甚至把营销当"产品"来做，以满足用户的心理和精神需求，由此引发的用户对其品牌的好感度、认同感，相比传统的营销手段，势必会更自然，也更长久。

在本章，我们来学习市场营销组合的最后一个工具——促销。公司的市场营销活动远不止创造顾客价值，还必须运用促销策略去清晰地、有说服力地向消费者传播这种价值。让我们来了解什么是促销以及常见的促销策略，还有当下的促销新趋势——新媒体营销，了解企业如何能够成功向消费者输出价值，俘获消费者的心。

第一节　认识促销

一、促销的概念

很多人可能会把促销就当成打折降价那类狭义的促销活动，其实 4P 理论中的 Promotion 更贴近的含义应该为"推广"，将促销单纯理解成促销活动过于片面和偏颇。

促销的内涵十分丰富，它包括品牌宣传（广告）、推销、销售促进、公共关系和其他沟通传播方式等一系列的营销行为。而在广告中，又能划分出各种各样的广告创意方式、广告投放方式等，在公关中，还能划分出事件传播、社会化媒体传播等方式。由此可见，促销很大、很全、很复杂，可能许多对市场营销概念不那么清晰的人，就会把促销当成营销的全部。虽然事实并没有那么夸张，但促销确实占据了企业营销活动的半壁江山。

促销的形式多种多样，传播效果也有好有坏，可能一个很小的点子就能够引爆市场，同样可能一次精心策划的营销方案却掀不起一丝波澜，促销的变数是很大的，市场反应也是难以做到准确预测的。这其实也是促销的魅力所在，它在激励着企业去探索、去实践、去发掘什么样的推广活动能够激发消费者的购买欲，从而实现销量的飞跃。

促销的主要任务是传递有关组织（如企业）的行为、理念、形象以及组织提供的产品和服务的信息。企业的产品或服务要顺利地进入市场，被目标消费者接受，必须主动及时消费者提供有关信息，在产品或服务投向市场的前后，企业应广泛开展宣传活动，使更多的消费者能认知产品或服务。同时，企业要倾听消费者声音，与消费者进行双向沟通，以更好地满足和实现消费者的需要。

促销的目的是引起消费者的注意与兴趣，激发其购买欲望，促成其购买行为。企业促销的目的要服从于市场营销的目的，为了获得较好的盈利必须争取更多的顾客，因此要通过促销活动促成大量的购买行为的实现，以实现企业的销售任务。

二、促销的作用

企业在开展促销的时候，从生产商、批发商到零售商，从产品设计到生产、销售的每一个环节上，各个部门都对这些促销活动倾注了很多的心血。为什么每个企业都对促销有很大的热情并且长此以往、乐此不疲呢？为什么有很多企业甘愿冒着经营风险也要在重要的节假日开展大型促销活动并且耗费大量人力、物力、财力呢？促销真的可以帮助企业实现经营目标，创造更大的价值吗？我们消费者在大型促销活动中真的对企业的产品有更高的认可度吗？

接下来就让我们来探讨一下，促销究竟有什么作用可以让这一营销模式在市场上如此受企业和消费者欢迎。

1.传递信息，刺激需求

首先，促销帮助传递产品销售信息。在产品正式进入市场以前，企业必须及时向中间商和消费者传递有关的产品销售情报。通过信息的传递，使社会各方了解产品销售的情况，建立起企业的良好声誉，引起他们的注意和好感，从而为企业产品销售的成功创造前提条件。促销能帮助企业抓住市场时机，通过专供产品来打击对手，在热销旺季到达前，先一步进入消费者视线。

2.创造需求，扩大销售

其次，促销能够创造需求，扩大销售。企业只有针对消费者的心理动机，通过灵活有效的促销活动，诱导或激发消费者某一方面的需求，才能扩大产品的销售。并且，企业的促销活动可以创造需求，发现新的销售市场，从而使市场需求朝着有利于企业销售的方向发展。

3.突出特色，有利竞争

再次，促销可以突出产品特色，增强市场竞争力。企业通过促销活动，可宣传本企业的产品较竞争对手产品的不同特点和给消费者带来的特殊利益，使消费者充分了解本企业产品的特色，引起他们的注意和欲望，进而扩大产品的销售，提高企业的市场竞争力。

4.有效反馈，及时调整

最后，促销有助于反馈信息，提高经济效益。有效的促销活动可以使更多的消费者或用户了解、熟悉和信任本企业的产品，并通过消费者对促销活动的反馈，企业可以及时调整促销策略，使企业生产经营的产品适销对路，扩大企业的市场份额，巩固企业的市场地位，从而提高企业营销的经济效益。

促销可以传递信息、强化认知、突出特点、诱导需求、指导消费、扩大销售、形成偏爱、稳定销售，是企业与消费者双赢的价值传递。那么我们该怎么开展促销呢？接下来我们一起学习促销策略的类型。

第二节　促销策略

促销是在消费者与组织之间传递信息，是为了唤起消费者需求并激发需求。促销本质上是一种沟通活动，即营销者（信息提供者或发送者）发出刺激消费的各种信息，把信息传递到一个或多个目标对象（即信息接受者，如听众、观众、读者、消费者或用户等），以影响其态度和行为。

促销策略是指企业以利用各种信息传播手段刺激消费者购买欲望，促进产品销售的方式来实现其营销目标，包括对与促销有关的广告、人员推销、营业推广、公共关系等可控因素的组合和运用。

在促销方面，企业需要思考如何通过广告、人员推销、营业推广和公共关系等手段将产品信息传递给消费者以促成消费行为的达成。

当然，我们也不能盲目地去制定促销策略，有九项基本原则需要遵循：

①供其所需，即千方百计地满足消费者的需要，做到"雪中送炭""雨中送伞"，这是最根本的促销策略；

②激其所欲，即激发消费者的潜在需要，以打开商品的销路；

③投其所好，即了解并针对消费者的兴趣和爱好组织生产与销售活动；

④适其所向，即努力适应消费市场的消费动向；

⑤补其所缺，即瞄准市场商品脱销的"空档"，积极组织销售活动；

⑥释其所疑，即采取有效措施排除消费者对新商品的怀疑心理，努力提升商品信誉；

⑦解其所难，即大商场采取导购措施以方便顾客；

⑧出其不意，即以出其不意的宣传策略推销商品，以达到惊人的效果；

⑨振其所欲，即利用消费者在生活中不断产生的消费欲望来促进销售。

所有促销策略的制定与实施都需要建立在这九项原则的基础上，才能达到理想的效果。

基于促销手段的不同，我们可以将促销策略分为推式策略和拉式策略两种。

①推式策略，即以直接方式，运用人员推销手段，把产品推向销售渠道，其作用过程为：企业的推销员把产品或服务推荐给批发商，再由批发商推荐给零售商，最后由零售商推荐给最终消费者。

②拉式策略，即采取间接方式，通过广告和公共宣传等措施吸引最终消费者，使消费者对企业的产品或劳务产生兴趣，从而引起需求，主动去购买商品。其作用路线为：企业将消费者引向零售商，将零售商引向批发商，将批发商引向生产企业。

促销是4P里最容易受到互联网影响的营销元素，也是最自由、最多变的，因此促销的形式一直在不断地更新升级中，从事件营销到体验营销再到情感营销、互动营销、整合营销等，促销的形式在变，企业的观念也需要与时俱进，把握好当下的潮流，制定能取得最佳传播效果的促销策略。

一、广告

广告是最重要的非人际沟通工具之一。广告方案是根据企业确定的目标市场和产品的市场定位来制订的。在广告管理活动中，企业营销人员首先要根据营销目标和营销战略确定广告目标，然后确定实现这一目标需要的费用，接下来是进行广告信息的设计和信息传播媒体的选择，最后要对广告效果进行衡量。我们先来看一个优秀的广告营销案例。

案例直通车10-1

为什么说脑白金是好广告？

一提到"脑白金"这三个字，想必大家脑子里便会立即出现那段熟悉的画面和每年过年都逃脱不了的魔音"今年过节不收礼，收礼只收脑白金"。

第一次听到脑白金广告语，很多朋友可能都谈不上有多大好感。但事实证明，这个让无数人吐槽的广告，是一个一流的广告。简单，直接，好记。在各个电视台不断播放，魔性广告自然引发大家吐槽，但是，它真的走进了每一个人的脑袋。这就是洗脑和精准营销的威力。

脑白金所遵循的广告策略说出来其实很简单——把保健品当礼品卖。就像把鞋卖给从不穿鞋的那些人一样，脑白金不再努力宣传自己的保健功效，让那些渴望通过吃保健品以保养身体的人来购买，而是大张旗鼓地强调自己的礼品属性，将自己的产品塑造为"节庆送礼硬通货"。它是在替礼物的接受者发声，是告诉所有要送礼的人，别的礼物我都不喜欢，我只认这个东西。

送礼者考虑的是什么？当然是收礼者的偏好，只要对方认定这是个好东西，只要对方喜欢，送礼者才不管这东西有什么具体功效，是不是对身体有益。当所有人都在重复这句"收礼只收脑白金"的时候，这样的概念竟然就真的被植入了大众的认知当中。

资料来源：根据现有公开资料整理.

脑白金的广告信息深深烙在了每一位消费者的脑海里，其实这就是一种促销方式。2019年7月，脑白金多个新版广告全面启动，高空媒体组合投放强势来袭，央视、各大卫视、重点省台、地方台，火力全开。截至2020年，脑白金广告投入超15亿元，覆盖人群13亿人，总推及人次750亿，广告播放总时长15万分钟，每天接触最高频次1 300次，力度之大，史无前例。

仅靠高品质的产品、实惠的价格以及便利的渠道，还不足以建立良好的客户关系。公司还必须向顾客宣传其价值主张，而且必须有明确的目的和周详的计划。所有沟通努力必须相互协调，组合成整合营销沟通方案，优秀的沟通对建立和维持各种关系都非常重要。在公司努力建立有利可图的客户关系的过程中，有效的沟通尤其重要，广告就是一种有效的沟通手段，下面我们就对广告进行学习。

1.广告的含义与作用

广告对经济社会具有广泛的影响和作用。广告是由明确的发起者，以付费的方式，通过各种媒体对观念、产品或服务进行的非人员形式的促销。广告的英文原意为"注意""诱导"，即"广而告之"的意思。

广告不同于一般大众传播和宣传活动，作为一种传播工具，它将某一项商品的信息，由这项商品的生产或经营机构（广告主）传送给一群用户和消费者，它所进行的传播活动是有目的、有计划、带有说服性的。此外，广告活动往往需要付费，不仅对广告主有利，而且对目标对象也有好处，它可使用户和消费者得到有用的信息。

从企业市场营销的角度看，广告具有下述重要作用：

（1）介绍产品

传递信息、刺激需求是广告最基本的职能。企业通过实事求是的广告宣传，能增进消费者对有关产品的优点、用途及使用方法等多种信息的了解，协助消费者通过所接受的信息，去选择适合自己的产品并产生购买欲望，采取购买行为。

（2）扩大销售

广告是进行市场渗透的有力武器。企业要发展壮大，就需要努力扩大市场，拓展产品销路。由于广告能广泛、经常性地接近消费者，因而能在扩大销售方面起到开路先锋的作用。广告是生产者和消费者联系的纽带，由广告促进需求的扩大，由需求带动生产的发展。

（3）树立形象

广告是树立企业与品牌形象的重要途径。企业和品牌是消费者购买产品时进行选择的重要依据，企业和品牌形象的好坏直接关系着企业产品的销售，对企业市场竞争地位产生着重要影响。通过精心设计的广告，宣传企业的产品、企业的价值观与企业文化，能使企业形象深入消费者心中，有利于提高企业及企业产品的社会知名度，保持企业在市场竞争中的优势地位。

2.广告的类型

企业可以选择单独给产品打广告，可以选择给企业自身打广告，也可以选择给企业的品牌打广告，甚至可以给某种观念打广告。

（1）产品广告

产品广告指向消费者介绍产品的特征，直接推销产品，目的是打开销路、提高市场占有率的广告。产品广告的目标在于推销产品，其核心是采用各种方式介绍、宣传产品的特点和优点，利用各种劝说内容和形式，刺激消费者购买。

（2）企业广告

企业广告是指以广告主（企业）的名义，并由其支付一定费用，通过大众传播媒体向公众传递商品（劳务）和购买者所能得到的利益的信息，以期达到促进企业商品（劳务）销售目的的信息传播活动。广告是有目的的信息传递，必须以市场调研为基础，准确地找到目标消费者，真实正确地传播信息。在企业广告中，广告处在商品（劳务）销售服务的从属地位。能帮助企业提高销售业绩的广告，才是真正的好广告。

（3）品牌广告

品牌广告是以树立产品品牌形象，提高品牌的市场占有率为直接目的，提高传播品牌在消费者心目中地位的一种广告。品牌广告就是要力图使品牌具有并且维持一个高知名度的品牌形象。从长远的观点看，企业必须力求去维护一个好的品牌形象，而不惜牺牲短期效益。

随着同类产品的差异性减小，品牌之间的同质性增大，消费者选择品牌时所运用的理性判断减少。此时，描绘品牌的形象要比强调产品的具体功能特征要重要得多。

消费者购买时所追求的是"实质利益+心理利益"，对某些消费群来说，广告尤其应该重视运用品牌形象来满足其心理的需求。由于品牌形象是介于产品与企业之间的一种概念，因此它既包括商品特点的许诺，也包括企业形象的渗透。既然品牌形象包含这两方面的内容，采用品牌形象策略就必须以对商品和企业形象的分析为基础，并且品牌形象的延伸和推广也须与企业形象相符。只有这样，品牌形象才能包含许诺，体现威望，产生信赖，实现特定的广告目的。

（4）观念广告

观念广告是通过提倡或灌输某种观念和意见，试图引导或转变公众的看法，影响公众的态度和行为的一种公关广告。可以宣传组织的宗旨、信念、文化或某项政策，也可以传播社会潮流的某个倾向或热点。如钻石把"钻石恒久远，一颗永流传"的观念植入人心，让原本实用价值非常低的钻石直接进入了奢侈品行列，其经济价值翻了几千倍。

观念广告是以建立观念为目的的广告，不直接介绍产品，也不直接宣传企业信誉，旨在建立或改变一种消费观念。观念广告有助于企业获得长远利益。这类广告不仅不直接宣传商品，甚至不直接宣传组织本身，有时仅用来对某个问题表明看法，因此也称为意见广告。其常用暗示的方法去触发公众的联想，在潜移默化中影响公众的观念和态度。

3.广告媒体的选择

广告媒体一般有报纸、杂志、电视、广播以及互联网。目前互联网已经成为最重要的广告媒体，企业可以选择在网站和搜索引擎上打广告，在微博、微信等社交软件上打广告，在豆瓣、知乎等知识社区上打广告，以及在抖音、快手等短视频软件上打广告等。在互联网时代，广告的传播媒体发生了很大的变化，并且无论是到达率还是覆盖率，都相对传统传播媒体有了质的提升。

由于不同的广告媒体有不同的特点，因此企业在选择广告媒体时须考虑以下因素：

（1）产品特点

不同性质的产品应选择不同的广告媒体作宣传。例如，具有广泛需求的日用消费品可选择报纸、电视、广播等媒体作广告；而一些需求面很窄的生产资料则不宜在电视等媒体上作宣传。视觉、色彩等对心理影响较大的产品，电视广告效果最佳；而技术复杂，广告中必须包含大量详细信息的产品，以印刷媒体为宜。

（2）媒体习惯

企业在选择媒体时要考虑广告信息传播的目标受众的媒体消费习惯。不同群体的媒体消费习惯是有差别的，应针对目标顾客媒体习惯选择广告媒体，以保证广告信息的接收效率。年轻人的战场在微博、微信、抖音、小红书，而老年人的战场则在社区、商场。

（3）费用

不同媒体的广告成本是不同的，企业要根据产品特点、目标受众的特点计算达到一定广告效果在不同媒体上的成本。比如，你想请一位当红明星来为你的产品代言，你手里只有 50 万元的广告费，而该明星的出场费却高达百万元，显而易见，除非你能砍价，否则你只能望而却步寻找 "Plan B"。

二、公共关系

公共关系是促销组合的重要因素之一。公关的任务是通过在媒体上获得免费报道，以促进企业产品形象的建立，同时间接地促进产品的销售。

公共关系是指组织机构与公众之间的沟通与传播关系，本质上是一个双向传播与沟通的过程。"双向传播与沟通"是贯穿整个公共关系的一条主线，是现代公共关系理论的精髓，也是公共关系的本质属性。它渗透到公共关系原理和实务的各个方面，是准确理解公共关系的关键。

公共关系传播是开展公共关系营销的重要手段，离开了传播，公众无从了解组织，组织也无从了解公众。如果我们把组织看作公关工作的主体，把公众看作公关工作的客体，传播就是二者之间相互联系的纽带和桥梁。组织与公众的沟通在很大程度上依靠信息传播，组织与公众之间的误解也往往是由于信息不畅造成的。公共关系传播是组织通过报纸、广播、电视等大众传播媒介，辅之以人际传播的手段，向其内部及外部公众传递有关组织各方面信息的过程，其5B原则见表10-1。

作为促销组合的组成要素之一，公关的作用有很多，包括树立企业形象、建立和维持消费兴趣、品牌或企业的危机处理以及帮助新产品的市场开拓等。

1.常用的工具

（1）新闻

新闻就是最好的广告，它比一般的广告更令人信服，影响也更大。

有一种贴在汽车里面的车膜，叫福瑞德车膜，据说用子弹都打不破。为了宣传这种效果，生产福瑞德车膜的公司弄来两辆车，把车膜贴好，然后悬赏百万。谁能用锤子把这个贴了车膜的玻璃打碎，谁就可以拿走一百万元。很多人想，打碎玻璃太简单了，于是都来试，结果怎么打都打不碎。为什么打不碎？在场的人都发出疑问，该公司这才宣布，因为车玻璃贴了福瑞德车膜。媒体当然不会放过这样的新闻。有的媒体全程报道，给福瑞德车膜作了一个免费的宣传，福瑞德车膜也就出名了。这就是新闻的力量。

表 10-1 公共关系传播5B原则

结合点（Binding point）	公关传播是为品牌的长期打造服务的。公关传播的方向是否正确，取决于是否符合品牌的个性；而公关传播是否有效和有力，则取决于有没有挖掘出品牌的核心内涵，有没有找到与品牌之间最牢固的结合点。否则，就会南辕北辙，达不到传播的目标并造成对品牌的伤害
支撑点（Back stop）	品牌建设不是空中楼阁，作公关传播不是空穴来风，一切传播都必须有落地的措施予以支撑
亮点（Bright point）	如何才能事半功倍，四两拨千斤？必须要有能引起公众关注、媒体兴奋的亮点
沸点（Boiling point）	水即使烧到99度，如果没有加最后一把火让水烧到100度，也不是沸水。公关传播同理，一定要保证足够的传播量，才能达到预期的传播效果
保护点（Body guard）	在媒体多元化和"草根媒体"时代，在公关传播的过程中企业引起关注的同时，势必引发一定的质疑。如何才能处变不惊，化危为机？要真正使舆论始终按照预定的方向进行引导，就必须在事前找到各个层面及各个环节的保护点，做好危机管理

（2）演说

政治人物的口才往往非常好，因为他们要吸引选民，直销公司也是通过演说来吸引大家参与的。这是因为演说能感染别人，所以演说也是一个营销的好方法。现在有很多人跑到各个小区里面，说是要举办一个免费的健康讲座，实际上是为了推销新产品，于是很多老人都上当了，花了很多钱买回根本没用的东西。

（3）事件

制造事件也是一种促销的方法。农夫山泉公司有一个产品叫农夫汽茶，先不说它的产品如何，只说它的广告——农夫汽茶的广告被停播了。为什么被停播了呢？

它的广告是这样的：有三个人拿着棒子去打劫一家食品店，结果食品店的老板借助农夫汽茶的威力，吓跑了打劫的人。有人说这个广告的内容不好，打劫不适合广告宣传，所以这个广告就被停播了。一般的公司如果广告被停播了，就会重新去拍一个新的广告，但是农夫山泉公司没这样做，而是将坏事变成好事。农夫山泉公司公开向全国征集广告创意，如果你的广告创意被采用了，你还可以有机会担任农夫山泉的广告编导。这个事件一经传出，农夫汽茶的知名度也随之提升了。

（4）公益活动

参加公益活动是进行公关营销最常见的方法，而且这个方法一般不会有副作用，影响的时间也比较长。比如，可口可乐公司就曾捐了很多钱，成立了一个可口可乐希望小学。这一来体现它的社会责任感，二来培育未来的消费者市场。

可口可乐公司的公关营销做得很好，它们的营销从小孩子开始，这样小孩子长大以后，就会变成可口可乐的忠诚顾客。可口可乐公司经常到小学去，把一些小学生用车接去参观可口可乐的工厂。到了可口可乐的工厂以后，先让所有的小学生参观，之后在一个很漂亮的会议室里面播放幻灯片，讲可口可乐的百年历史，讲可口可乐在美国的发展历程，讲可口可乐对中国作出的贡献、为中国解决了多少就业问题等。最后，可口可乐公司送给每个小学生一些纪念品，还赠送他们一些可口可乐公司的产品。这是在培养小孩子消费群，让小孩子从小就将可口可乐根植在心中。

（5）出版刊物

企业可以通过各种宣传资料与目标市场消费者以及其他公众进行沟通。这些资料包括企业的宣传册子、企业报纸、年度报告、商业信件、期刊等。

（6）企业识别媒介

企业识别媒介就是 CI 系统，可以很直观地让消费者记住企业形象。比如把可口可乐和百事可乐放在一起，人们从几十米外就能分辨，一看就知道红色的是可口可乐，蓝色的是百事可乐。不过 CI 系统需要持续维护，有的企业花几十万搞了套 CI 系统，却把它当摆设，没有专门的部门负责管理这套系统。于是出现了 CI 系统不协调的问题，有的企业的标准色是红色，员工制服却是蓝色的，递出去的名片又是白色的，这就是没有将 CI 系统真正落到实处的表现。

2.公关营销的方法

（1）营销广告与公益活动相结合

公益营销是以关心人类的生存发展、社会进步为出发点，利用公益活动与消费者沟通，将品牌的营销活动凭借公益事业进行一系列的传播和扩散，在产生公益效益的同时，使消费者对企业的产品或服务产生偏好，在作购买决策时优先选择该企业产品的一种营销行为。作为一种颇具亲和力的感性营销方式，公益营销抛开单纯为销售而销售的行为，从消费者的心智出发，搭建了一个能让消费者认同并且具有"慈善"性质的社会公信背景的平台，实施了人性化的营销活动。

一般认为，美国运通公司（American Express）是公益营销的开创者。1981年，运通公司向"艾丽斯岛基金会"捐赠款项，用于翻新"自由女神像"。顾客每使用一次运通卡，运通公司就捐赠一美分，每增加一位运通卡开户客户就捐赠 1 美元。活动期间共捐赠款项达 170 万美元。自此，公益营销不仅引起了北美、欧洲其他公司纷纷效仿，学术界也开始了对这一营销模式的研究和探讨。

（2）利用典型事件开展公关活动

所谓典型事件，就是生活中发生的那些对社会公众影响较大的事件。企业如果能用心地去挖掘，巧妙地加以利用，完全可以使其成为一种有效的广告宣传活动。需要注意的是，如何开发和利用这些典型事件的商业价值很有讲究，分寸要得当。

（3）热点公关

全社会广泛关注的热点问题常常被企业用来宣传、提升自身形象，尤其是那些涉及国家利益和荣誉的焦点事件更是被企业看成百年难遇的炒作题材。要想成功进行"热点公关"，不只要抓住概念，还要找准卖点、选好时机，并充分利用事件的不确定性因素来增加公关行为的效果。

（4）媒体关系

提到媒体关系，有人感叹"成也萧何，败也萧何"。媒体在大挣广告费的同时，也会经常刊登一些不利于企业的消息。对此，最好的办法就是不违规。因此，在自律的前提下，企业还要知道如何处理与媒体的关系。在有计划地"管理"媒体方面，企业应该和各种媒体保持良好关系，尽量不要因为任何事件而导致媒体对企业或产品产生成见，这对于良好企业形象与品牌形象的树立都很不利。

（5）赞助活动

企业可以进行各种体育赞助、健康活动赞助，这在争取特定目标消费者的理解与支持方面往往非常有效。

案例直通车10-2

加多宝公关化险为夷

加多宝是一家大型专业饮料生产及销售企业，于1995年创立，同年推出首批红色罐装"王老吉"，其销售网络遍及中国30多个省、自治区、直辖市，并销往东南亚、欧美等地。

鸿道集团与广药集团商标权之争。

2011年4月，广药集团向中国国际经济贸易仲裁委员会提出仲裁申请，并提供相应资料，广药集团认为：2002年至2003年间，鸿道集团（加多宝母公司）与广药集团分别补签的《"王老吉"商标许可补充协议》和《关于"王老吉"商标使用许可合同的补充协议》是时任广药总经理的李益民收取了鸿道集团数百万元的贿赂后，才签署的将租赁期限延长到2020年的授权书。广药集团认为上述补充协议无效，商标租赁期限已于2010年5月2日到期。

2012年5月12日，根据中国国际经济贸易仲裁委员会的裁决书，加多宝停止使用"王老吉"商标。

在痛失"王老吉"商标之后，加多宝以6 000万元打包冠名《中国好声音》，迅速以一种"地毯式轰炸"的营销模式扭转颓势，建立起"红罐凉茶"的品牌形象。

加多宝沿袭了在营销策划王老吉品牌时一贯的策略，对加多宝凉茶进行了精准、明确的定位：正宗凉茶领导者——加多宝。大张旗鼓地宣传加多宝是正宗凉茶，直接挑战王老吉的正宗凉茶定位。为了有效阻截原来的王老吉品牌，用了这样的广告语"全国销量领先的红罐凉茶，改名加多宝，还是原来的味道，还是原来的配方"，并且使用与原来的王老吉广告相似的场景画面，试图让原来的王老吉消费者相信王老吉凉茶已经改名加多宝凉茶了，加多宝凉茶就是正宗凉茶的代表。通过此种策略，试图留住原来经营王老吉品牌辛辛苦苦积累下的老顾客。

2013年2月4日，加多宝官方微博连发四条主题为"对不起"的自嘲系列文案，并配以幼儿哭泣的图片，引发上万网友转发。

"对不起，是我们太自私，连续6年全国销量领先，没有帮助竞争对手修建工厂、完善渠道、快速成长。"

"对不起，是我们太笨，用了17年的时间才把中国的凉茶做成唯一可以比肩可口可乐的品牌。"

"对不起，是我们无能，卖凉茶可以，打官司不行。"

"对不起，是我们出身草根，彻彻底底是民企的基因。"

2013年3月26日，凉茶创始人王泽邦第五代玄孙王健仪携家族成员在深圳召开"凉茶创始人王泽邦后人媒体见面会"。会上，王氏家族发表联合声明，表示从未将祖传秘方授予广药集团使用。同时，王健仪对广药集团滥用王泽邦及其他先祖的肖像注册商标及利用其先祖的名字、凉茶创始年份进行广告宣传等行为表示强烈抗议，并称将依法捍卫家族的合法权利。

2013年4月26日，加多宝官方微博发布消息称，"将通过中国扶贫基金会，向雅安灾区捐款1亿元，用于灾后重建。我们相信一切都会好起来的。"

很显然，失去王老吉这样一个深入人心的老商标，是加多宝的损失。但加多宝的成功，在于改名后重新打回市场，获得主动地位，从而被大众认可。而且，鸿道集团在与广药集团的商标诉讼中，被视为民企与国企争端的又一个"牺牲品"，已经成功在消费者心目中营造了"弱者"的形象，其悲情公关备受业内称道，赚了不少同情分。其次，加多宝选择赞助《中国好声音》，是一次成功的公关活动。因为《中国好声音》与加多宝推行的"正宗凉茶"战略相关联。中国中小企业要打造强势品牌，公关活动必须指向品类，《中国好声音》演绎了一场场"原创"的声音，而加多宝想抢占"正宗凉茶"的品类，相互之间形成了呼应，从战略上实现了加多宝重新塑造凉茶品类领导品牌的目标。

随后，加多宝迅速展开了大规模的宣传攻势。不仅在覆盖面及影响力最大的央视媒体上投放广告，而且选择重点区域的媒体，如在消费者对凉茶认知比较深的浙江的浙江卫视、广东的南方卫视和体育频道等，进行地毯式狂轰滥炸般的广告投放。

加多宝运用广告宣传："我们改名了"。在各媒体上传播"全国销量第一的红罐凉茶，现改名加多宝"的更名信息，从而印证了广告宣传口号——"怕上火，现在喝加多宝"。在消费者接受改名的事实后，加多宝马上又在广告宣传中称："还是原来的配方，还是熟悉的味道"，达到"名改质不改"的目标，让原来支持王老吉的消费者同样支持加多宝。随后加多宝微博发布"对不起"系列主题微博，看似道歉，实则叫屈。仅仅一天，这条微博很快被转发了2万多次。在转发和评论的人中，大多数对加多宝表示同情，不少人把焦点指向国企与民企之争，加多宝又进行了一次很成功的营销。

日前加多宝，通过中国扶贫基金会向四川雅安地震灾区捐出1亿元专项赈灾资金，无论是2008年的汶川还是2010年的玉树，加多宝都不仅仅是一捐了事，在关注灾情的同时也关注灾后的重建，希望以自己的实际行动感召更多的企业共同为慈善事业作出努力，再次唤起了各方对企业慈善观的讨论和关注。

其实，加多宝整个品牌运作的核心就是重新塑造一个凉茶品牌——加多宝。痛失"王老吉"商标之后，加多宝似乎一切都从零开始，可是它很巧妙地利用各种各样的营销策略，展开了精彩绝伦的营销大作战，将原来红罐凉茶王老吉十余年积累起来的"怕上火"的宝贵心智资源，移植到新品牌"加多宝"身上，从而抢占凉茶品牌的市场领导地位。

资料来源：根据现有公开资料整理.

三、人员推销

人员推销是企业通过推销人员直接向顾客进行推销，说服顾客购买产品的一种促销方式。这种方式尽管古老但十分有效，在现代市场上仍有其他促销方式无法取代的优点，发挥着重大作用，始终是现代企业开拓市场不可缺少的重要手段。

1. 人员推销的任务

作为企业和消费者之间相互联系的纽带，企业销售人员并非只负责推销商品，还肩负着多方面的责任，其主要任务有：

（1）寻找客户

与现有顾客保持密切联系，这仅仅是推销人员所承担任务的一个方面。销售人员最重要的任务是寻找潜在顾客，开拓新市场。

（2）传递信息

通过与现实的和潜在的顾客的交往，将有关产品的特点、性能、价格等信息传递给顾客，以促进产品销售。同时，销售人员可收集和反馈有关竞争产品和消费行为的信息。

（3）销售产品

通过与顾客直接联系，运用推销技巧，解答顾客的疑虑，说服顾客购买，促成交易的实现。

（4）提供服务

销售产品不是人员推销的终点。人员推销过程中，不仅要把产品销售给顾客，而且要在销售产品的同时，为顾客提供咨询、技术、信息、维修等多种售前、售中、售后服务，帮助顾客解决困难，满足顾客需求。

2. 人员推销的作用

（1）招徕顾客，开拓市场

推销人员不仅能促成原有消费者购买本企业的产品，而且能巩固老消费者，吸引新消费者，不断开拓新市场。

（2）保持联系，传播信息

推销人员能与消费者保持经常的直接联系。由于人员推销为面对面的、人与人之间的直接接触，因而往往会使这种商业往来演化为朋友间的往来。推销人员可以利用这种朋友间的往来，使联系保持下去，并在联系中传播企业产品的信息。

（3）提供服务，扩大销售

推销人员与消费者直接接触，为灵活运用销售艺术，面对面地为顾客解答问题，诱发消费者的购买欲望，当好消费者的参谋，扩大产品销售提供了有效的途径。

（4）调查研究，反馈信息

推销人员处在产品竞争的第一线，能及时收集消费者对本企业及产品或劳务的意见，能了解竞争者同类产品的质量、价格等情况以及市场上出现的各种动向，可及时将市场信息反馈给企业，促进企业改进经营管理工作。因而，推销人员从此意义上说又起到"侦察兵"的作用。

3.人员推销的特点

人员推销是一种销售人员和消费者双向直接沟通的活动，是一种异常有效的推销方法。它与广告宣传、公共关系营销等其他促销方式相比较，具有以下几个主要特点：

（1）人员推销注重人际关系

销售人员既代表着企业的利益，也代表着消费者的利益。满足消费者需要是保证销售实现的关键，因此，销售人员总愿意在许多方面为消费者提供服务，帮助他们解决问题。同时，在面对面的交谈过程中，双方极有可能建立起友谊。

（2）人员推销具有较大的灵活性

销售人员在访问推销过程中可以亲眼观察到消费者对推销陈述和推销方法的反应，并揣摩其购买心理变化，因而能立即根据消费者的情绪及心理的变化酌情改进推销陈述和推销方法，以适应各个顾客的行为和需要，最终促成交易。

（3）人员推销针对性强

与广告相比，人员推销具有针对性强、无效劳动少的特点。广告具有重复性强、覆盖面大的特点，广告所面对的公众十分广泛，其中一部分公众又根本不可能成为企业的消费对象，这样企业做广告的钱，难免有一部分是浪费的。而人员推销则不同，因为销售人员总是带有一定的倾向性去访问有关人员，目的较为明确，往往可以直达消费者，因而耗费的无效劳动较少。

（4）人员推销能实现潜在交换

人员推销在大多数情况下能实现潜在交换，销售人员可以占"见面三分情"的情面便利，使消费者感到有必要倾听，注意销售人员的宣传并作出反应。通常情况下，如果消费者确实存在对所推销商品的需要，那么，销售人员合理运用推销技巧肯定能使交易达成。

（5）销售人员充当双重角色

人员推销是一个销售人员与消费者双方直接沟通的过程，因此有利于企业的经营决策。一方面，销售人员在向消费者提供服务和信息时，充当企业的"信息员"，为企业收集可靠的市场信息；另一方面，销售人员处于第一线，经常直接和消费者打交道，他们最了解市场状况和消费者的反应，因而，他们可以充当企业的"顾客"，为企业的经营决策提供建议和意见。

四、销售促进

1.销售促进的定义

科特勒认为："销售促进包括各种短期性的刺激工具，用以刺激消费者和贸易商迅速和大量地购买某一种特定的产品或服务"。用通俗易懂的话来说，销售促进就是企业采用各种它所能想到的刺激性手段来鼓励消费者购买它的产品，增加产品的销量。

销售促进也称营业推广，有时会被商家简单地称为促销活动。销售促进是指在特定的时间内，商家以某种实惠、利益或机会作为短期诱因，诱导和鼓励消费者达成购买行为的促销活动。销售促进作为一种企业竞争性工具，在我国其投入费用总额已超过了广告投入费用总额。销售促进的例子几乎随处可见，如商场里醒目的"买一送一"的大字，一箱特仑苏上缠着一个精致的杯子，淘宝经常做的跨店满减活动等。

资料显示，销售促进是企业运用得最为广泛的市场开拓工具。促销力度增大、促销费快速攀升是近年来商场营销的一个重要特点，我国企业的促销费用与广告费用的比例已由以前的4：6逐渐变为6：4。

2.销售促进的作用

随着企业竞争的加剧和产品的增多，以及消费者收入的增加和生活水平的提高，在买方市场上的广大消费者对商品要求越来越高，挑选余地越来越大，因此企业与消费者之间的沟通愈发重要。企业更需要加强促销，利用各种促销方式使广大消费者和用户加深对其产品的认识，以使消费者愿多花钱来购买其产品。简言之，销售促进最大的作用就是帮助企业扩大销售。

销售促进是市场竞争过程中的一把利剑，它的作用在于对产品施加推力，使产品能够更快地进入市场和扩大市场。我们看到，在市场上并非每一个公司都做广告，但是每一个公司都无一例外地开展促销。所以，在我们执行市场扩张任务时，一定要好好使用这一有力武器。

3.销售促进活动

当企业试图获得使用产品的潜在顾客、刺激分销渠道、让下滑的季度销售额重新增长或重新唤起顾客对一个衰退品牌的兴趣时，销售促进可以成为促销预算投入的一个合适的部分。表10-2总结了十种流行的销售促进方法。

表10-2　　　　　　　　　　消费者市场的销售促进方法

促销方法	描述	评价	示例
1.产品小样	将产品的实体小样分发给消费者	对导入试用效果极好。样品可以在店中分发，也可以邮寄	吉列送出免费的剃须刀以诱导消费者放弃更老的款式
2.优惠券	在销售点使用，立刻降低价格，可以通过印刷媒体、网络或在门店获取	优惠券的使用率一般较低，但仍是一种刺激"马上购买"的不错诱因	在吉列发放的免费剃须刀中附有一张购买一盒刀片减1美元的优惠券
3.返利	在特定期间内购买一项特定的产品而获得价格上的优惠	可能可以在销售点立刻兑现，但更多情况下需要递交申请并等待处理	夏普通过百思买（Best Buy）向购买该品牌平板电视的顾客提供100美元的返利

续表

促销方法	描述	评价	示例
4.比赛与抽奖	借助消费者对娱乐和运气的追求吸引消费者	比赛除了运气，还需要一些技巧性元素。抽奖则是纯粹看运气	麦当劳著名的大富翁游戏——吃得越多，玩得就越多（反之亦然）
5.赠品	购买进行促销的某品牌产品，赠送另一种产品	给予顾客购买奖励。赠品可能是该产品的互补品，也可能并无关联	汉堡王向购买套餐的顾客赠送最新的超级英雄电影周边玩具
6.多重购买优惠	购买多件该品牌产品即能获得优惠价——这是一种激励	一般是"买二赠一"或类似的形式	善存维生素的优惠——购买一瓶100片大瓶装，即赠送一瓶20片小瓶装
7.销售点广告材料	在零售店设置的展示材料，以辅助广告活动并提醒顾客购买	对驱动顾客购买商店走廊内的某个产品分类下的特色品牌效果极佳	爽健在沃尔格林药房中设立展厅，展示足底图
8.产品植入	使产品图像出现在电影、电视或者其他媒体中	应与节目或电影故事以及相关名人有关联	2012年上映的34部票房超高的大片中，有8部出现了苹果产品
9.忠诚计划	与企业交易可以累积积分，目的是巩固长期的顾客关系，减少顾客流失	在航空业与酒店业特别流行。通常在信用卡用户的忠诚计划中起到辅助作用	美国航空公司的AA高级旅客计划，由花旗银行与万事达卡共同推出
10.直邮促销	直接通过邮件的方式发送通知、广告等信息，用户群体既定	定位准确、成本低、见效快，让营销可以面向特定的市场和人群	Supreme为消费者发送新品的限量邮件，只有收到邮件的才能购买

第三节　新媒体营销策略

随着互联网的发展，传统媒体营销体系对于消费者已经不再具有太大的吸引力。新媒体营销逐步成为主流，出现移动占据主流、从"硬广"转向"软广"、从单向沟通到互动的趋势。另外，新生态也在崛起，新媒体时代下的促销策略也在发生着变化，包括具有连接功能的流量池和产品，具备体验意味的游戏化营销和内容营销，社群方面的社交裂变和社群运营，以及作为工具的大数据。

一、什么是新媒体营销

既然新媒体营销已经成为主流，那么了解新媒体和新媒体营销就十分必要，无论是企业管理者还是营销人员，都应当知道什么是新媒体、什么是新媒体营销及其相关特征。

1.新媒体的概念

新媒体的形态是不断发展变化的，就现阶段而言，新媒体更多是指基于计算机信息处理技术，通过无线宽带、有线宽带、卫星网络等现代传播手段，传播数字化文字、声音、图像信息的媒体。新媒体时代以数字化、网络化为媒体的主要特征。随着新媒体技术的发展，传播载体日新月异，传播方式日益多元，内容更为丰富，受众选择更为主动。

在这里，我们围绕其核心路径，即"内容生产—传播—受众消费"这条主线来探讨新媒体的概念，因为媒体从旧到新的发展就是沿着这条主线进行的。接下来，让我们来看看这条主线中的内容生产者、传播媒介和传播结构的变化。

（1）内容生产者：大众生产内容

在传统媒体时代，内容的生产者一般是机构。具体生产者是机构从业人员或者外聘专家。刚进入互联网时代时，BBS这类论坛媒体兴起，有写作功底的个人也可以直接在媒体上发声，成为媒体内容的生产者。完全进入互联网时代后，内容生产者更加多样，每个人都可以成为媒体人。从微信公众号主打的理念"再小的个体，也有自己的品牌"，到抖音"记录美好生活"，这些社交媒体都在鼓励大众生产内容。在媒体环境的驱使下，"网红经济"出现了，越来越多的人成为"网红"，同时越来越多的人成为内容生产者。

（2）传播媒介：万物皆"媒"

媒体传播需要载体，这个载体被称为"媒介"。简单来说，媒介就是媒体进行传播所使用的工具。在传统媒体时代，传播媒介以文字、图片、视频和音频为主流。进入21世纪之后，计算机技术不断进步，互联网渐渐走入大众视野，从最初PC端的门户网站发展到现在的移动端互联软件，QQ、微信、抖音等软件层出不穷，标志着我们已进入了一个万物皆"媒"的时代。所有个体、各种软件都为媒体传播提供了极其便利的条件。

（3）传播结构：不断更新

传统媒体的传播结构是树形结构，层级是从上往下的。整个传播结构中有很多传播节点，如传统的报纸，其传播节点是报刊亭和关键性的购买者，然后才到达各个家庭成员手中进行传阅观看。然而在新媒体时代，这种传统的传播层级被打破了。中心点逐渐消失，每个人都可能成为传播源，同时也是传播受众，在这种情况下，就形成了错综复杂的传播网络。

2.新媒体营销的概念

新媒体营销立足于现代营销活动，以服务消费者为导向，借助新媒介传播、宣传企业形象和文化，强化产品诉求，达到销售产品、宣传品牌、创造收益的营销目的。由于新媒体营销在营销活动中具有较强的互动性，所以消费者既是企业产品信息的接收者，又是企业产品信息的制造者和传播者，对企业品牌宣传起到促进作用。同时新媒体营销有着独特的覆盖优势，在营销活动中通过信息的全面发布，让受众更方便快捷地获取营销信息，形成立体覆盖模式。新媒体营销还有着制作成本低的优势，可以为企业节约成本、为企业高效率运作提供保障。此外，新媒体营销的精准度较高，能促使企业及时捕捉热点新闻话题，根据关键词和关注度准确地调整营销策略。

新媒体营销（New Media Marketing）是一个相对的概念，指利用新媒体平台进行营销的模式，其中包括一系列的营销策略，如内容营销、游戏化营销、裂变营销和大数据分析等。孙岩在《新媒体背景下的营销变革》一文中指出，新媒体营销相较于传统媒体营销更加强调体验性、沟通性、差异性等方面。新媒体营销具有3点共性：①广告向深度和广度发展，一是植入式广告在新媒体营销中的地位更为突出。二是从一对多的广告转变为一对一定位的"窄告"。②用户订阅（增值服务）成为最终目标。③电子商务的新发展使新媒体的互动性更强，进而使用户与传播者或经销商线上线下的互动交易行为更加频繁。

新媒体营销是相对于传统媒体营销而言的，它与传统媒体营销之间是互补的而不是对立的，两者在时空上互补、在服务商上互补。新媒体营销的出现对企业来说无疑是增加了一个接近用户的工具（如图10-1、图10-2所示），企业可利用互联网充分发挥营销活动的体验性、沟通性、差异性、创造性、关联性。

图 10-1　营销新生态——利用新媒体营销与用户建立联系 1

图 10-2　营销新生态——利用新媒体营销与用户建立联系 2

3.新媒体营销的特征

相较于传统媒体营销，新媒体营销具有以下特征：

（1）应用载体广泛

新媒体营销是以互联网技术为依托的，所有的互联网产品都可以成为新媒体营销的应用载体。新媒体营销的应用载体主要分为PC端媒体和移动端媒体两大类。

PC端媒体：网络媒体的早期形式，大部分的早期新媒体都出现在PC端，为后来的移动端的新媒体营销奠定了坚实的用户基础。

移动端媒体：移动端媒体是以智能手机、平板电脑等移动终端为传播载体的新兴的媒体形态。移动端媒体的最大特点就是具有移动性，可随身携带。正是这一特点让网络媒体得到了更大程度的发展和普及，同时各种手机App层出不穷，遍布各个领域。

（2）准确定位用户

新媒体已经遍布生活的方方面面，如生活娱乐软件美团、打车软件滴滴出行、即时通信软件微信、生活记录软件抖音等，用户的生活轨迹几乎都会在新媒体上有所体现。新媒体营销可以通过数据抓取工具来获得用户的消费记录，再通过大数据分析工具来总结用户的特征，为其绘制画像。通过这种方式，企业就可以轻松地找到目标用户，从而通过精准投放广告以获取消费者。这种方式已经十分常见，如你在百度上搜索过手表，那么当你打开淘宝时，就会出现关于手表的推荐信息。但这种方式其实是一把双刃剑，利在于其能够帮助企业迅速锁定目标用户从而实现精准营销，同时也能够在一定程度上节约搜索成本；弊在于其会让一些用户感觉自己的隐私受到了侵犯，从而对企业或者平台产生排斥感，给品牌造成不利影响。

（3）拉近用户距离

相较于传统媒体被动、单一的传播方式，企业在新媒体传播中可以通过网络技术与用户进行密切互动，跨越时空，使营销效率大幅度提升，同时可以借助市场反馈及时改进产品。比如，很多企业都会设立自己的官方微博账户，这个官方微博账户是企业专门用来和用户进行互动的，企业利用官方微博开展抽奖等一系列活动来增强和用户之间的互动，加强企业和用户之间的双向沟通，打破了以往的单向沟通模式。并且很多企业会在自己的官方微博或者论坛上优先发布新产品信息，有时还会抽取一些新产品的体验者，并根据体验者提出的反馈和意见进行产品的完善，这些举措都在无形之中拉近了企业和用户之间的距离。

（4）营销成本较低

企业新媒体营销的成本，一般情况下比传统媒体营销的成本低，虽然有些新媒体平台的广告投放价格很高，但是广告产生的效益也很高，所以性价比依然高于传统媒体营销。企业也可以自己利用新媒体进行营销，不依靠第三方，如创建企业的官方微信公众号，推送与企业相关的新闻等，还可以利用官方微信公众号来优化企业提供给用户的服务。此外，企业还可以运营官方抖音号。这些都是成本较为低廉的新媒体营销模式，却能够产生很高的收益。

二、连接：流量池+产品

（一）什么是流量池+产品

1.流量池

随着互联网时代的到来，流量变得无比重要，流量池的概念应运而生。其实流量池的打造就相当于企业品牌形象的创建，一个有口碑、有辨识度的品牌会吸引巨大的流量，从而形成企业的流量池。当今时代，企业如何打造属于自己的流量池是一个十分重要的问题，各个企业都在不遗余力地打造流量池。企业要获取流量，最有效的两种方式是事件营销和跨界营销，企业通过这两种方式可以增加流量并提高关注度。打造流量池的本质是企业或产品进行定位的过程，产品的定位决定了有哪些流量会进入流量池，会形成一个什么样的流量池。比如，当前较为流行的抖音App就是一个典型的碎片化娱乐分享平台，这样一个清晰明确的定位吸引了那些喜欢分享的用户入驻成为原创内容创作者，而那些喜欢在碎片化时间娱乐放松的用户便成为观看者，所以抖音打造的流量池是一个泛娱乐化的流量池。再比如，滴滴出行吸引的流量是滴滴司机和有打车需求的人群，它其实是一个交通出行的流量池。企业有了流量池，也就相当于拥有了商业机会，这些流量都可能转化成为企业的客户（如滴滴出行的出租车司机和乘客），或者为企业带来大客户（如广告商）。

2.产品

产品是连接企业和用户的纽带，产品越好，纽带连接得就越紧密。好的产品可以让消费者追捧，使其成为忠实粉丝，甚至为之疯狂。比如，苹果公司以优质的产品吸引了全球众多消费者成为"果粉"，每次的新品发布都会引发讨论，很多人甚至熬夜排队购买苹果手机。苹果公司的手机能够让消费者如此疯狂，必然存在着其他公司的手机所不及的地方。

过去的企业依靠大规模批量化生产某一单品，以渠道作为企业的核心竞争力就能在市场上立于不败之地。但是在互联网时代，只有掌握了用户价值取向才能拥有流量，拥有了流量才能建立自己的商业模式。在这样的背景下，爆品、口碑、用户成为企业的制胜法宝。

何为爆品？爆品就是"引爆"市场的口碑产品。如何打造爆品？打造爆品主要有3个战略：痛点战略、尖叫点战略、爆点战略，三者相互组合、层层递进，是企业打造爆品、获取流量的可行战略。

痛点是指尚未被满足而又被广泛渴望的需求。通俗地讲，痛点就是在沙漠里渴了却没有水，在大海里航行却没有指南针……痛点是一切产品研发的基础，痛点也是一切产品创新的基础，找不准用户的痛点，也许就是产品失败的源头。尖叫点就是用户的口碑指数。一个产品要想成为爆品，找到用户的痛点是油门，找到产品的尖叫点是发动机，而爆点就是引爆用户口碑，打造爆品的放大器。爆点是引爆用户口碑的最直接的触发机制，若说"万事俱备，只欠东风"，那么爆点就是东风。爆点战略的核心是通过互联网引爆用户传播的能量，而爆点的核心就是精准。

（二）事件营销

在现今的流量时代，事件的发酵速度非常快，所以事件营销可以说是一种可以快速获取流量的方式。事件营销主要有两种模式：借势模式和造势模式。

1.借势模式

借势模式是指企业借助已经发生并受到目标消费者关注的事件，寻找、创造企业与事件的某个关联点并嵌入其中，以媒介的传播作为桥梁来进行产品的宣传，从而实现将公众对热点话题的关注转变为对企业的关注。

借势模式具有投入成本低、操作便利等优势，是目前企业进行事件营销时最常采用的模式。该模式又可以根据载体事件的不同，细分为借用重大突发事件型、借用社会重大事件型、借用社会问题型、借用热门影视娱乐作品型等。

（1）借用重大突发事件型

重大突发事件是指突然发生的、不在公众预料之中的事件，通常这类事件是会引起社会恐慌、牵动每个人心弦的负面事件，如2003年暴发的非典、2008年发生的汶川地震以及2019年年末暴发的新冠肺炎疫情等。利用这类事件进行事件营销时，企业通常会将经济利益放在后面，而将企业社会责任和形象作为营销的重点。

（2）借用社会重大事件型

与第一类事件相比，这类事件多是积极正面的，有利于国家发展和社会稳定，公众对其普遍重视、关注和了解，如北京申奥成功、北京奥运会、上海世博会、G20杭州峰会等。

（3）借用社会问题型

社会发展的过程就是一个利益重新分配的过程，在这个过程中会产生许多新的矛盾，许多陈旧的观念会得到革新，许多新的问题也将会被放大，这些社会问题都是公众所关注的。

（4）借用热门影视娱乐作品型

借用热门影视娱乐作品通常是指企业利用当下热播的电视剧、电影、明星的音乐作品、综艺作品等对企业的产品进行宣传，主要形式包括提供赞助、明星代言、影视冠名等。

2.造势模式

造势模式是指企业为了进行产品宣传，主动制造一些符合企业、品牌和产品特色，满足自身发展需求的话题和事件，通过传播，使之成为公众所关注的热点话题和事件。

造势模式下的事件营销必须要满足创新性、公共性和互惠性原则。创新性是指企业制造的话题、事件必须有亮点，要么能取悦消费者，要么能与消费者产生共鸣，只有这样才能获得公众的关注。公共性是指企业制造的话题必须有一定的受众基础，避免缺少双向互动。互惠性是指事件营销不仅要为企业自身带来利益，还要站在消费者的角度，实现消费者的某种诉求。这种诉求不仅应包括企业产品给消费者带来的好处，还应包括企业产品带给消费者心理上的抚慰等，从而实现企业和消费者双赢，这样企业才会获得公众的持续关注。

案例直通车10-3

华帝世界杯"夺冠退全款"

世界杯打到八分之一决赛之后，可谓越来越精彩。不过可惜的是世界足球强队德国、阿根廷、西班牙、葡萄牙纷纷被淘汰，两大巨星C罗、梅西也落寞地回家了。

此次世界杯，虽然中国队依旧无缘参加，却有五大中国品牌一场不落地跟随出征全部64场比赛。它们分别是万达、vivo、蒙牛、海信、雅迪。这五个花费上亿元的世界杯赞助商中，从目前的效果来看，蒙牛的声量最大，可谓最大赢家，其他四个都比较常规，曝光量不足。

而在赛场外，有一个品牌没有花上亿元的赞助费，也没有像BOSS直聘、知乎、马蜂窝巨资投放央视广告，却获得了比赞助商们更好的效果。

它就是今年世界杯借势营销最大的赢家——华帝！

这是一场精心策划的营销活动，从选择赞助球队开始，到策划活动，再到选择媒体投放，每一步都经过周密的策划，细节执行也非常到位，堪称是世界杯最成功的营销活动。

下面我们就来和大家详细分析一下华帝这次世界杯借势营销的来龙去脉：

5月30日，华帝在权威纸媒《南方都市报》发布了一则全版广告，内容是"法国队夺冠，华帝退全款"，华帝专门推出了一款夺冠套餐产品，只要在6月1日0时至6月30日22时购买了此产品，若法国队夺冠，全额退款。

5月31日起，这则广告在社交媒体刷屏，华帝的搜索指数直线飙升。

6月起，华帝开始在自媒体、微博、电梯、户外大批量地投放这个广告，持续保持热度。

6月30日，法国队淘汰阿根廷队，进入8强，华帝宣布活动延期三天，再一次将热度推了起来。

7月1日，媒体报道华帝第二大经销商跑路了，华帝陷入舆论漩涡，热度达到巅峰。

这就是华帝借势营销的大概过程，其热度保持了非常长的一段时间，下面我们来主要讲讲华帝借势营销的几点启示。

1.营销方法上很创新

这次史无前例的世界杯借势营销活动，据说是看到国外一个新闻受到启发——沃达丰埃及电信宣布萨拉赫再进球，将赠送所有用户免费通话时间。不得不服，同样是看新闻，有创意的人就能看出别有洞天，看出洞察。当然，这和电商的促销手段也有点像，比如达到几个人购买，就打几折，而华帝是免单。总之，"法国队夺冠，华帝退全款"的噱头很快被炒热。

此次营销玩法上够大胆、够创新，是这场活动成功的最大原因。

2.球队选择上很精明

在球队的选择上，华帝也可谓费尽心思。法国队是世界足球强队，出了很多巨星，但是却不温不火，世界杯历史上，法国队只获得过一次冠军，那还是1998年，在法国队主场，加上传奇巨星齐达内，成就了唯一一次冠军。

从数据上看，从1998年到2014年，5届世界杯，法国队1次冠军，1次亚军，1次8强，2次小组赛未出线。而这届世界杯分组上，法国和丹麦、秘鲁、澳大利亚分在一起，法国队实力明显更强，进入16强很容易，可以让这个活动不至于很快结束，选择很精明。

综上，一支实力不错的球队，消费者抱有一定希望，敢赌"夺冠套餐"，不是夺冠热门球队，华帝敢于押宝，法国队无疑成为最佳的选择。

3.时间设置上很心机

我相信华帝有人专门研究了此次世界杯详细的赛程，营销时间节点设置得非常巧妙，将活动时间设置为6月1日0时至6月30日22时。

为什么是22时？而不是24时？因为22时是1/8决赛的开赛时间，法国队如果进了16强，就会被安排在30日22时开始8强的争夺赛，华帝很担心在24时前比赛结束，法国队赢了比赛，进了8强，消费者会进行一番抢购，这样华帝到时候赔付的金额将更大，所以才非常有心机地将活动时间设置到22时结束。

不过，最终法国队顺利进入了8强，可能华帝看到这一个月来，活动效果非常好，还把活动延长了3天。

4.传播渠道上很周密

虽然现在是自媒体当道的互联网时代，但是论公信力，依旧是传统媒体最有话语权。于是，此次活动，华帝首先选择了国内权威媒体《南方都市报》，投放了整版广告。在《南方都市报》刊登，快速提升了活动的可信度。

而后，华帝开始在微信、微博等社交媒体宣传，最后再配合电梯广告、户外广告等，将话题热度持续炒高。整场活动的媒体投放步骤设置得非常好，深谙话题炒作的精髓。

其实，这种炒作手法在2013年就出现过，当时护肤品牌韩后在《南方都市报》投放了《致前任》整版广告，随后在社交媒体引起爆发式传播。

5.广告设计上重点很突出

凭借"法国队夺冠，华帝退全款"这句非常醒目的广告语，华帝成功蹭上了世界杯的热度。提到华帝，网友们纷纷表示："就是那个在我家小区电梯里疯狂打广告押宝法国队的"。

广告语简洁明了，重点信息非常突出，夺冠、退款，让人一目了然，很快被吸引过来。

6.营销做足了功夫

为了增加可信度，在广告上，不但有华帝董事长的亲笔签名，还盖有公章，俨然是一份正规的合同，让消费者信任度急速提升，这不是在玩文字游戏，这是要玩真的。

而且，华帝不仅押宝法国国家足球队，还签约了法国传奇球星亨利为品牌代言人，可以说是做戏做全套。

7.趁势把话题再炒热

做营销，最重要的是要学会随机应变，及时对活动作出调整，不得不为华帝此次的操作点赞。

6月30日，法国队淘汰阿根廷，进入8强，活动却结束了，有人觉得"亏大了"。不少网友却以吃瓜表情询问道："华帝现在慌不慌？"不过华帝似乎不太慌，在法国队晋级八强后，还宣布将退款活动延长三天（并且还改了海报，把在八分之一决赛中表现出色、"一战成名"的姆巴佩放到了格里兹曼的前面，可以说是非常现实了）。

趁势把话题热度继续炒热，华帝真舍得下血本。

总结

在"法国队夺冠，华帝退全款"话题热度持续高涨时，却传出第二大经销商跑路的消息，导致华帝股票跌停。不过华帝反应迅速，很快出来回应会主动保全应收账款，不会对此次活动造成影响。

此次世界杯营销，除了花费20亿元的蒙牛大获全胜外，华帝是最成功的，无论最后法国队是否夺冠，这一个多月，华帝用四两拨千斤之术，通过"夺冠退款"，抢到世界杯在国内的营销风头，获得的热度前所未有，知名度获得了大大的提升，可以说是借势营销最大的赢家。

如果法国队夺冠了，华帝公司退款金额为1 200万元（按成本40%算），经销商退款金额为4 000万元（按成本40%算），总退款金额为5 200万元，相比世界杯赞助商几亿元的费用，华帝简直是太划算了！

如果法国队没有夺冠，华帝世界杯期间的销售额在1.3亿元以上，再加上超大的曝光量，这估计会是世界杯史上最成功的营销活动。

对于热点事件的借势营销玩法，此次华帝可以说提供了很好的学习范本，怎么样可以不花几亿元的赞助费，却获得了比赞助商更好的效果，华帝的这次营销活动值得研究和探讨。

资料来源：佚名．世界杯最大赢家，全盘解读华帝"夺冠退全款"营销套路！[EB/OL]．[2018-07-16]．https://www.digitaling.com/articles/50665.html.

（三）跨界营销

如今跨界营销已成为众多企业青睐的一种营销模式。跨界营销就是在市场调研的基础上根据不同行业、不同产品、不同偏好的消费者之间所拥有的共性和联系，使一些原本毫不相干的元素互相融合、互相渗透，在为消费者提供产品原有价值的同时给其带来新的附加价值，彰显出一种新锐的生活态度与审美方式，并赢得目标消费者好感的营销模式。企业通过这种营销模式与同行业或者其他行业的企业合作，为共同的消费群体创造更多的价值，实现流量共享，最终达到共赢的目的。

跨界营销主要包括促销跨界、产品跨界、渠道跨界三种类型。

（1）促销跨界

跨界营销最常见的类型就是促销跨界。促销跨界是指企业通过与其他不同行业的企业的短期合作，对共同的消费群体进行重新定位，以共同提高销量为目标的一种营销模式。而在促销跨界中，最受企业青睐也是最有效的方式就是联合创意，即品牌双方共同想一些创意、做一些活动，对产品进行促销宣传。在很多情况下，如果品牌之间的合作契合点巧妙、合作内容有创意，就能带来流量及关注，效果往往也会比普通的投放广告好。

（2）产品跨界

产品跨界是指借助不同行业的概念、功能、技术来创造新的产品或者对现有产品进行升级，或是研发有别于本品牌主流产品所在行业的其他行业的产品。产品跨界主要有以下两种方式：

①改变产品的价值属性。改变产品的价值属性主要是指在原有产品的基础上附加属性或者强化产品的其他属性，使产品焕发新生，树立全新的产品形象，在不同的领域拓展市场。

②不同品牌共同合作研发新产品。企业可以和同行业或者其他行业的企业进行合作，优势互补，借鉴不同的产品理念，为用户带来全新的体验和感受，在产品跨界的过程中往往也伴随着技术跨界。

（3）渠道跨界

渠道跨界是指两个或多个不同行业的企业或品牌基于渠道共享进行的合作。随着"互联网+"时代的到来，线下渠道不断与线上渠道进行跨界融合，原有的常规渠道向新的移动互联网渠道进行拓展开发，逐步形成全方位、立体化的渠道体系。渠道跨界主要有两种方式。一种方式是渠道和平台共享，即具有相似目标用户的不同品牌相互交换并共享渠道和平台，让目标用户能够广泛接收品牌信息。另一种方式是线下渠道与线上渠道融合。线下渠道的价值在于能够为用户提供切实的体验和服务；而线上渠道则能够为用户提供足不出户的便捷服务，既能节约用户的时间又能缩短距离。二者相得益彰，线上线下融合共同打造全新的渠道生态圈。

案例直通车10-4

跨界营销成功案例

在过去的一年里，品牌对于跨界联名的热情丝毫不减，并一直尝试在不同领域颠覆年轻一代心中对品牌的固有印象。为了能够吸引年轻消费者，品牌在跨界营销上不断进行大胆创新，不仅有与艺术或文化界联合的跨界，还有同行竞品跨界、异业跨界，有的强强联合，有的相互赋能……多种跨界搭配下出现了大量让人眼前一亮的案例，也让广大消费者看到了品牌的多面性，赋予了品牌更多创新的可能性。

百事可乐×人民日报：致敬最美守护者

在2020年，我们经历了疫情期间的艰难，但仍有这样一群坚守岗位的普通人，他们用热爱与坚守、责任与初心，成为人们心目中的平凡英雄。百事可乐携手人民日报新媒体，打造人文关怀满满的"跨界联名"特别活动，通过推出热爱守护者限量罐，记录平凡英雄的热爱故事，在传递热爱精神的同时，见证着家国担当。

这次联名营销的产品设计中，包装罐一改百事品牌经典的全蓝色背景，加入了象征着奉献与热情的红色，同时采用人民日报经典的"报纸色"，还参考报纸的排版模式，勾勒出百事可乐与人民日报相结合的独特风格。在内容上，百事可乐将具有代表性的四种职业的"热爱"故事，刻录在百事可乐罐体上，打造出限量联名可乐罐礼盒，将满满的正能量通过百事可乐传递到生活的每个角落，实现精神上的鼓舞，产生了强大影响力。

考拉海购×网易严选："爱就是放手"反套路营销

2020年七夕之际，网易严选"牵手"考拉海购玩起反套路营销，以"爱就是放手"为营销主题，主张应以释怀的态度对待过去的感情，生活应更加有仪式感，直击当代年轻消费者的痛点，同时借此推出七夕联名礼盒——包含前男友面膜和网易严选礼品卡。这次跨界营销之所以在七夕节点一反常规，其底层逻辑来自两个品牌对"就算一个人也要好好生活"品牌理念所达成的共识。在普遍贩卖"甜蜜"的七夕节，转而关注单身群体，可以说是这次营销最吸引人的亮点。

王者荣耀×稻香村："峡谷月明"中秋礼盒

在万物皆可联名的今天，品牌跨界合作的脑洞越来越大，联名的跨度也越来越大，让消费者在增强品牌自身记忆效应的同时，也看到了品牌的另一面。2020年春节期间，王者荣耀和稻香村联名推出新年礼盒"荣耀稻香"，这般脑洞清奇的组合瞬间引起了强烈的反响。中秋佳节，王者荣耀再次携手稻香村推出"峡谷月明"中秋月饼联名礼盒，该礼盒将赏月、思乡、品酒等中秋传统习俗融入图案设计之中。此外，礼盒中还有中秋特别周边，包括专属联名印章、玉兔月饼模具、中秋祝福卡等。

一方是时下年轻人最喜爱的手游之一，一方则是中国糕点行业历史最悠久的企业之一，双方的跨界联名看似令人惊奇却又在情理之中。而双方将游戏中的元素巧妙地运用在月饼礼盒中，不仅在一定程度上为传统文化注入了新活力，也为游戏IP赋予了文化层面的个性演绎，是两个时代的碰撞，也是两种情怀的交流。

喜茶×茶颜悦色：竞品破壁组成"喜悦组合"

在2020年，行业内的跨界联名成为趋势。继回力和飞跃的联名营销后，2020年夏天，喜茶和茶颜悦色也破壁组成"喜悦组合"，喜茶化身一位俊美的公子到长沙与茶颜悦色妹妹相会，以拟人化风格形象刷新了大众对茶饮品牌的认知，展现了茶饮品牌富于故事化、场景化的一面。

同时，喜茶和茶颜悦色还推出了联名礼盒，激发了两个品牌的粉丝购买力。该联名礼盒以奶茶为设计的出发点，以茶颜悦色的发源地长沙为背景，主题为"恰杯茶不"，创造机会让"广东特产"与"长沙特产"世纪同框，同时也上演了一场两地茶饮文化的交流碰撞。当下，茶饮行业同质化严重、产品迭代迅速，联名成为品牌保持竞争优势的一大法宝，而喜茶与茶颜悦色此次的竞品联名，则是各自利用自身的流量，盘活现有粉丝群体，使得这场营销达到了事半功倍的效果。

　　娃哈哈×钟薛高："未成年雪糕"概念营销

　　对"80后""90后"而言，娃哈哈无疑是一代人的儿时记忆，也是他们特有的情怀。在如今产品迭代升级迅速的消费环境下，新一代消费者群体反而更加注重情感和情怀的消费。这次，娃哈哈联合钟薛高推出概念新奇的"未成年雪糕"，为品牌注入新的活力。产品在天猫首发，一上线就引发网友的热烈讨论。娃哈哈按照"概念营销—产品卖货—跨界营销"的逻辑，步步为营，为这款独一无二的"未成年雪糕"充分造势。

　　泸州老窖×茶百道："醉步上道"创新奶茶认知

　　2020年7月，泸州老窖与茶百道合作的"醉步上道"奶茶正式上线，不同于奶茶的常规做法，这款奶茶中加入了3毫升40度的泸州老窖白酒，吸引不少年轻消费者前来尝鲜。除了对白酒与奶茶融合抱有猎奇心理，不少消费者表示口感非常好，奶的浓郁、茶的清香和酒的微醺完美结合，符合年轻消费者的口味喜好。

　　奶茶和白酒原本应该对应两个不同的消费群体，通过制作方法的创新，两者进行了巧妙融合，这种融合不局限于制作方法，同时还带来了品牌形象的更新、情怀和文化理念的融合。

　　由电商引领的新商业时代的到来促进了消费者结构的变化和零售端的重构，而跨界营销凭借着其低成本、重连接的特点成为新消费环境下极具潜力的营销模式，消费体验成为品牌跨界营销的主要发力点。新一代年轻消费者在产品迭代迅速的环境下进行产品购买的抉择，而情感和情怀恰恰是一个缺失的要素。未来，消费体验必将面临新的升级，如何与消费者进行有效沟通，打通二者之间的情感对话渠道，是品牌最需要思考的问题，也是未来营销设计的趋势。

　　资料来源：佚名. 2020十大跨界营销案例［EB/OL］.［2021-02-09］. https：//baijiahao. baidu.com/s?id=1691184482278254946.

三、体验：游戏化营销+内容营销

（一）游戏化营销

　　企业打造了自己的流量池之后不能放任不管，接下来就要盘活流量，使其为企业创造价值和收益。企业要为用户提供优质的体验，将用户留在流量池内，游戏化营销由此兴起。

　　戏如人生，人生如戏。古往今来，人们总是在尝试用各种方法让生活变得有趣，如举办各种比赛，或者给自己定一个小目标并设置相应的奖励等，这些将游戏融入现实生活的行为就是游戏化营销的由来。

　　游戏化营销是指将游戏思维和机制融入企业营销活动，使用户产生类游戏体验，进而提高为用户提供的服务价值。其中类游戏体验是游戏化营销的重点。很多时候，人们并不是沉迷游戏本身，而是喜爱游戏带来的体验。各种各样的游戏会带给用户多种体验，同时用户为了能够获得更好的体验也会集中注意力，快速熟悉游戏规则和游戏技巧，从而驱动心流体验的产生。心流体验能够让用户沉浸其中，全身心地投入游戏，享受其中的乐趣。

所以企业在进行游戏化营销的时候应该运用各种游戏元素，让用户获得类游戏体验，从而更加积极地参与营销活动。支付宝的蚂蚁森林就是典型的游戏化营销案例，蚂蚁森林意在促使人们进行绿色消费，收集绿色能量，积攒绿色能量，达成种树的成就，每种一棵树都会获得一张环保证书。这些都是游戏化元素，通过这种"目标—奖励—成就"的机制来提高用户对支付宝产品的打开率和使用率，同时这种营销模式也给企业塑造了一个绿色环保、有社会责任感的形象，提高了用户的好感度。目前，游戏化营销的应用已经十分广泛，如微信红包、蚂蚁庄园等。

除了十分典型的游戏化方式外，用讲故事的方式也能够在一定程度上起到游戏化的作用，这种方式往往能让用户更迅速地进入情境，将自己代入人物角色中。

案例直通车 10-5

2016年，淘宝推出了一个美食分享活动，名为"淘宝二楼"。这个活动的开启时间主要集中在每天晚上6时到次日早上7时。在这个时间段内，用户可以打开淘宝首页，下滑页面就可以进入"淘宝二楼"。在"淘宝二楼"这个活动中，淘宝用精心制作的文字、图片以及短视频，为用户呈现了名为"一千零一夜"的系列故事。

在第一季第一期的"一千零一夜"里，"淘宝二楼"通过一个青岛姑娘的故事向用户介绍了鲅鱼水饺。这个姑娘生日那天的晚上下起了小雨，下雨的时候总是很难打到出租车，刚刚下班的她同样也没有打到出租车。虽然是过生日，但是她并不像小时候那样快乐，大概是因为人长大了吧。这时姑娘看到了一个小帐篷，帐篷的主人说："今晚有鲅鱼水饺。"这句话让姑娘放下防备接受了帐篷主人的邀请，因为来自青岛的她已经很久没吃到过鲅鱼水饺了。

在帐篷里，姑娘吃到了跟家乡味道一模一样的鲅鱼水饺，也收到了来自帐篷主人的生日祝福。在故事的结尾，姑娘说虽然再也没见到过帐篷主人，但是那天鲅鱼水饺的家乡味道让她无法忘却。

资料来源：根据现有公开资料整理.

家对于我们来说是情感的寄托、心灵的港湾，是一种无可替代的存在。故事中的青岛姑娘是千千万万离家奋斗的青岛人的缩影，她因为鲅鱼水饺而感受到的家乡味道也是大部分人都在追求的。这样一个故事让用户产生了想获得家乡味道的需求，进而产生了购买鲅鱼水饺的欲望，视频最后提到：正宗鲅鱼水饺，淘宝有售。"淘宝二楼"活动开始之后鲅鱼水饺的销量得到很大提升，一反淡季销量低迷的状态。

将游戏化元素加入营销活动可以增加人们对营销活动的喜爱。具体而言，游戏化营销的优势是增强企业对用户的吸引力，提升用户参与度，增强用户黏性，能培养用户的使用习惯。人的大脑本身就渴望解决问题、得到反馈，所以也会渴望获得游戏提供的愉快体验。这种渴望促使游戏的吸引力的形成，也促使人们参与游戏。当在营销中使用游戏化方式时，用户不再是被动地接收各种关于产品的枯燥信息，而是主动参与游戏，在轻松愉快的氛围中完成对产品或服务的认知和消费。乐事为了向用户传达"天然""健康"的信息，在"开心农场"游戏中植入自己的产品。在"开心农场"里，用户可以选择种植天然的土豆，然后把成熟的土豆通过"薯片加工机"制作成薯片，并以出售或赠送的方式把薯片分享给好友。用户通过这个游戏增加了对乐事的了解，同时对乐事的喜爱度和购买意愿都得到了提升。

对于企业而言，游戏化营销最主要的目的是增强用户黏性、增加用户存量。

蚂蚁森林是支付宝为首期"碳账户"设计的一款公益活动。用户可以在蚂蚁森林中选择自己想要种植的树苗，如梭梭树、沙柳或樟子松等。之后，用户每天可以通过行走、线上线下支付、使用共享单车、收取好友能量等行为获得能量，收集和积累能量可以帮助游戏中的虚拟小树成长。小树长大（能量积累到一定程度）后，平台就会在内蒙古阿拉善、鄂尔多斯、巴彦淖尔和甘肃武威等地区种植一棵真树。现在，蚂蚁森林中每天可以种植 5 万～6 万棵虚拟树苗。因为能量每天都会形成，所以用户很容易养成登录支付宝的习惯。同时，因为蚂蚁森林与支付宝的其他功能（如交水费、网络购票、订外卖等）相互关联，这在一定程度上也增加了用户对其他功能的使用频次。这样的关联不仅增加了游戏的价值，也使用户可以在一个平台解决自己的其他问题，从而增加用户在该平台停留的时间。

（二）内容营销

内容营销是创造良好用户体验的另一种方式，并且已经广泛应用于各种新媒体营销活动中，反响良好。

内容营销是指以图片、文字、动画等介质将企业的相关信息传达给用户、促进销售的过程，也就是通过合理的内容创建、发布及传播，向用户传递有价值的信息，从而实现网络营销的目的。内容所依附的载体可以是企业的 Logo、宣传图册、官方网站、广告，也可以是企业自制的 T 恤、纸杯、手提袋等。

21 世纪是信息大爆炸的时代，我们每个人每时每刻都在接收着不同的信息，平面广告、电视广告、网络广告或手机中的微博、微信公众号、新闻推送，甚至一首全新的单曲，在传统的意义上来说都是内容，但这些并不是真正的内容营销。内容营销在本质上是一种思维方式、一种战略性的指导思想，其并不仅仅是内容的发布，更重要的是发布的内容有没有吸引特定受众主动关注。也就是说内容是否自带吸引力，能让用户主动关注，而不是单纯地运用媒介进行曝光。这也是内容营销在新的时代背景下最重要的变化：将关注点从如何找到用户转变为怎样吸引用户主动关注。

内容营销是新媒体时代提高用户转化率的重要手段，它颠覆了过去信息传播、交流的方式，无需广告、推销，就能将信息传达给目标用户，从而盘活流量。内容营销的价值逻辑是通过内容来重构企业品牌的核心优势。所有的企业都要学会利用自己的官方网站、广告、线上社区等媒介开展营销活动，利用自身的媒体渠道来制作优质的内容，从而引导用户参与，达成销售成果。

同时，对于内容营销来说，最核心的工作是创造独属于企业自己的品牌故事，如百岁山的品牌爱情故事，一提到那位老人与公主的爱情故事，人们就会想到百岁山。网易的内容营销一直以来都可圈可点，它会不时地推出一些打动人心的内容，风靡网络。比如，轰动一时的H5作品"睡姿大比拼"，每个人都可以勾画出自己独特的睡姿，展现自己生活中最不为人知的一面。这个H5作品"刷爆"了微信朋友圈，成为当时的新型社交方式，也为网易吸引了不少用户成为其忠实粉丝。

内容营销的内容类型主要包括企业生产的内容、专业生产的内容、用户生产的内容。

（1）企业生产的内容

这类内容以企业为主体，是依据企业的核心文化而产生的，可为受众提供与产品、品牌相关的信息，目的是让企业成为用户心中的权威。比如，企业运用自己的官方网站或自媒体、线下门店等媒介开展的内容营销活动。

（2）专业生产的内容

企业借助代理或专业的第三方内容机构生产的外部内容，可为更广泛的消费群体提供品牌信息。比如，企业借助广告公司制作广告，或者通过冠名某一档综艺节目或广播节目进行内容的生产和传播。

（3）用户生产的内容

这类内容以品牌粉丝为核心，是来自他们的原生的口碑内容。比如，用户在拥有了一次良好的消费体验后，通过微信朋友圈或微博等平台来描述这次体验，帮助企业进行内容的生产和传播。

也就是说，内容营销就是要求企业不断创造高品质的企业生产内容和专业生产内容，同时激发用户自觉地为企业生产内容，从而达到运用内容营销来助力更多营销活动开展的目的。

案例直通车10-6

《奇葩说》的内容营销策略

近年来，网络综艺节目如雨后春笋般出现，《奇葩说》在令人眼花缭乱的网络综艺节目中犹如一匹"黑马"脱颖而出。网易娱乐的统计数据显示，在《奇葩说》第三季收官时，《奇葩说》系列节目在爱奇艺的播放量已达到了16亿次，微博话题的阅读量达到了32.3亿次。这样傲人的成绩使得《奇葩说》成为当之无愧的全网第一档"爆款"辩论真人秀节目。

可能有人会很困惑，为什么一档鲜有人做的辩论节目能这么火呢？其实，辩论只是《奇葩说》的一种形式而已，这个节目火起来的真正原因是《奇葩说》做的不是传统的营销，而是新型的内容营销。接下来，我们就借助《奇葩说》这一案例详细讲解内容营销策略。

《奇葩说》传递内容的特点就是有趣，就是让观众感到愉悦。从节目的开场来看，几位导师会有一段有趣的开场白并且会就大众最关注的娱乐新闻或者社会话题与当期的嘉宾进行互动，满足屏幕前"吃瓜"群众的好奇心。从辩论环节来看，辩手们对辩题的切入点打破常规，并且几乎每位辩手在辩论的过程中都会说一些有趣的段子，导师们在辩手辩论的过程中更是会见缝插针地创造"笑点"，不断地掀起一个又一个有趣的高潮。下面我们来分析一下《奇葩说》的内容营销策略。

1.打造内容生态体系

《奇葩说》的制作单位是由马东创办的北京米未传媒有限公司（以下简称"米未传媒"），这档节目的成功使得米未传媒在5个月内估值达到20亿元。如果你以为《奇葩说》背后的米未传媒只制作了这一档节目，那你就大错特错了，米未传媒在《奇葩说》的基础之上深耕细作，致力于打造一套垂直的内容生态体系。米未传媒的生态体系是三维的，首席执行官马东曾指出这个生态体系是由X轴、Y轴、Z轴组成的，X轴是内容轴，主要包括《奇葩说》《饭局的诱惑》《拜拜啦肉肉》等5档网络综艺节目；Y轴是衍生轴，主要为X轴提供相应的服务并反哺X轴，包括负责明星经纪的北京爱米未文化传播有限公司（以下简称"爱米未"）、负责音频产品的米果传媒以及趣味电商——米未小卖部；Z轴是投资轴，目前米未传媒投资了两家初创公司。

米未传媒看似在进行漫无目的的扩张，但是其所有的业务都符合米未传媒的价值观，即打造趣味性内容，成为"内容巨头"。首先，我们来分析一下X轴上的内容产品，这是米未传媒的核心产品。在《奇葩说》中走红的明星，米未传媒会为他们打造脱口秀或者网络综艺节目，将《奇葩说》的基因复制到更多的节目中。这样做一方面可以利用《奇葩说》中当红明星的名气宣传公司旗下的新产品，另一方面可以培养这些优秀明星独当一面的能力，由此就形成了一个正向循环。

Y轴产品是X轴产品的衍生品，爱米未主要为那些当红的明星提供服务，而米果传媒于2016年6月在喜马拉雅FM上推出了付费音频《好好说话》，这档音频栏目是由《奇葩说》中的当红明星编制的，是一个教人"怎样避免雷区，把话说得漂亮得体"的音频课程，每一期音频大约6分钟，一年有260期，全年的价格是198元。因《奇葩说》粉丝效应，这档音频栏目自上线以来，总销售额达到3 000万元。2017年4月7日，米果传媒在《好好说话》之后又推出了一档付费音频栏目《小学问》，该栏目以场景为导向传授用户看待事物的方法。米未小卖部打造了69元两盒的"粑粑瓜子"，打破了"嗑瓜子吵架"的壁垒，做到了辩论的全产业链覆盖，米未传媒相信《奇葩说》的死忠粉会为这些有趣的产品买单。

所以要想成功地进行内容营销，打造内容产品是核心。这就要求企业要为所传递的内容设置一个基本的、有价值的定位，然后根据这一定位对产品进行宣传。比如，要进行有创意的内容广告宣传，即不但要将产品和内容融合在一起，而且在广告的播放中也要将内容融入进去。下面我们来了解一下《奇葩说》是如何进行内容广告宣传的。

2.进行有创意的内容广告宣传

《奇葩说》第三季的招商总额破3亿元，这个节目的"吸金能力"为什么这么强？这是因为这个节目中有个"用生命打广告"的人——马东，马东"奇葩式"的广告植入方式得到大量观众的好评。与传统的广告植入不同，《奇葩说》中的广告可谓是花样百出、趣味性强。很多观众表示"城里人真会玩，非常喜欢看这种有趣的广告"，那么《奇葩说》是如何进行有创意的内容广告宣传的呢？

第一，为赞助商的广告进行定制化的设计，并且大方地插播广告。米未传媒的内容营销团队首先会考虑赞助商的品牌诉求、品牌受众，然后会考虑怎样将《奇葩说》与这个赞助商联系起来，接着选择恰当的场景和时机插播广告。传统的广告现在已经不容易打动用户了，但是这种内容广告的宣传方式可以出现在恰当的场景和时机，这样不仅使赞助商能更好地传递自己的广告诉求，也使用户更心甘情愿地"被洗脑"，从而增加用户对赞助商的好感，更易使用户产生情感共鸣。比如，冠名了《奇葩说》第二季和第三季的有范App，《奇葩说》为其宣传的广告语有"有钱有势不如有范儿""穿衣用有范，争取不犯二"等，节目上的广告宣传使得有范App的品牌认知度上涨了433%；还有伊利谷粒多燕麦牛奶经过《奇葩说》主持人马东的口播之后，销售量环比增长了300%。

第二，全体成员包括整个节目的布置都在"用生命打广告"。你以为《奇葩说》只有马东在打广告吗？《奇葩说》绝对是在搞全民营销。首先，奇葩说的"广告狂魔"马东打广告的功力深厚，不但在辩论开始前会插播各位赞助商的广告，而且他能在与各位导师的谈话或者辩手们的辩论中见缝插针，或者在讲"段子"时突然插播一条广告。比如，在2017年4月22日的节目中，几位导师在谈论有没有难以丢弃的东西时，马东说最难以丢弃的东西是秋裤，他不知道怎样处理，但是直到他知道了一个叫"闲鱼"的App就解决了这个问题，引得几位导师和现场观众捧腹大笑。其次，奇葩说的辩手们在辩论中也会进行广告宣传。比如，以1.4亿元冠名《奇葩说》第四季的小米的广告语是"掏出来搞事情的小米手机"，就有一位辩手在陈述自己的观点时多次强调了"搞事情"这几个字，随后屏幕上打出了"小米手机"的字样。最后，就连节目的现场布局、辩手们穿的服装、辩手们喝的饮料、写有正方反方的标牌也都有赞助商的身影，所以我们可以看出《奇葩说》中所宣传的内容广告也是"奇葩"风格，并且深受观众喜爱。将产品、广告融入娱乐内容，不但可以使广告变得更有趣，而且这种趣味性的内容广告往往还会让观众期待下一次是怎样插播广告的，使观众越来越爱看广告，并且这种内容广告使得各个品牌也"放下身段"，以《奇葩说》为载体与用户进行对话，提高了用户对广告的接受程度。一个个内容广告实在让人反感不起来，每一次都变着花样打广告，让观众在捧腹大笑的同时也对品牌有了更深的了解。

3.找对的人进行内容营销

传统营销是粗放式地让更多的人了解产品，但是现今的内容营销将目标用户的范围缩小，找准一个精细且有巨大潜力的市场进行营销，既能节省经费又能产生好的效果。因此《奇葩说》要进行内容营销，也得有人买账才行。米未传媒认为"90

后"掀起了一波新的消费浪潮，所以《奇葩说》进行内容营销的目标用户就是"90后"及"85后"，可以先对这部分群体进行深入细致的发掘、分析，然后再进行有效的内容营销。据统计，爱奇艺超过一半的用户都是喜欢观看新颖、有趣视频的年轻人，这些用户成为爱奇艺的主要收入来源。米未传媒认为"85后"及"90后"的特点是喜欢新鲜有趣的事物，所以米未传媒开展的业务都围绕着有趣进行，如《奇葩说》里有趣的辩题、有趣的辩手、有趣的观点、有趣的广告植入。这档节目非常精准地找到了目标用户，把握了用户的需求，并且创造出来的产品满足了用户的需求，所以它才能在众多的网络综艺节目中拔得头筹。

《奇葩说》是一档"会说话"的节目，也是一档具有巨大商业价值的节目，它是内容营销的标杆。懂内容、懂客户、会营销是《奇葩说》成功的原因。由此可见，"内容为王"已成为趋势，拥有好的内容再辅以一定的营销手段可以助力企业创造更大的商业价值。

资料来源：根据现有公开资料整理.

四、社群：社交裂变+社群运营

（一）什么是社群

二维码 10-1

社会化营销

"社群"这一概念出现在 20 世纪 80 年代，一般社会学家与地理学家所指的社群，在广义上是指在某些边界线、地区或领域内发生作用的一切社会关系。它可以指实际的地理区域以及在某区域内实际发生的社会关系，也可以指较抽象的、思想上的关系。简单来说，社群是社会关系的连接体。沃斯利（Worsley）于 1987 年曾对社群的含义进行了解释：社群即地区性的社区，是一个承载用户相互关系的网络。他认为社群是一种特殊的社会关系，包含社群精神或社群情感。

在今天，我们可以简单地认为社群就是一个群体，一个基于共同需求、共同爱好而聚集到一起的群体。但是社群要有一些它专属的表现形式，如社群要建立它的社交关系链，不只是拉一个群而是基于共同需求和爱好将大家聚集在一起。社群要有稳定的群体结构和较一致的群体意识，成员要有一致的行为规范、持续的互动关系；成员间分工协作，具有行动一致的能力，这样的群体才是社群。社群的作用就是通过线上线下的高频互动把那些本来跟企业没有任何关系的用户转化成弱关系用户，把弱关系用户转化成强关系、强连接的超级用户。

而互联网强大的连接性和承载力，使社群更容易形成和扩大，社群的构成限制也在逐步缩小。最明显的体现就是，现在打开你的手机，你会发现你几乎在每一个平台都有各式各样的社群。比如，微信中的家族群、微博中的超话社区、QQ 中的班级群、钉钉中的工作群，各式各样的社群给我们身上的每一个标签都找到了归宿，也让每一种行为都有了相应的抒发空间。

至此，我们已经了解了什么是社群，而社群营销就是企业通过组建社群，创建与目标用户群体长期沟通的渠道的社会化过程。社群营销需要通过一种能够聚集用户的网络服务来进行。这种网络服务早期可能是论坛，近期就是博客、微博以及微信等。这些网络服务具有互动性，能够让用户在一个平台上彼此沟通与交流。而群体（当然包括企业）也可以运用这种网络服务，与目标用户沟通、交流。

社群营销有3种模式：个人构建的兴趣社群、用户自发建立的社群、由企业主导建立的社群。

第一种是个人构建的兴趣社群。企业会筛选出兴趣与自己的产品卖点相匹配的社群，也就是利用社群进行精细化营销。简单来说，就是在相应的兴趣社群里，企业结合产品卖点与社群中用户的共性开展有针对性的营销活动，这也是早期社群营销的模式。

第二种是用户自发建立的社群。用户在社群中一起讨论某一产品的效果，交换产品的使用心得。这类社群往往是忠实粉丝自发建立的交流基地，有很强的能动性，在这里企业不用营销产品，就能收获很好的营销效果。这里也是粉丝文化和口碑营销的重要发源地。

第三种是由企业主导建立的社群。企业会在日常运营中将自己的用户纳入社群中，并在社群中对用户进行更直接的维护，包括更频繁地交流、更直接地回答问题、提供更优惠的销售价格等。通过在社群内的交流，企业可给予用户更多被重视的感觉，从而更高效地完成营销活动。

社群营销看重的不是一次性交易，而是持续复购。社群看重的不是一件产品而是一站式解决方案。以前在企业眼里用户是让自己赚钱的人，所以很多企业与用户之间的关系是一次性的交易关系，后来企业发现只有跟用户交朋友，才有可能实现复购和口碑裂变。以前企业认为一个用户就只是一个用户，后来发现在人以群分的时代，一个用户背后完全有可能是一群用户。以前企业认为用户就是用户，后来发现用户完全可能转化为粉丝，转化为员工，甚至转化为股东、投资人、合伙人。因此，企业必须重新思考自己与用户之间到底是什么关系？是对立博弈的一次性交易关系还是共建共享的一体化社群关系？而这也正是决定企业能否飞速发展的重要因素。

（二）社交裂变

二维码 10-2

病毒营销

裂变营销的使用越来越广泛，利用裂变营销成功实现用户增长、建立社群的案例比比皆是。

社交裂变即裂变营销在社交领域的延伸和运用。裂变首先需要以一个（或几个）点为基础，成功突破了一个（或几个）点后，再进行严格的复制，由一个成功的点复制出另一个点，再由2个点裂变为4个点……以此类推，先慢后快，逐步推进，最终快速高效地全面打开整个区域市场。

拼多多和趣头条是靠社交裂变成长起来的现象级产品，其裂变方式是将链接分享给朋友，朋友点击达到一定数量后，分享该链接的用户就会获得现金奖励或购物补贴。这类软件以这种方式迅速裂变，从而使自身的下载量和使用率暴增。社交裂变抓住了用户的心理和需求，同时也利用了用户的社交资源，以杠杆的形式撬动了用户的整个社交圈。目前已经有很多企业依靠社交裂变的方式迅速成长为行业"独角兽"，如教育行业的VIPKID，其采取"产品化拉新"的方式，通过口碑营销在微信、QQ等社交媒体上实现快速传播，通过微信公众号、微信朋友圈等社交圈扩散运营，这种方式所带来的学员超过了VIPKID新学员总数的70%。拼多多更是借助微信小程序又火了一把，主打微信社交中的圈层用户市场，形成了一套"小程序+朋友圈+公众号+微信群"的完整生态体系，创造了社交裂变的新玩法。

AARRR模型（如图10-3所示）其实并不仅仅是一个"漏斗"，漏斗只能表示营销活动的各个阶段所包含的用户容量，实际上这个模型是产品闭环的一个过程，从用户增长、获取收入到传播裂变，即可完成闭环。归根结底，这个模型其实还是在研究用户的需求，增加每一层用户的价值，把潜在用户转变为自己产品的新用户，把新用户留住，变成忠诚用户，让忠诚用户去拉动新用户，从而形成闭环，实现销量的增长。

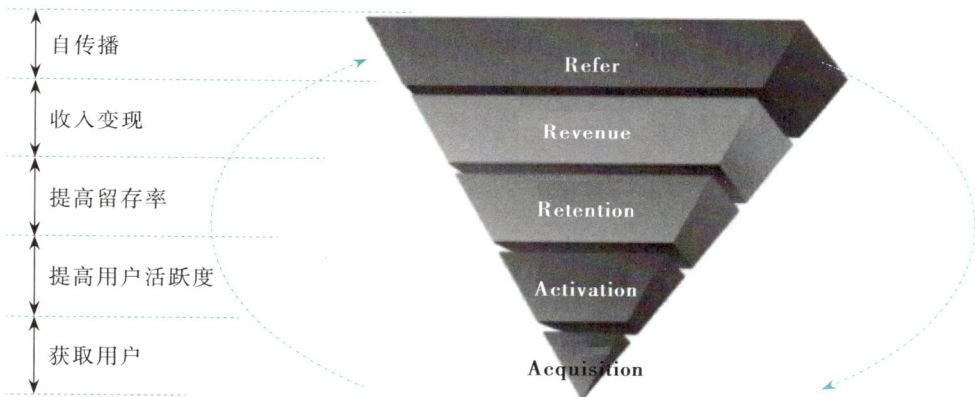

图10-3 裂变营销模型——AARRR模型

①获取用户（Acquisition），即让用户从不同渠道了解你的产品。

②提高用户活跃度（Activation），即让用户在你的产品上完成一次参与行为。

③提高留存率（Retention），即让用户继续使用你的产品。

④收入变现（Revenue），即让用户在你的产品上完成可使你获得收益的行为。

⑤自传播（Refer），即用户主动引导他人来使用你的产品。

那么这个模型在实际的运营过程中该怎么应用呢？应用过程中又应该注意些什么问题呢？接下来，我们就用王者荣耀这个大家熟知的游戏来详细讲解一下，看看王者荣耀是如何运用裂变营销收获上千万的用户，开创竞技手游新时代，成功地将大型端游的客户转移到了手机端，并且收获了从"80后"到"00后"的年轻用户。

案例直通车10-7

王者荣耀的裂变营销

1.粉丝圈定：完美"冷启动"保留种子用户

王者荣耀的初期"冷启动"是从内测开始的，游戏团队在2015年6月首次内测，在内测期间，游戏团队邀请了众多端游用户，通过内测社群的形式收集用户的反馈，并根据用户的反馈对产品进行了快速的调整和迭代。

2.精准营销：直播对战吸引一批核心用户

与之前手游常规的主打社会化营销的方式不同，王者荣耀选择了对游戏用户精准营销的道路，在经过对同类型端游英雄联盟的观察后，他们发现玩家很喜欢看直播、看比赛。企业将这类内容运营成了产品的衍生物，通过游戏达人的自制内容，既能扩大游戏的内涵，又可以持续地吸引各界的用户进入到游戏中来。王者荣耀在拓宽营销渠道的同时开展粉丝营销，更持续直观地获取关键核心用户。

3.用户激励：完善的激励体系，用心的游戏

王者荣耀因为具有很强的社交属性，因此在进行用户激励的过程中依靠社交属性，对情感和社交链的运用炉火纯青。从情感激励上看，一款游戏的社交关系影响着游戏的生命周期。王者荣耀基于社交激励，新增了微信、QQ邀请好友，与附近的人开黑，组队界面加好友功能，以及师徒、恋人系统，这种庞大的社交关系链，营造了人人开黑打王者的现象，成为一种社交娱乐方式。游戏内的排行榜也激发了用户的竞争意识，满足了用户的成就感。

4.线上线下联动：拓展商业体系

拓展商业体系是指腾讯通过产品礼包、Q币、线上曝光等资源与地方供应商置换，由品牌合作伙伴或网吧承接赛事推广，利用线下比赛或网吧的特性，进一步在玩家当中传播品牌，吸引更多的用户参与进来，掀起竞技热潮。这套体系经穿越火线、地下城与勇士等游戏多次验证后，一直延续到英雄联盟、王者荣耀的推广中，是腾讯系电竞产业链上最重要的一环。

5.用户自传播：社交裂变的爆发

王者荣耀因为其自带的社交属性而成为一个很容易进行社交裂变的产品，除了5人组队的自带裂变外，它还积极利用分享聚集的功能，引导用户进行持续化的、长时间的游戏元素收集以及获取隐藏的英雄或者珍贵的皮肤等。

（三）社群运营

社群指一群具有相同目标或者相同特质的人聚集在一起，与传统的社区不同，社群强调人与人在虚拟空间里的关系。社群包括同好、结构、输出、运营和复制5个要素，好的社群具有强有力的连接纽带，能够促进企业的收益转化。

社群营销能够帮助用户感知品牌的温度，社群的形态便于企业产品直接展示自身鲜明的个性和情感特征，可以让用户更直观地感受到品牌的温度。社群包括同好这一要素，为企业提供了精准的目标人群，在社群内开展营销活动以及发布产品信息更能刺激用户购买。社群打破了传统的"售后即走"的形式，社群中的用户可以深度参与产品的设计以及升级换代等一系列活动，甚至会为品牌进行推广，无形之中增强了用户黏性。在互联网时代，社群的数量日益增加，如何做好社群营销与运营也成为企业的一个重要课题。

简单地说，社群运营即通过一个能够群聚网友的网络服务来进行经营。由于这

些网络服务具有互动性，因此，能够让网友在一个平台上，彼此沟通与交流。而个人或群体（当然包括企业）可以运用这样的网络服务，来与目标用户来往、沟通、认识。

随着互联网的迅速发展、社群经济的兴起，社群运营开始被越来越多的企业所重视，企业开始意识到社群对于维系企业与用户之间的关系，促进用户重复购买的重要性。社群所能带给企业的不是一个用户，而是一群可以自发宣传、重复购买的忠实用户，而社群看重的不是一件产品而是一站式解决方案。因此，对于企业来说，社群运营的重要性可见一斑。

一般而言，社群运营有三个重要原则：

1.以用户为中心

社群运营有两个目的：一是构建更多和用户的接触点，将企业和用户之间的连接时间变得更长、连接次数变得更多；二是让用户之间互相服务、实现黏着。这两个目的都有一个共性，就是提高用户在企业关系中的自主性。对于社群运营来说，最重要的一个原则就是要以用户为中心，社群要为用户服务。社群的主人是用户，社群是用户自发建立的，企业的职责是帮助用户在社群中更好地行使他们的权利。

2.以价值为导向

以价值为导向即在社群运营的过程中，企业要不断地为用户创造价值，创造价值的方式可以是给出简单而清晰的目标，促使用户在社群中逐渐实现这些目标。实现目标的过程既可以帮助社群维持用户的活跃度，又可以使用户在社群运营中找到自身的价值。通过不断实现目标，完成价值的升华，用户可以更好地强调自身在社群中的核心地位。

3.以可持续发展为目标

社群运营的最终目的是帮助企业维系用户关系、培养忠实用户，为用户提供一站式解决方案。基于这样的目的，社群运营最重要的原则就是以可持续发展为目标。社群的搭建和解散都是一件很容易的事情，但是好的社群一定是长时间存在、可持续发展的。

案例直通车10-8

小米——中国的社群营销之王

小米是较早运用社群营销这一模式的企业，并且运用得很成功。小米社区是"米粉"的聚集地，这里不仅是提供产品信息和服务的平台，还是"米粉"之间以及"米粉"和企业之间交流的平台。小米社区对于小米系列产品的改进起到了巨大的作用，同时也使用户更加喜欢和依赖小米产品。小米的成功得益于两点——重视粉丝，重视参与感。

1.重视粉丝

世界上所有伟大的品牌，都离不开粉丝的持续性支持，品牌和消费者的关系直接决定了这个品牌是否能够长久。

作为在互联网风口上开创的企业，小米在这两年终于挺进了世界五百强，绝对称得上是一个成功的品牌吧？它的成功，又绝对可以归结于它出色的粉丝运营和社群运营。

小米最初从MIUI做起，一开始只有100个内测用户，但这100个内测用户却是小米的"种子用户"，在外播撒，生根发芽，结出越来越多的果实，成为"米粉"壮大的基石，发展到今天小米已经有了2亿多用户。

可以说，小米品牌的成长就是由这些忠实的粉丝推动的，在这些粉丝眼中，小米就是"他们的"小米，他们会为小米付出心力和感情，会陪伴小米的成长，也会心甘情愿成为小米的信徒。

小米背后这些数量巨大的粉丝也直接推动小米完成了出色的口碑营销，使小米在这个"口碑为王"的时代乘风破浪，高歌猛进。2011年12月18日，小米1第一次正式网络售卖，5分钟内售完30万台。试问，对于传统企业而言，在线下渠道需要砸多少资源和时间成本才能实现这样的销量？但是小米轻而易举就做到了。这是粉丝经济的一次巨大胜利，让品牌和企业看到了粉丝力量。

小米也是中国第一个打出粉丝经济旗号的机构品牌，小米粉丝经济的标志性事件——2014年"米粉节"，在历时12小时的活动中，小米官网共接受订单226万单，售出130万部手机，销售额超过15亿元，配件销售额超过1亿元，当天发货订单20万单，共1 500万人参与"米粉节"活动。一时引得业内外无数人侧目，粉丝经济也随着小米的成功再次被引爆。2017年，小米"米粉节"参与人数超过3 000万，总销售额达13.6亿元。虽然销售数据较往年有所下降，但对于小米来说，"米粉节"的品牌公关意义已经远大于销售意义。

随着"米粉"越来越多，小米的粉丝运营也越来越给力，在这基础上发展起来的社群模式也一直是大家竞相效仿的对象。通过"经营社群"的模式接近用户，从陌生、熟悉、认同到偏爱，小米的社群运营可谓做到了极致。小米策划了一系列粉丝参与度极高的活动，如"橙色星期五"，即每周根据粉丝反馈意见对MIUI系统进行更新改进；小米官方网站对外开放抢机活动的"红色星期二"；小米为粉丝在线下所举办的"爆米花"聚会活动；还有小米每年以"米粉节"命名的公司庆典等，这些都让"米粉"感受到了强烈的品牌参与感和归属感，极大加强了品牌和粉丝之间的黏性，也实现了社群的良好运营。打造的小米社区也是融合了社群经济与粉丝经济两种模式，既能够培养大量的小米"死忠粉"，又能够让用户在社区里对技术、性能等问题进行探讨。

说小米是中国的粉丝运营之王，一点儿都不为过。

2.重视参与感

"第一是参与感，第二是参与感，第三还是参与感。"谈及小米手机的成功原因，雷军如是说。此言非虚，无论是在产品的设计开发还是营销阶段，"米粉"的参与感都很强。而参与感在小米的成长中起到了多关键的作用？小米的创始人之一黎万强甚至还专门写了本书来谈它——《参与感：小米口碑营销内部手册》。

在产品设计方面，MIUI论坛作为一个"米粉"聚集地，汇聚了很多真心实意为小米提意见的粉丝，他们是产品的使用者，他们的反馈是帮助小米提高产品质量的最有效方式。小米也深谙此道，因此，对于生产和销售的每一个环节，小米对粉丝都从不避讳，甚至号召粉丝们提出自己的意见，说出自己的不满。在公司想要在国内第一个利用互联网开发手机操作系统时就广泛征集粉丝意见，最后大概有60万粉丝参与了MIUI手机操作系统的研发。MIUI问世后，在对MIUI的改进过程中，粉丝又积极参与其中，MIUI适配了36款机型，而"米粉"将其扩展到143款机型。此外，"米粉"还帮助小米翻译了25个国家的语言版本，帮助小米做了1 000套主题、10 000种问答方案等。或许你还听说过小米的"橙色星期五"，它其实是一种产品迭代的方式，通过MIUI论坛收集用户针对MIUI开发版的需求和BUG反馈，然后在每周五发布一个开发版的更新，供用户升级。在这个过程中，用户是一直参与其中的，可谓用户、小米产品经理、小米工程师零距离接触。从2010年8月首次发布至今，MIUI还保持着每周更新一次的频率。

在小米产品设计的这条路上，"米粉"既是见证者，更是参与者，MIUI是小米用户共同参与而打造出来的。

而在品牌营销方面，前面我们也提到小米策划了一系列粉丝参与度极高的活动如"米粉节"等来加强品牌与粉丝之间的黏性。成立10年来，小米和用户一直就是一种你中有我的朋友关系，并且小米不断创新和用户的沟通方式，组织了"橙色跑""爆米花""小米家宴""为米粉手写明信片"等一系列粉丝主题活动。特别是在每年农历新年之际，小米会组织"小米家宴"，宴请来自全国的百名米粉代表在小米总部团聚，雷军等高管还会出席，可见对粉丝的重视程度。

线下活动是加强参与感的直接途径，也是感情升温的最佳手段，我们来看看2021年的米粉节是一个怎样温馨动人的场景。

2010年4月6日，小米创立，后来这一天也成为小米用户一年一度的节日——"米粉节"。2021年米粉节以"要与米粉分享快乐"为主题，邀请了来自全国各地的500余名小米用户汇聚一堂，并共同参与举办了一台精彩纷呈的晚会，策划、组织、创意、表演通通都是由来自全国各地的"米粉"完成的。来自海南的Talon晚会上带领在场"米粉"们合唱的《我所有的向往》，词曲和编曲的主创便是他。作为8年"米粉"，Talon已经为小米谱写了多首歌曲，特意为小米9周岁生日创作的《小米生日快乐》，还多次被雷军的Vlog所采用。Talon说："对小米的热爱，可能就是我创作的源泉和动力。"

另外，小米还安排了一项特殊的惊喜活动——小米实验室首次对"米粉"大规模开放。借由这次活动，"米粉"们也第一次近距离接触到小米最核心的竞争力——比肩国际的硬核技术。毫不遮掩、绝对坦诚，小米回馈给米粉的一腔赤诚之心如何能不让"米粉"感动？自豪感与归属感，大概就是"米粉"心里最强烈的两种情感了吧。

在此次米粉节上，雷军还表示，基于2020年收集的来自用户的21 128条，共计70多万字的建议，小米此刻正式推出19项与用户相关的新政策，包括"每月举办用户交流会""售后网点覆盖1 600家""小米商场包邮金额下调至69元"等，为广大"米粉"提供更为贴心和优质的服务。雷军一如既往地将"永远和用户做朋友，坚持倾听用户的声音"作为小米的核心理念，试想有人一直把你放在心尖尖上捧着，哪个粉丝会不受触动呢？

不得不说，小米真的将"参与感"玩到了极致，成就了自己的同时，也成就了"米粉"。

资料来源：根据现有公开资料整理．

五、数据：大数据营销

大数据已经被应用于现代社会的各个方面，利用大数据进行营销也将逐步成为主流趋势。在信息化时代，大数据负责捕捉用户行为留下的痕迹，形成具有一定规律和特点的数据图谱，每个人的行为都是由各种数据和标签组成的图谱。

数据不仅仅是一般意义上的由简单的数字组成的数值，事实上，图片、文本、视频以及实物信息等都是数据，如各种档案以及信息资源、博物馆内的文物等。

在信息化时代到来之前，数据的内涵和范畴是相对狭隘的，很多文字信息都不算作数据。随着时代的发展和变迁，文字信息愈发重要，特别是在社交媒体迅猛发展的当下，用户生成的内容成为最主要的信息和数据来源。可以预见，随着未来科技的不断发展，数据的内涵会不断丰富，数据对于世界的发展会变得越来越重要。通过海量数据的积累，并且结合信息处理技术，企业可以作出更精准的决策。在信息和智能时代，事物的不确定性越来越强，许多现象无法运用机械思维即可预测性和因果关系进行解释，因而，大数据思维应运而生。借助大数据思维，可以厘清数据之间的相关性以及整个世界的不确定性。

随着营销技术的发展，出现了能实时采集用户在线行为数据的手段，同时还能够通过设备信息或者IP地址等信息进行用户识别。完成大数据的采集和识别后，企业需要对这些用户行为数据进行分析，得出用户的当前需求以进行之后的精确化营销。在确认用户需求之后，企业最终要对用户进行营销接触。基于大数据的营销接触形式主要包括合作营销、跨界合作、跨屏营销、实时营销等。合作营销，如大多数汽车企业都会找"汽车之家"进行合作；跨界合作，如你通过搜索引擎查找了某品牌手表的信息，淘宝就会给你推荐手表；跨屏营销，如你在智能手机上通过搜索引擎查询了某手表的价格，回到家打开电视看到的开机广告可能就是这款手表的促销信息；实时营销，如你到了某一城市之后，当地旅游局会给你发信息展示当地的特色景点。

可以看出，大数据应当是一种抽象的信息资产，其规模之大导致人们无法仅靠人脑或者简单的操作软件加以收集和处理，而需要通过更加高级的技术加以控制和开发，从而帮助人们获得更强的洞察能力和决策能力。在新的时代风口，我们需要新的思维模式和方法论来理解世界，而大数据正是能够帮助我们的工具。

案例直通车 10-9

大数据营销的魅力

大数据营销是收集和分析平台数据以获得相关用户的某些特征，然后以此制定针对性、精确性和个性化的营销策略。公司使用大数据进行营销已成为主流。

一、云南白药"大数据+明星"品牌营销

2017年6月，云南白药牙膏官方旗舰店在淘宝上开业，为了让公众得到这个信息，提高品牌知名度，云南白药和阿里使用大数据技术，进行明星效应和跨界宣传的开放营销。

对于许多刚开业的在线商店来说，短期的品牌曝光和销售冲动可能是开业营销非常普遍的目的。对于云南白药而言，不同之处在于，它致力于通过在线上的营销来打开品牌，并以"长期市场优势的沉淀"作为目标，因此与阿里的合作主要集中在品牌形象的创造和传播上，以获得长期的品牌效应。

为了实现这一目标，云南白药基于品牌特征和产品优势，主要利用阿里的生态平台和大数据技术来收集和分析淘宝用户，包括用户搜索、浏览、点击、购买和共享行为，深入了解此类行为，了解淘宝用户的使用习惯和偏好，并根据用户年轻化的主要特征，结合云南白药的特点，确定了将明星粉丝转变为店铺粉丝的营销理念，针对两位明星代言人黄晓明和井柏然的粉丝组织了营销互动活动。为了激发两个明星粉丝团体的参与和互动热情，云南白药和阿里开展了一项活动，粉丝帮助偶像在淘宝上成为头条新闻，通过PK增强粉丝和品牌之间的互动。

该活动一推出就取得了非常好的成绩。在短短的几天内，它吸引了成千上万的粉丝积极参与，迅速将超过30万的粉丝带到了旗舰店，并在短时间内获得了很高的评价以及品牌知名度。此后，云南白药还与广受欢迎的优酷独播网络剧《春风十里不如你》的原作者冯唐进行了跨界知识产权营销，推出了春风十里主题套装，以此为契机，开始了IP价值深度变现的探索之旅。通过淘宝内数据与优酷数据深度打通，在优酷抓取了《春风十里不如你》的所有观影人群，并通过ID比对，对他们进行了淘内触达，在大数据营销上迈出了关键一步。此外，它还在其他一些平台如飞猪、捉猫猫上进行了相应的重合度抓取，对这些资源进行深度整合，并设计了一套IP媒体矩阵。这样，云南白药牙膏成功实现了销售额的大幅增长。

二、网易云年度歌单刷屏

近年来，流行的年度账单和年度歌曲列表可以在年底为用户生成专属的个人报表，显示一年内该用户在应用程序上的各种使用行为。而这种精细化的个人报表实际上也使用了大数据技术。其利用大数据技术收集用户的个人行为数据，并通过分类和计算获得年度报告。

近年来，网易云歌单一直吸引着用户的眼球，让用户积极参与其中。网易云的年度歌曲清单是通过收集用户的收听信息和数据生成的。每个用户听到最多的歌曲、发送的评论、收听时间、收听习惯等都将显示在这个专属的歌曲清单中。它非

常清楚地列出每个用户的收听喜好并分析用户的心情、个性等，制定一个大概的标签，增加更多的个人情感内容，并让用户体验定制化。播放列表细致周到，用户对其印象深刻，并进一步转发和共享以实现散布和刷屏的最终效果。

其中，大数据起着非常基础但也很重要的技术作用。正是由于大数据，网易云与用户才能形成深度的创意互动，并实时生成独家歌曲列表。然后借助情感视角，走心的内容引起情感共鸣，网易云与每个用户建立情感联系，从而增强用户对网易云的信任和依赖性。从网易云年度歌曲列表刷屏的案例中不难发现，最受欢迎和最受公众关注的是年度歌曲列表的独特性和特殊性，在总结年度歌曲的同时给用户带来独特的优越感。歌曲列表回顾过去一年的心情也触动了许多用户的情感点。

简而言之，在大数据的帮助下，企业可以实现诸如年度个人播放列表之类的交互形式，并且可以定制每个用户来实现精细化营销的目的。

三、优衣库使用大数据实现"零库存"

随着快时尚的逐渐衰退，许多品牌已经开始退出中国市场，但是优衣库作为一个较早进入国内市场的快时尚品牌，并没有出现下滑，而且每次有新产品上市时，它还经常被"洗劫一空"。许多人认为，优衣库是为数不多的成功实现零库存的快时尚品牌之一，而在其"零库存"成就下，大数据技术是必不可少的。

大多数人都愿意选择优衣库，因为它价格便宜、质量好、美观，并且经常与其他品牌互动。实际上，通过进一步分析，不难看出优衣库具有以下突出优点：首先，价格合适且可以被普通消费者接受。其次，产品的款式主要基于基本款式，适合大多数年龄段的大多数人的日常穿着需求，形成了较大的市场规模。再次，优衣库会根据产品的销售情况适当调整产量。最后，品牌联合活动是时段性和周期性的。以上特点表明了优衣库的系统化、高容错和低错误率业务模式，其背后是大数据的收集和准确分析。

优衣库的员工必须在应用大数据方面非常熟练。多年来，他们维护着每日数据，例如每周销售数据、样式代码市场状况以及每家商店的销量，相应地分析制定产销策略，降低浪费，提高容错率，实现"零库存"。

资料来源：佚名. 分享四个经典的大数据营销案例，带你了解大数据的魅力！[EB/OL]. [2020-06-17]. https://www.sohu.com/a/402441165_120190698.

思政小讲堂

在社群经济愈发火热的今天，如何打造出一个高质量社群却依然是令众品牌方们头疼的问题。

在建立一个社群之前，如果没有摸透社群的本质，明确社群的目标，那么一切都是白搭。而如何理解社群，还得从《毛泽东选集》里找，毕竟毛主席曾出色地带领着"共产主义社群"走向革命的胜利。我们通过几个问题来看看伟大的毛主席是如何理解"社群"的。

首先，组建社群为了谁？"革命为了谁？"这是毛主席常常挂在嘴边的一句话。那么，他是怎么回答的呢？"革命是为了中国最广大人民的根本利益！"这并非一个口号，而是刻在他骨子里的东西。结果你也看到了，为了中国共产党的信仰，多少革命者抛头颅、洒热血，为共产主义事业前赴后继、奋不顾身。

所以，"为了谁"这个初心层面的问题，是所有品牌在组建社群之前最该明确的，答案也是毋庸置疑的——为了消费者。只有出发点是真正为粉丝着想的社群，才具备长远发展的能力。

其次，维护社群依靠谁？中国共产党依靠谁？依靠最广大的人民群众。那社群应该依靠谁？当然是依靠千千万万粉丝。毛主席在八七会议上说，革命为了谁，谁就是我们依靠的力量！

粉丝的力量是很强大的，"星星之火，可以燎原"就是对它最生动的比喻。但是，要想粉丝成为依靠，就得好好思考、好好回答"为了谁"这个根源性的问题。

再者，社群能满足用户什么层次的需求？我们来看看，农民最需要什么？土地。好，那中国共产党就给土地，只要加入中国共产党。试想，哪个农民能够抗拒这种深层次需求？有了土地农民就会有归属感，归属感是人性深层次的极度渴望，有了归属感他们就会拥护中国共产党。

类比到社群运营方面，归属感是粉丝产生黏性的根源，是粉丝愿意赴汤蹈火的症结所在。只有满足了深层次的需求，用户才会成为忠实粉丝。

最后，社群营销如何达到效果？我们还是先来看看中国共产党是怎么做的。中国共产党支持各地成立农村革命根据地，在各地派遣政委传播共产主义思想，从内心深处激发起了无产阶级的渴望，所以，千千万万农民会自发组织起来去寻找办法，不要忘了群众的力量是强大的。

所以，社群营销从来都不是单打独斗，它需要企业和粉丝的相互成就。粉丝之间的多向互动，在社群内发展到一定程度会进行自我运作，不断分享，自主创造，从而进行各种产品和价值的生产和再生产。粉丝会为企业达成社群目标与愿景，当然，前提是企业得让粉丝觉得"这是一项伟大的使命"。

思考与练习

一、名词解释

1. 促销

2.公共关系

3.销售促进

4.新媒体营销

5.社群

二、单项选择题

1.借助社会热点事件开展营销活动的营销方式是（　　　）。

A.跨界营销　　　　B.事件营销　　　　C.裂变营销　　　　D.社群营销

2.下列选项中，不属于游戏化营销带来的好处的是（　　　）。

A.增加用户参与度　　　　　　　　B.培养用户的使用习惯

C.增加游戏时间　　　　　　　　　D.增加用户黏性

3.支付宝游戏化营销——蚂蚁森林活动，不能帮助其增强用户黏性的举措是（　　　）。

A.防偷能量保护罩　　　　　　　　B.每日收取种树能量

C.能量不及时收取就会消失　　　　D.利用支付宝支付可以获得能量

4.内容营销不包含（　　　）。

A.企业生产的内容　　　　　　　　B.学校生产的内容

C.专业生产的内容　　　　　　　　D.用户生产的内容

5.打折、回扣、赠品属于（　　　）促销方式。

A.广告　　　　　　B.人员推销　　　　C.公共关系　　　　D.营业推广

三、简答题

1.促销的推式和拉式策略主要方法各有哪些？

2.如何理解社群对于企业的作用？

3.公关营销的方法有哪些？

4.什么是新媒体营销？除了本章所提的新媒体营销策略，你还知道哪些其他新媒体营销策略？请举例说明。

四、案例分析题

1.龙润茶业为什么要开启新媒体营销之路？

2.龙润茶业如何提高其新媒体营销账号的关注度？

3.从新媒体矩阵视角分析龙润茶业新媒体营销策略。

4.思考龙润茶业斥资投放央视广告、聘任品牌形象大使的动因，及其与新媒体营销方式之间的关系。

随堂测10

茶香也怕巷子深：龙润茶业的新媒体营销之路

主要参考文献

［1］万后芬，杜鹏，樊帅. 市场营销教程［M］. 4版. 北京：高等教育出版社，2018.

［2］杜鹏，樊帅. 人人学点营销学［M］. 北京：机械工业出版社，2020.

［3］国家级精品在线开放课程"人人学点营销学"（课程主讲人：杜鹏）网址：https://www.icourse163.org/course/ZUEL-1001965012?from=searchPage.

［4］国家精品视频课程"价值营销概说"（主讲人：万后芬、费显政、杜鹏、汤定娜）网址：http://open.163.com/special/cuvocw/jiazhi.html.

［5］国家精品资源共享课"市场营销学"（课程团队：汤定娜、万后芬、杜鹏）网址：http://www.icourses.cn/coursestatic/course_3151.html.

［6］杜鹏. 消费心理学［M］. 上海：上海交通大学出版社，2016.

［7］郑毓煌，苏丹. 理性的非理性［M］. 北京：中信出版社，2016.

［8］西奥迪尼. 影响力［M］. 闾佳，译. 杭州：浙江人民出版社，2015.

［9］戴鑫. 新媒体营销：网络营销新视角［M］. 北京：机械工业出版社，2017.

［10］科特勒，阿姆斯特朗. 市场营销原理与实践［M］. 17版. 楼尊，译. 北京：中国人民大学出版社，2020.

［11］科特勒，凯勒. 营销管理［M］. 15版. 何佳讯，于洪彦，牛永革，等译. 北京：格致出版社，2016.

［12］宋彧. 市场营销原理与实务［M］. 北京：清华大学出版社，2013.

［13］陈阳. 市场营销学［M］. 北京：北京大学出版社，2016.

［14］梁文玲. 市场营销学［M］. 北京：中国人民大学出版社，2014.

［15］郭国庆. 市场营销学概论［M］. 北京：高等教育出版社，2008.

［16］彭石普. 市场营销：理论、实务、案例、实训［M］. 5版. 大连：东北财经大学出版社，2021.

［17］周婷. 奢侈品客户关系管理［M］. 北京：对外经济贸易大学出版社，2009.

［18］刘晓刚，朱泽慧，刘唯佳. 奢侈品学［M］. 上海：东华大学出版社，2009.

［19］孔淑红. 奢侈品管理概论［M］. 北京：对外经济贸易大学出版社，2014.

［20］庞守林. 品牌管理［M］. 2版. 北京：清华大学出版社，2016.

［21］杨芳平. 品牌学概论［M］. 上海：上海交通大学出版社，2009.

［22］余鑫炎．品牌战略与决策［M］．3版．大连：东北财经大学出版社，2015．

［23］杜鹏，佟玲．新媒体营销［M］．北京：人民邮电出版社，2021．

［24］王海忠．品牌测量与提升［M］．北京：清华大学出版社，2006．

［25］王海忠．中国消费者品牌知识结构图及其营销管理内涵［J］．财经问题研究，2006（12）：59-66．

［26］卢泰宏．品牌资产评估的模型与方法［J］．中山大学学报（社会科学版），2002，42（3）：88-96．

［27］杨启敏．春纪如何联手搜狗实现海量精准传播［J］．销售与市场（渠道版），2014（4）：32．

［28］施炜．深度分销：掌握渠道价值链［M］．北京：企业管理出版社，2018．

［29］杜鸣皓．无公关不品牌［M］．北京：团结出版社，2017．

［30］庞德斯通．无价：洞悉大众心理玩转价格游戏［M］．闾佳，译．北京：北京联合出版社，2017．

［31］考德威尔．价格游戏：如何巧用价格让利润翻倍［M］．钱峰，译．杭州：浙江大学出版社，2017．

［32］杜凤林．新零售：打破渠道的边界［M］．广州：广东经济出版社，2017．

［33］Keller，K. L.．Strategic Brand Management：Building，Measuring，and Managing Brand Equity［M］．3rd．New York：Pearson Education Limited，2008．

［34］Schoenbachler D D，Gordon G L.Trust and Customer Willingness to Provide Information in Database Driven Relationship Marketing［J］．Journal of Interactive Marketing，2002（3）．

［35］Nambisan S. Designing Virtual Customer Environments for New Product Development：Toward a Theory［J］．Academy of Management Review，2002（3）．

后　记

值此教材即将面市之际，恰逢实施"十四五"规划的开局之年，未来国家将围绕加快数字化发展、推动经济体系优化升级的目标实施战略部署。当前，数字化的发展在不断助力我国进入消费新时代，未来几年，国家将会坚持扩大内需这个战略基点，抓住居民消费结构升级的大趋势，从供给和需求两端协同推进相关政策调整与体制变革。由此，我国巨大内需潜力释放不仅将有利于短期经济增长，而且将成为夯实中长期经济增长的重要基础。从营销视角来看，消费结构升级，实质上是消费需求从生理需求、安全需求向更高层级的社交需求、归属需求、自我实现需求升级，是消费逻辑从强调性价比的价格逻辑向强调体验的价值逻辑转型。"这是最好的时代"，因为互联网、数字化的赋能，天天都在上演小人物逆袭成功的故事；"这也是最坏的时代"，因为互联网思维的渗透，行业边界正在逐渐消融，时时面临"跨界打劫"的尴尬。

传统的营销理论框架能否适应日新月异的实践变化？现有的营销观点能否应对专业交叉融合的挑战？带着这些思考以及大批忠实读者的建议，我们开启了教材的编写与修订工作，前后历时三年。

山再高，往上攀，总能登顶；路再长，走下去，定能到达。书稿的完成不是句号，我们对市场营销的思考将永不停歇。

在本教材的写作和修订过程中，要特别感谢中南财经政法大学工商管理学院的同仁们，感谢营销管理专业研究生高翔威、蒲虹竹、王宜凡和国际商务专业研究生程鑫燕等。他们不同程度地参与了该教材的写作、资料收集和讨论。尽管我们对本教材的内容进行了多次修改，但不足之处在所难免，诚恳地欢迎广大营销管理理论和实践的工作者们批评指正，欢迎读者们提出宝贵的意见。

编　者

2021 年 11 月于中南财经政法大学